CHEFS À PARIS

진토닉씨의 파리 식문화 가이드

파리에는 요리사가 있다

진토닉씨의 파리 식문화 가이드

CHEFS À PARIS

파리에는 요리사가 있다

글 · 박현진

머리말

처음 파리의 식당들을 소개하고 싶다고 생각한 계기는 지인들의 파리 방문이었다. 아직 한국의 프랑스 문화에 대한 관심과 이해가 부족해서인지, 한글로 된 레스토랑 가이드가 없어 아주 고가의 미쉐린 레스토랑이나 프랜차이즈 샌드위치 가게가 인터뷰 당시 출판되던 한글 가이드의 주요 콘텐츠였다. 그래서 파리를 방문한 지인들과 식당을 함께 가고, 또 그들이 즐거워하는 모습을 보면서 더 많은 사람이 파리에 와서 맛있는 음식을 꼭 경험했으면 좋겠다는 바람을 갖게 되었다. 많이 부담스럽지 않으면서 좋은 음식을 만날 수 있는 금액대인 30~50 유로의 식당들을 소개해 보면 좋겠다는 생각을 하게 되었고 지인들의 응원도 힘이 되었다.

이 책의 집필을 위해 우리 부부는 파리에 있는 약 120여 곳의 레스토랑을 선정했다. 그 중 80여 곳에 공문을 보내 인터뷰 요청을 하고 촬영권과 사진 사용권을 받아 냈고 인터뷰를 통해 또다시 선별 작업을 하여 최종적으로 49곳의 식당과 셰프의 이야기를 실었다.

한국에서도 음식에 대한 관심이 높아져 식도락 블로거도 늘어나고, 음식관련 TV 프로그램도 많이 늘었다. 음식을 만드는 요리사에 대한 관심도 높아지고, 요리사나 요식업을 하는 사장들이 TV 화면에 등장하는 일들도 많아졌다. TV 드라마의 소재로도 음식이나 요리사가 많이 선택되고, 사람들의 생활 속에 식문화의 비중이 여러모로 커진 것이 사실인 것 같다. 반면, 한국에서 직접 식당을 운영하면서 여전히 많은 요리 학도들과 서비스맨 꿈나무들의 어려움에 직면한다. 많은 드라마에서 인기 있는 직업을 왜곡되게, 혹은 과장되게 표현해 청소년들의 직업관에 적지 않은 영향을 미치는 것 같기도 하다. 의료 드라마가 유행한 직후 의과대학 지원율이 갑자기 폭발적으로 늘어났다거나, 파일러트 드라마 유행 후에 관련 학과 지원율이 높아지는 등 아이들의 미래는 의외의 자극으로 혼란을 겪을 때가 많다. 20대에 삶의 목표와 인생의 방향을 정하도록 강요받는 현실은 때로는 지나치게 가혹하고 안갯속을 헤매듯 캄캄하다.

파리에 살고 있었지만, 요리에 대한 지식과 경험이 없었고 요리사의 이름과 지역명, 조리 방법, 클래식 레시피 등 모든 것이 생소했던 내가 이 내용을 '일반적인 한국 사람들도 쉽게 이해할 수 있는 글'로 만들어 내는 것은 꽤 어려운 일이었다. 하지만, 글 재주 없는 내가 열심히 쓸 수 있었던 것은 바로 우리의 훌륭한 인터뷰이들의 삶을 한국의 젊은 요리 학도들에게 보여 주고 싶었기 때문이다.

어떤 직업도 마찬가지겠지만 특히 요리를 한다는 것은 항상 대상이 존재하고 그 대상의 피드백이 바로 성과가 된다. 예술을 단지 '높은 수준에 해당하는 기술'이나 '잘 만들어진 작품' 정도로 받아들인다면 요리사도 예술가가 될 수 있겠지만 '순수한 아집의 표현' 같은 작가 정신을 가지고선 도무지 좋은 음식을 만들 수가 없다. 그러려면 차라리 산속에 들어가거나 무인도에서 혼자 밥해 먹는 게 낫다. 요리사라는 직업만큼 대상과 긴밀히 교감하며 사랑을 나눌 수 있는 직업도 흔치 않다. 그래서 우리의 이 훌륭한 셰프들의 삶을 아주 단편적으로라도 열심히 보여 주고 싶다. 행복이나 삶의 성공은 미쉐린 스타나 월드베스트어워드 식당 리스트가 주는 게 아니고, 또 최고급 호텔의 이름이나 직급이 주는 것이 아니라는 것도 발견하게 될 것이다. 그리고 가장 중요한 것은 요리는 어떤 한순간에도 하늘에서 떨어진 '영감에 의한 크리에이션'이 아니라는 진실이다. 이에 대한 대답은 우리의 셰프들이 각자의 목소리로 때로는 엄하게, 때로는 온화하게, 혹은 수줍게 고백해 줄 것이다. 그래서 나는 요리를 공부하는 한국의 젊은이들이 우리와 같은 시대를 살아가는 이 위대한 요리사들로부터 힘과 용기를 얻었으면 좋겠다.

윤화영의 존경하는 셰프 피에주는 늘 말했었다. 요리사라면 언제나 '잘~ 먹여 보내고 싶은' 마음이 그득해야 한다고. 요리사의 제1 덕목은 바로 '잘 먹이고 싶은 마음'이다. 그래서 기술을 익히는 것이고, 그래서 '엄마의 마음'이 제일 좋은 조미료라 하는 것이다.

이런 순수한 마음에 늘 응원과 힘을 주신 김은조 편집장과 멋진 출판사를 소개해 주신 김성윤 기자님께 깊은 감사를 전합니다.

2014년 1월 파리를 방문하는 비행기에서

CONTENTS

CHAPTER 1　Musée du Louvre 루브르 박물관 (1,2구)

1. Willi's Wine Bar & Macéo 윌리스 와인 바 & 마세오　026
영국인, 와인의 나라 프랑스에 와인 바를 열다!

2. Spring 스프링그　032
미국인 철학도의 손이 만든 프랑스 요리

3. Aux Lyonnais 오 리오네　036
알랭뒤카스가 리옹 음식의 포맷을 바꾸다!

CHAPTER 2　Le Marais 르 마레 (3,4구)

4. Le Dôme du Marais 르 돔 뒤 마레　046
마레 지구에는 먹을 게 없다?

5. Bistro de l'Oulette 비스트로 드 룰레트　050
가스트로-비스트로 역사의 서막

6. Au Bascou 오 바스쿠　056
살려줘요, 바스쿠~!

CHAPTER 3　Notre Dame de Paris 노트르 담 드 파리

7. Ribouldingue 리불댕그　064
규방에 곱창구이?

8. L'Itinéraire 리티네레르　068
파리 식당계의 누벨 바그

파리에는 요리사가 있다

9. Ze Kitchen Galerie 즈 키친 갈르리   072
   청출어람, 앙팡 테리블

CHAPTER 4   Saint Germain des Prés & Quartier Latin
생 제르맹 데 프레 & 카르티에라 라탱 (5,6구)

10. Le Comptoir du Relais 르 콩투아 뒤 를레   080
    대부가 밥을 짓다?

11. Le Pré Verre 르 프레 베르   086
    아시안-프렌치 퓨전의 정석!

12. Les Papilles 레 파피   090
    매일매일 검소한 〈마리아주〉

13. Le Timbre 르 탱브르   094
    Small like a stamp!

14. L'Epi Dupin 레피 뒤팽   098
    봉 마르셰에서 쇼핑을 한다면 식사는 여기서!

CHAPTER 5   Musée Rodin   로댕 미술관 (7구)

15. Christian Constant 크리스티앙 콩스탕   106
    가스트로-비스트로의 인큐베이터!

16. Chez Les Anges 셰 레 장주   114
    천사들의 만찬

17. Auguste 오귀스트   118
    프랑스 파인 다이닝의 기대주

CONTENTS

18. Chez l'Ami Jean 셰 라미 장   122
    토끼를 따라 들어 온, 장의 친구네!

19. L'Affriolé 라프리올레   126
    청국장에 낚이다!

20. Les Ombres 레 종브르   130
    마담 파리의 그림자에 묻혀 프랑스를 맛보다

21. Le Clos des Gourmets 르 클로 데 구르메   136
    사람을 사랑하는 요리사!

22. Le P'tit Troquet 르 프티 트로케   142
    도망간 요리사가 온 가족을 주방으로 불러 모으다!

23. 6 New York 시스 뉴욕   146
    에펠 탑이 마요네즈를 만들어 주다!

CHAPTER 6   Champs Elysees 샹 젤리제 (8,9,16구)

24. L'Arôme 라롬   156
    향기로운 마리아주를 위해!

25. Les Fougères 레 푸제르   160
    고상한 고사리 식당

26. Table de Lauriston 타블 드 로리스통   164
    이젠 미쉐린 별을 잊고 싶다!

27. Le Boudoir 르 부두아   168
    은퇴한 아버지의 꿈을 이어가다!

파리에는 요리사가 있다

CHAPTER 7 Montmartre 몽마르트르 (9,10,17,18구)

28. Chez Michel 셰 미셸   176
파리에 브르타뉴 음식을 알리다!

CHAPTER 8 Parc des Buttes-Chaumont
뷔트 쇼몽 공원 (10,11,19,20구)

29. Le Baratin 르 바라탱   184
파리 요리사들의 대모!

30. L'Ebauchoir 레보슈아   188
주인장의 유쾌한 미소에 반해 단골이 되어 버리다!

31. Bistro Paul Bert 비스트로 폴 베르   194
파리의 지도를 바꾸다!

32. Villaret 빌라레   198
평생 먹는 행복을 누리고 싶어 요리사가 되다!

33. Repaire de Cartouche 르페르 드 카르투슈   202
도둑놈 소굴의 '정직'한 요리사?

CHAPTER 9 In the Real Life of "Les Parisiens"
진짜 파리사람의 삶 (12,13,14,15,16,17구)

34. Jean-Pierre Frélet 장 피에르 프렐레   212
장 들라벤에게 보내는 오마주

CONTENTS

35. L'Ourcine 루르신 216
    요리사가 만든 요리

36. L'Avant-Goût 라방-구 220
    음식의 경영학, 가격 대비 품질이 관건?

37. La Cerisaie 라 스리제 224
    부부의 사랑이 담긴 음식을 만나다!

38. Le Sévéro 르 세베로 228
    정육점 주인이 식당을 열면?

39. La Régalade 라 레갈라드 234
    원조 집의 역사를 새로 쓰다!

40. Le Troquet 르 트로케 240
    〈그〉를 닮은 비스트로

41. Le Beurre Noisette 르 뵈르 누아제트 244
    올리브냐, 빠다냐!

42. L'Os à Moelle 로스 아 모엘 248
    원조 뼈다귀 프렌치?

43. Le Bélisaire 르 벨리제르 252
    프랑스 식당에선 프랑스 음식을 먹고 싶다.

44. Le Grand Pan 르 그랑 팡 256
    보기 위한 음식 VS 먹기 위한 음식

45. Afaria 아파리아 262
    "맛있는 건 같이 드세요!"

46. Caffé Burlot 카페 뷔를로   266
    샹제리제 뒷골목의 이탈리안 빈티지

47. L'Entredgeu 랑트레주   270
    손맛이 음식을 결정한다!

48. La Braisière 라 브레지에르   274
    요리사, 평생 단 한번뿐인 결혼식 피로연을 그에게 맡기다!

APPENDIX 1   내가 사랑하는 한국의 프렌치 레스토랑

1. L'Espoir du Hibou 레스쁘아   280
   서울속 파리를 만나다.

2. MERCIEL 메르씨엘   284
   바다와 하늘이 만나는 곳, 프랑스 식당

APPENDIX 2   식재료

1. Foie Gras 푸아그라   292
   황제의 음식? No! 촌부의 진미!

2. Truffe 트뤼프   298
   향을 즐기는 버섯

3. Caviar 캐비아   303
   천상천하 유아독존의 풍미

4. Huile d' Olive 올리브 오일   309
   맛과 효능을 한 번에 잡았다

CONTENTS

5. Jambon 쟝봉 320
   쟘봉? 짬뽕? 쟝봉!

6. Poissons 생선 327
   생선요리를 즐기는 방법

7. Viandes 고기 336
   이제, 고기를 먹어볼까?

8. Épices 향신료 354
   메뉴판을 읽는 마지막 마무리!

9. Fromages 프로마주 359
   디저트 전의 입가심!

APPENDIX 3   파리의 식자재상과 도구상

APPENDIX 4   파리에서 10유로 미만으로 점심 먹기!

프랑스 요리사 계보 392
저자 소개 394
인터뷰어 소개 394

진토닉씨의 파리 식문화 가이드

CHEFS À PARIS

파리에는 요리사가 있다

들어가는 글
워밍업 1 : 프랑스 요리 메뉴 읽기!

프랑스 요리가 어렵게 느껴지는 이유 중 하나는 음식 이름이 주는 어려움인 것 같다. 나도 처음 파리에 가서 1년이 넘도록 '맛있는 프랑스 음식'을 먹어 본 적이 없으니 바로 이런 이유에서일 것이다. 르꼬르동블루에서 기초 요리를 배우면서 조금씩 프랑스 요리의 이론에 대해서도 알게 되고, 유명한 식당 이름도 조금씩 듣게 되고, 친구들끼리 음식 맛보러 식당에도 가고 하면서 조금씩 조금씩 프랑스 요리에 눈을 뜨게 되었다. 하지만, 여전히 용어들이 어려웠다.

일본 가이세키요리의 영향으로 점점 이 단계가 복잡해져서 9단 이상을 내어 놓는 곳도 생겼지만, 거의 모든 식당이 기본적으로 엉트레Entrée/플라Plat/데세르Dessert의 3단 메뉴를 갖고 있다. 심지어 직원식당이나 학생식당에 가더라도 반드시 이 3단계는 지키는 편이다.

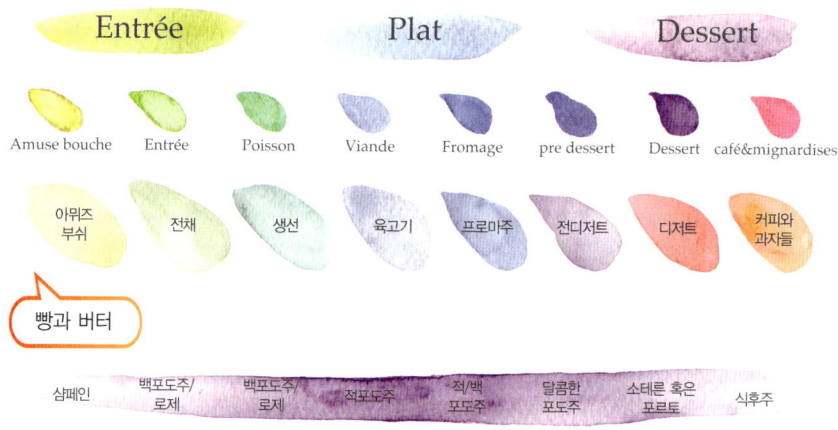

위는 어디까지나 '일반적인 식사'의 흐름을 나열해 본 것으로 각 식당에 따라 스타일은 천차만별일 수 있다. 점심때에는 고급 식당에서도 바쁜 비즈니스 식사를 위해 엉트레/플라 데세르의 3단 메뉴 혹은 엉트레 플라/ 플라 데세르의 2단 메뉴를 갖춰 놓기도 한다.

더 복잡해지는 경우에는 엉트레를 2~3단으로 늘리기도 하고, 데세르를 3단으로 구성하기도 한다.

와인의 경우도 음식에 따라 생선에도 어울리는 레드 와인이 있기도 하고, 송아지나 돼지고기에는 화이트 와인을 곁들이기도 하며, 치즈를 먹을 때에도 취향에 따라 선택할 수 있다. 다만, 일반적으로 더 부드럽고 순한 맛에서 강한 맛으로 점점 선택해 간다.

많은 고급 식당들은 각각 소믈리에 추천의 와인 매칭 메뉴 아코르 메 에 뱅Accords mets et vins을 준비해 놓기도 한다. 와인에 대해 고민하고 싶지 않을 때에는 이 매칭 메뉴를 선택하는 것도 좋은 방법이다. 또 와인을 많이 마시지 못할 경우에는 소믈리에에 부탁해서 식사에 가장 어울릴 만한 한 잔으로 추천받는 것도 좋은 아이디어다.

메뉴의 구성이 대략 이러하다는 것을 보았으니, 이번에는 메뉴 읽는 법을 알아보자!

Dos de saumon mi-fumé à a la maison, courgettes et radis noir, pincée de yuzu

Noix de Saint-Jacques rôties, ravioli de blette en "écume" de topinambour mouillette au beurre de câpres et une rapée de châtaignes crues

재료 + 조리법 + 가니시 : 곁들임

〈알랭 성드랑스Alain Senderense의 메뉴판 중에서/2009. 봄〉

각 메뉴에는 위와 같이 재료와 조리법, 그리고 곁들여 먹는 채소나 소스 등의 정보가 모두 담겨 있다. 예를 들어, "Sole à la ligne aux poireaux et gingembre"이라고 하면, 낚시로 잡은 Sole(납세미 일종)이란 생선을 파와 생강과 곁들인 요리란 뜻이다.

또, "Dos de saumon mi-fumé à la maison, courgette et radis noir, pincée de yuzu"라고 하면, 직접 마일드하게 훈제한 연어의 등 살에 애호박과 검은 무를 곁들여 유자 슬라이스로

마무리한 요리라 하겠다. 이렇게 메뉴에는 낚시로 잡았는지, 어느 지역 산물인지, 어느 부위인지, 직접 훈제한 것인지, 어떤 나무로 훈제했는지, 무엇과 곁들였는지 등 요리에 관한 정보가 모두 다 드러나 있다. 즉, 메뉴에는 음식의 소재와 조리법, 심지어 역사에 관한 것까지 너무나 많은 정보가 담겨 있으며, 이렇게 조합된 이름은 백만 가지 베리에이션, 아니 무한대로 그 확장이 가능하다.

내가 이런 설명을 늘어놓는 이유는, 지극히 개인적인 이유에서 비롯된다. 나 자신도 파리에 와서 1년 동안 식당에서 주문을 잘 못했을 뿐 더러, 어렵게 주문해서 겨우 먹을 수 있었던 음식들에 거의 만족을 못했었다. "식도락의 나라 프랑스라더니, 대체 어디가!!!" 하고 버럭버럭 화만 냈었다. 그런데 공부를 하면서 보니 그게 다 나의 무지에서 비롯되었던 것이다.

사실, 불어랑 영어랑 비슷하다 생각해서 한국 사람들이 가장 많이 하는 실수 중 하나가 있다. 식당에서 스테이크 타르타르Steak tartare를 시킨 후, 구워 주세요 하고 접시를 돌려보내는 것이다. 불어만 달랑 쓰인 메뉴 판에서 소고기 메뉴를 겨우 물어서 발견한다. 그리고 그것 중에서, 유일하게 '스테이크'란 단어를 발견한 반가움에 타르타르 소스를 곁들인 "스테이크인가?!~" 하고 시켰는데 웬걸, 시뻘건 육회가 나온다. 웨이터를 불러서는 "저, 웰던으로 익혀 주세요!"하고 부탁!

이때 종업원이 보이는 어이없고 불손한 태도에 당신은 "프랑스 놈들, 정말 불친절하군!"하고 경악을 금치 못할 것이다. 그러나 사실은 무지한 당신이 육회를 시키고선 "바싹! 익혀 주세욧!" 하고 접시를 돌려보낸 것이다! 우리나라식 육회도 그렇지만, 이 스테이크 타르타르에는 많은 밑 양념이 들어가기 때문에 익혀 먹기가 좋지 않다. 햄버거 비슷하게 나올 수도 있겠지만, 계란이 통째로 들어가니 모양도 영 이상해진다. 그나마 정말 익혀 준다면 다행일 정도다.

한글과 일본어, 중국어가 비슷하면서도 서로 다르듯, 영어와 불어도 엄연히 서로 다른 언어임을 먼저 인정하자. 좀 더 마음을 열고 프랑스 문화에 대한 호기심을 갖고 접근한다면 이 맛있는 음식들을 더욱 다채롭게 즐길 수 있지 않을까!

들어가는 글
워밍업 2 : 식당에도 종류가 있다!

프랑스 식당 카테고리별 구분

해마다 미쉐린 발표에 사람들이 촉각을 곤두세우고, 기존에 별이 없던 식당이 새롭게 별을 얻으면 몇 개월씩 예약을 기다려야 할 정도로 '별 효과'를 누리게 된다. 이러다 보니 국내에서도 좋은 식당의 기준으로 미쉐린과 같은 권위 있는 기관의 평가가 필요하다는 목소리가 높아지고, 2010년에는 자갓^{Zagat}이 상륙하게 되었다. 자갓과 미쉐린은 그 평가 기준이 다르기 때문에 자갓 평점이 높다고 해서 미쉐린 별들과 모두 똑같이 비교하기도 어렵다.

즉, 각 기관이 나름의 기준을 가지고 식당에 별점을 매기고는 있으나, 기본적으로 식당의 종류에도 레벨이 존재한다. 또한, 이미 프랑스에서는 이 레벨의 붕괴가 일어나고 있기 때문에 이러한 식당들의 종류를 모르고, 또 역사적 의미를 모르고 무조건 '맛'으로만 서로를 비교하는 것도 문제가 있다.

그래서 프랑스에는 다 같은 밥집이라도 다양한 종류의 단계가 존재하고, 이 단계에 따라서 음식의 종류와 가격이 달라질 뿐 아니라 서비스가 달라진다는 점을 짚고 넘어가려 한다. 신문을 비롯한 각종 매체를 통해 '미쉐린 스타' 이야길 많이 듣게 되었지만, 아래의 피라미드를 보면 알 수 있듯, 미쉐린의 별을 받을 수 있는 대상이 되는 곳은 식당 중에서도 상위 몇 % 이내의 초-럭셔리 식당들이다. '별'을 받기 위해선 음식의 질(재료의 질)과 접시 담음새의 아름다움, 셰프(총주방장)[1]의 이력 등도 중요하지만, 시설과 서비스, 인력 등 다른 요소들도 중요한 기준으로 작용한다.

우리가 쉽게 부르주아적 서비스라거나 고급이라고 느끼기 위해서는 보다 구체적이고 세부적인 수많은 서비스 평가 조항들이 열거된다. 이는 어느 업종이나 마찬가지일 것이다. 장교식당과

주 1) 셰프^{Chef}는, 총주방장이란 뜻으로 요리사와 동의어가 아니다. 여기 나온 모든 요리사들은 각 주방의 총주방장이기 때문에 셰프라는 명칭을 그대로 사용했지만, 일반적으로 셰프는 어떤 기관의 총책임자를 의미하는 직급명이다.

사병식당이 다르고 교수식당, 학생식당이 다르듯 이들 식당의 레벨은 점수표로 구분할 수 있을 정도로 확연한 경우가 많다. 별의 수에 따라서 요구되는 서비스가 달라지는 것은 물론 포크/나이프 세트, 크리스탈 잔, 리모주산 본차이나, 주차서비스 등이 기본적으로 요구된다. 물론, 최근 별 1개를 획득한 〈신세대 식당〉 중에는 식탁보나 은식기를 사용하지 않는 캐주얼한 서비스를 하는 곳도 몇몇 눈에 띈다. 그래서 별 2개의 식당 중에도 서비스 레벨의 차이가 크게 나는 곳이 생기고 이런 현상을 레벨의 붕괴라 한 것이다.

이렇게 별들의 세계란, 일상적인 음식과는 조금 다른 〈가스트로노미$^{Gastronomie 2}$〉를 하는 곳이다. 즉, 가스트로노미 식^式의 부르주아 서비스는 말 그대로 왕족이나 귀족들을 위한 서비스였지 만인을 위한 것이 아니다. 오히려 세상 좋아져서 누구나 돈만 있으면 접근할 수 있을 정도로 그 벽이 낮아졌다고 할 수 있겠다.

바로 이 가스트로노미 음식의 특징에서 나온 말이 "프랑스 요리는 〈복잡화 그 자체〉"다. 장식

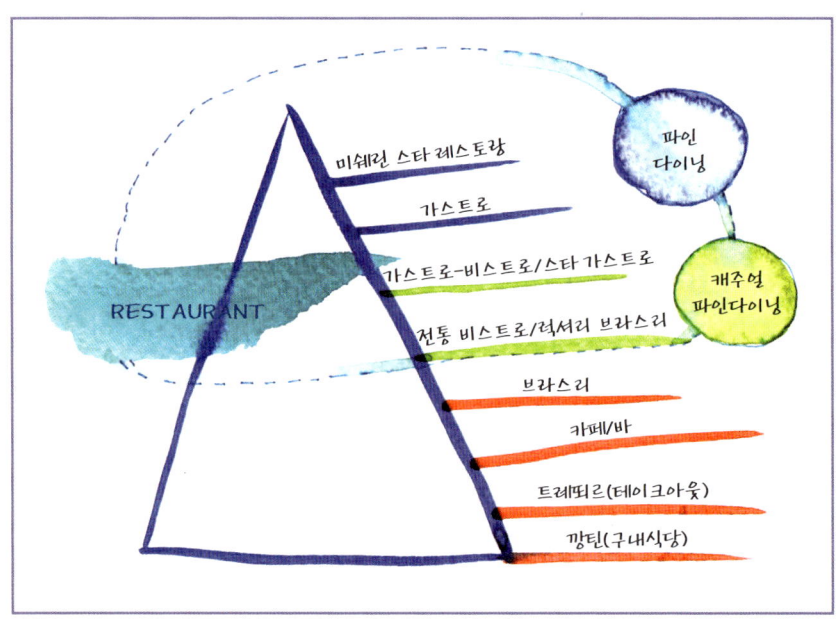

주 2) 짧게 줄여서 '가스트로'라고 말한다. 가스트로노미=가스트로

이 많고 아름다우며 감동을 주기 위한 많은 노력이 들어간다. 또, 귀족들과 왕족의 취미였던 지비에gibier3를 하는 전통도 이렇게 이어져 내려온 것이다. 이런 별들의 식당들에서는 한 끼 식사에 최소한 200유로4 정도를 예산으로 잡아야 하는데 여기에 어떤 와인을 곁들이냐에 따라 식사 값은 에스컬레이터를 탈 수도 있다.

그러나 이러한 식사는 누구에게나 특별한 식사거나 비즈니스 접대지, 일상적으로 먹을 수 있는 음식들은 아니다. 음식 자체가 너무 무거워서 매일 먹는다는 것이 고역일 수 있다. 예를 들어, 너무 노골적으로 표현할 수 없는 부탁이나 혹은 비즈니스의 성립, 결혼 기념 등 특별한 날의 기념을 치르는 것이다. 500유로를 밥값으로 써서 수천 배의 비즈니스를 성사시킨다면, 꽤 괜찮은 투자 아닌가!

반면, 〈비스트로Bistrot〉의 음식들도 무겁기는 매 마찬가지지만, 보다 지역색이 강하고 일반 가정에서 많이 접하던 재료와 조리법을 이용한 것이 많다. 그리고 가스트로노미에 비해 현저히 장식이 없고 소박하며 푸짐하다는 것이 특징이다. 이런 비스트로의 진짜 음식에 가스트로노미적인 요소(장식, 재료)를 가미하되, 서비스를 단순화하여 인건비를 줄이고, 인테리어 디자인에 투자를 덜 하여 가격적으로 타협을 본 것이 바로 요즘 대세를 이루는 〈가스트로-비스트로Gastro-bistro〉 혹은 〈비스트로노미Bistronomie〉다. 우리 책에서 주로 인터뷰한 식당들이 바로 이 가스트로-비스트로에 해당한다.

한국에서는 가스트로를 영어식으로 파인 다이닝fine dining으로, 가스트로-비스트로를 캐주얼 파인다이닝casual fine dining이라 말하기도 한다. 어차피 둘 다 외래어이기 때문에, 파리의 식당 이야길 하는데 굳이 영어로 바꾸어 설명하지는 않기로 한다. 책을 읽어 나가며 이 새로운 장르의 위대한 창시자들과 그 정신을 이어가는 프랑스의 많은 요리사들을 만나며 그들의 인간적이고 구수한 인생 이야기를 들어 보길 바란다.

이해를 돕기 위해 다른 하위 카테고리의 식당들도 간략히 설명해 보겠다.

가스트로나 비스트로, 브라스리 등은 '궁중요리/ 한정식 전문/ 백반집/ 분식집' 등과 같이 카

주 3) 사냥을 통한 노획물과 그로 만든 음식을 총칭하는데, 뒤에 자세히 쓰겠다. 39페이지 참조
주 4) 1유로=1,800원 환율로 약 36만 원이 된다.

테고리를 뜻하는 공식 명칭이라서 프랑스 어디에서든 이렇게 시작하는 간판들을 흔히 볼 수 있다. 파리를 방문할 계획이 있다면 알아두는 것이 편리할 것이다.

브라스리 Brasserie

큰 역 주변이나 인구가 약간 밀집한 동네에서 흔히 볼 수 있다. 차와 디저트류를 팔면서 식사 시간에는 육고기와 생선 등의 간단한 식사를 팔기도 한다. 그러나 가스트로나 비스트로와의 가장 큰 차이점은 브라스리에선 아무 때나 가서 원하는 단품 메뉴를 시킬 수 있다는 것이다. 일반적으로 가스트로와 비스트로는 점심, 저녁 영업을 하고 오후 3시부터 저녁 오픈 전까지는 문을 닫는다. 또, 가스트로나 비스트로에서는 〈entrée 엉트레: 전식[5] – plat 플라: 본식[6] – fromage 프로마쥬: 치즈[7] – dessert 데세르: 디저트[8]〉의 전통적인 풀-코스 식사를 원칙으로 하기 때문에 최근까지도 이런 레스토랑에 가서 plat만 하나 달랑 시키면 눈치를 주곤 했었다. 그러나 삶의 속도가 점점 빨라지자, 식당계도 영향을 받았는지, 요즘은 가스트로에서도 2가지 단계만으로 간단하게 점심을 하는 경우가 많이 생겼다.

카페/바 Cafe / Bar

카페나 바에서 먹을 수 있는 것들은, 대체로 샌드위치나 감자튀김 수준의 요깃거리 정도다. 그러나 관광객의 통행이 많은 역 주변이나 관광지에 위치한 이들 카페/바들은 가격 면에서 전혀 하위 카테고리이지 않다. 카페에서도 샐러드에 닭다리 한쪽 먹고 콜라 한 잔 마시고 디저트로 커피 한 잔 마시면 쉽게 30유로가 나온다![9]

주 5) 전식. 영어로는 스타터 또는 애피타이저
주 6) 본식. 영어로는 메인 코스
주 7) 치즈
주 8) 후식. 영어로는 디저트
주 9) 일반적으로 대부분의 카페는 곧 브라스리이기 때문에 파는 음식도 거의 동일하다.

트래퇴르 Traiteur

이는 저렴한 뷔페식 식당으로, 대표적인 트래퇴르로는 중국집이나 이탈리안이 가장 많다. 그러나 뷔페식이라 해도, 정액제에 맘껏 고르는 것이 아니라, 음식을 고르면 그램(g) 단위로 포장해 주며, 후불로 계산하는 식이다. 중국 트래퇴르는 가장 저렴하게 식사를 할 수 있는 장소 중 하나다. 쇼케이스에는 스프링 롤을 비롯한 전식류와, 본식인 각종 탕수육 사촌들과 야채볶음, 밥 등이 있다. 가게에 따라 다르지만 가장 저렴한 집의 경우, 오늘의 메뉴가 3~4유로대에 시작한다. 그러나 한두 가지 반찬과 음료를 마음 가는 대로 고르면 금세 10유로에 육박한다.

캉틴 Cantine

파리의 학생식당 Restos U 에선 단돈 3.20유로에 엉트레-플라-데세르의 식사를 할 수 있다. 비행기 기내식같긴 하지만 파리에서 이 가격에 식사를 할 수 있는 곳은 없다. 다만, 시내에 몇 곳 없기 때문에 장소를 찾아 가야 하는 불편함이 있고, 점심 시간에 구내 식당에서처럼 길게 줄을 서야 하는 경우도 발생한다. 파리 시내에는 13개의 학생 식당과 26개의 카페테리아가 있고, 식당에 따라 오픈 시간이 다르니 확인하고 찾아 보는 것이 좋다.

대표적인 학생식당

마비용 Mabillon
- 3, rue Mabillon 75016

다로 Dareau
- 13-17, rue Dareau 75014

- 2014년 9월 현재

CHAPTER 1

Musée du Louvre
루브르 박물관 (1, 2구)

Willi's Wine Bar & Macéo 윌리스 와인 바 & 마세오
영국인, 와인의 나라 프랑스에 와인 바를 열다!

Spring 스프링그
미국인 철학도의 손이 만든 프랑스 요리

Aux Lyonnais 오 리오네
알랭 뒤카스가 리옹 음식의 포맷을 바꾸다!

파리, 달팽이의 핵
루브르 박물관 Musée du Louvre (1, 2구)

파리 20개 구는 달팽이처럼 중앙에서 시작해 빙글빙글 원을 그리며 확장하는 모습을 하고 있다. 그 중심에는 루브르 박물관을 비롯하여 전통적으로 중요한 국가 기관과 기업들이 모여 있다. 그뿐만 아니라 갈르리 라파예트와 프랭탕 백화점 등 중요 백화점도 모여 있어 관광객이 모여드는 장소이기도 하다.

또 1970년대부터 적극적으로 진행된 일본인의 부동산 투자로 오늘날까지 일본계 회사들이 많이 입점해 있는데, 그 여파로 인기 있는 우동집과 라면집도 많다. 한인슈퍼와 한식당도 쉽게 발견할 수 있으니, 여행에 지친 혀를 김치와 된장국으로 달래 보는 것도 좋겠다.

◆가볼 만한 곳 – 튈리리 공원 Jardin des Tuleries, 죄 드 폼 Jeu de Pomme, 오랑주리 미술관 Orangerie, 팔레 루아얄 Palais Royal, 오페라 Opéra, 방돔 광장 Place Vendôme, 샤틀레 Châtelet, 레 알 Les Halles, 에티엔 마르셀 Etienne Marcel, 카르티에 몽토궤이 Quartier Montorgueil

Musée du Louvre 루브르 박물관

025

윌리스 와인 바 & 마세오
Willi's Wine Bar & Macéo

영국인, 와인의 나라 프랑스에
와인 바를 열다

파리 중심가인 오페라Opera에 취재를 갔다가 식사할 일이 있었다. 오페라는 70년대부터 일본인들의 부동산 투자가 많이 이루어져 온 장소로, 일본 기업의 파리 지사 사무실이 밀접한 곳이다. 그러다 보니 꽤 괜찮은 일식 패스트푸드 집이 여럿 있지만, 한여름 냉방도 안 되는 좁고 북적거리는 라멘이나 우동집에 들어가는 건 생각만 해도 너무 끔찍하였다. 순간 떠오른 '그 집' 생각에 남편과 나는 싱글벙글 웃으며 윌리스 와인 바로 향하였다.

유모차를 가져간 우리를 위해 넓은 자리를 마련해 준 경쾌한 미소의 젊은 여종업원은, 불어가 유창하지는 않았지만 세세한 것까지 신경을 써 주었다. 역시 '영국식 서비스'다 싶었다. 팁이 의무가 아닌 파리에서는 신사의 나라 영국과 서비스가 많이 다르다. 프랑스 식당 메뉴판의 가격에는 19.6%의 부가가치세와 15%의 봉사료가 포함되어 있다. 이렇게 처음부터 세금과 봉사료가 높게 책정되어 있다 보니, 팁이 의무는 아니지만, 서비스가 마음에 들었을 때는 줄 수도 있다. 팁이 없으니 종업원 입장에선 애써 더 친절하게 할 필요가 없다. 불러도 오지 않고, 부탁해도 한참 걸리고, 다시 물어보면 당연히 잊어버렸고, 기억을 환기시켜 주면 반드시 다른 것을 갖다 주고…. 파리지앵들은 반복되는 불친절에 익숙해 져 있다.

반면, 런던에서는 어디서나 경쾌한 "Yes!"와 함께 원하는 것이 신속히 해결되어 속이 다 시원하였던 기억이 있다. 윌리스 와인 바의 윌리엄슨 사장이 영국인이다 보니, 직원들 역시 대부분이 영국인이다. 그래서 이곳은 파리에서 드물게 런던의 경쾌하고 신속한 서비스를 즐길 수 있는 곳이다.

윌리엄슨 사장 Marc Williamson은 1973년 런던에서 요리견습생으로 일을 시작하여 파리로 와서 1976년까지 주방에서 일하다 1977년, 파리의 심판 Judgement of Paris wine tasting의 기획자인 스퍼리어 Steven Spurrier와 함께 와인샵 '카브 들라 마들렌 Cave de la Madeleine'에서 3년간 일하면서 와인에 눈을 뜨기 시작하였다. 그렇게 하여 1980년 바로 이 자리에 음식을 주제로 한 와인 바인 윌리스 와인 바를 열게 되었다.

스퍼리어 씨에게서 물려받은, 윌리엄슨 사장의 와인에 대한 사랑은 그의 와인 리스트 곳곳에서 느껴진다. 허술한 코팅의 링 제본된 리스트지만 지역, 밀레짐[1], 가격 등 모든 면에서 폭넓은 선택을 가능하게 하는 와인들이 올려져 있다. 1980년 윌리스 와인 바를 오픈할 당시만 해도, 파리에서는 와인 바라 하면 정말 바에 앉아 와인을 마시며 치즈나 소시지 정도 곁들일 수 있는 곳이었다. 합리적인 가격에 좋은 와인을 마시면서 제대로 된 음식을 먹을 수 있는 대중식당이 없었다. 하긴 우리 책의 주인공들이 데뷔하기 10년 전의 풍경이다.

우리의 상상과는 다르게 80년대까지만 해도 프랑스의 와인 산업은 후기 신석기 시대 수준이었다. 그래서 로버트 파커 Robert Parker 같은 미국인 신흥 와인 거물이 등장할 수

주 1) 밀레짐 millésime : 영어로는 빈티지 vintage라고 하며 포도를 수확한 년도를 뜻한다. 와인은 한 해 동안의 기후에 큰 영향을 받기 때문에 와인애호가들은 연도별 작황 상태를 표시한 카드를 들고 다니며 와인 구매 시 확인을 하곤 한다.

있었다. 어느 정도 수준 있는 와인은 기껏해야 몇몇 보르도 Bordeaux와 소수의 부르고뉴 Bourgogne정도였고, 론 Rhône이나 알자스 Alsace는 아직 사람들에게 알려지지 않은 '신세계 와인'이었다. 그러나 론 지방 와인의 잠재력을 일찍이 발견한 윌리엄슨 사장은 모든 사람의 무관심에 방치된 이 지역 여러 곳의 와인을 〈발굴〉해서, 파리지앵들에게 소개하였다. 그래서 지금까지도 그의 론 와인 콜렉션은 파리의 최고 중 하나로 손꼽힌다.

윌리엄슨 사장은 최고의 제철 식재료를 사용하는데, 윌리스 와인 바와 마세오[2] 두 곳 모두 향신료를 가능한 한 적게 사용하고, 가장 적절한 조리법을 찾아 담백하게 음식을 만드는 것이 특징이다. 그는 개성이 있는 음식을 만들지만, 음식이라는 아이템 하나가 레스토랑 전체를 압도하는 것은 바라지 않는다.

> "레스토랑은 즐거움을 갖기 위한 자리이고, 즐거움이란 모든 요소가 종합적으로 발현될 때 느껴질 수 있는 것이죠. 레스토랑은 행복을 파는 곳이에요. 단순히 음식, 서비스, 인테리어, 와인의 수준이 중요한 것이 아니라 시간이 지나 어떤 식당을 회상할 때 무엇을 먹었는지 기억이 나고, 마셨던 와인의 향이 계속 코끝에서 느껴지는 것 같고, 지배인의 얼굴도 아른거리는, 그런 곳이 좋은 레스토랑 아닐까요."

주 2) 마세오 Macéo : 윌리엄슨 사장의 두 번째 식당으로 윌리스 와인 바의 옆집이다.

윌리엄슨 사장 자신이 론 와인을 좋아하기 때문에 겨울에는 그와 어울리는 고기찜 등의 묵직한 음식을 즐겨 제공한다. 사계절 동안 성격이 다른 음식들로 다채로운 와인과의 마리아주를 경험할 수 있게 노력한다. 윌리엄슨 사장은 좋은 식자재가 존중받는 음식을 추구한다. 즉, 지나친 가공으로 변질되어 본연의 맛을 잃어버리지 않은 음식이어야 한다는 것이다.

> "음식은 흥미로워야지 지적이어서는 안 된다고 생각해요. 식탁에 앉은 사람들 사이에 음식이 끼어들어, 쉬지 않고 음식만 먹고 있어야 하는 그런 식당은 싫더라고요. 아무리 훌륭한 요리사가 있다 하더라도, 그 사람의 음식만 감상하는 것은 이상한 일이죠. 우리가 식당에 가는 것은, 음식에 대해 분석하고 보고서를 쓰기 위해서가 아니라 좋은 사람들과 식탁 위에서 인생의 달고 쓴 이야기도 나누고 삶의 즐거움을 만끽하기 위해서 아니겠어요!"

얼마 전 시음단체인 그랑 쥐리 유러피언 Grand Jury European의 멤버이자 유명한 와인 시음자인 K씨가 파리를 방문하여 함께 식사를 하게 되었다. 이때에도 자신 있게 소개한 장소가 바로 윌리스 와인 바였다. 〈지롤 버섯을 곁들인 뿔닭3 구이 Pintade de chez Burgaud aux girolles〉를 주문했었는데, 접시가 나오자 따끈한 온도며, 볼륨감 있는 양, 익힌 정도 등 모든 게 만족스러워 놀랐다. 마침 자리에 있던 윌리엄슨 사장도 동석하여 함께 한잔하면서 기분 좋게 이런저런 이야기를 나누었다. 와인 한 병을 사이에

주 3) 뿔닭(팽타드)pintade : 꿩과의 새. 머리 꼭대기에는 투구 모양의 돌기가 있어 뿔닭이라 하는데, 조리하면 닭고기와 맛이 비슷하다. 방목한 고급 닭인 브레스 산 닭과 쫄깃한 질감이 비슷한데, 가격 면에서 저렴하기 때문에 많은 식당에서 즐겨 사용한다.

Musée du Louvre

두고, 파리에서 영국인과 미국 교포가 만나 이렇게 신나게 영어로 이야기하는 모습은 참 묘하게 즐거운 광경이었다. 와인에 이런 마술이 숨어 있는 걸까? 두 사람이 최근 와인 경향에 대한 이야기를 나누다, 로버트 파커의 영향으로 너무 급속히 가격이 오른 랑그도크 Languedoc 와인 이야기가 나왔다. 이에 대해 윌리엄슨 사장은,

"랑그도크 와인은 파커를 위한 보디빌딩을 멈춰야 해요. 와인은 마셔야 의미가 있지, 너무 장기 숙성형 와인[4]만 만드는 것은 문제가 있어요. 그 어떤 와인도 다른 와인보다 우월할 수는 없는 거지요. 각각 다른 매력이 있는 걸요!"

라고 일침을 놓았다. 와인 바 주인이라기보다는 와인 애호가다운 얘기다.

여느 식당들에 비해 와인이 좀 비싼 게 아닌가 하는 느낌이 들 수 있는데, 그것은 윌리엄슨 사장이 마실 때가 된, '익은' 와인들을 소개하기 때문이다. 그래서 딱 맛있게 숙성된 2000년대 초반의 것들이 주류를 이룬다. 여기에 더하여 그는 와인을 구매할 때 밀레짐에 각별히 신경을 쓰는 것이 느껴졌다. 눈여겨보면 단순히 오래된 것이 아니라 밀레짐이 좋은, 숙성된 와인이 많다는 것 역시 알 수 있다. 이 영국 양반과 이야기 나누다 보면 "우리가 와인 종주국임네~" 하며 눈짓으로 말하는 프랑스의 와인바 주인들과는 다른 면이 많이 느껴진다. 윌리엄슨 사장에게서 잘난 체나 고자세는 눈 씻고 봐도 찾아볼 수가 없다. 단지 자신의 와인 사랑을 맛깔스런 입담으로 풀어나갈 뿐이다. 그러니 와인을 좋아한다면, 꼭 한 번 윌리스 와인 바에 들러 식사해 보길 권한다.

마세오는 윌리스 와인 바보다 조금 더 여성스럽고 고급스러운 인테리어의 공간이다. 데이트를 즐기기에는 마세오가 더 로맨틱한 장소가 될 듯!

Willi's Wine Bar & Macéo

- 13 Rue des Petits Champs, 75001 Paris
- +33 1 42 61 05 09

주 4) 일반적으로 10년 이상 숙성시킬 수 있는 와인을 '장기 숙성형'이라 한다.

스프링그
Spring

미국인 철학도의 손이 만든
프랑스 요리

2010년대로 넘어와 파리 요식업계에서 가장 많이 언급된 화제의 인물 중 하나가 바로 이 스프링그의 젊은 주인장 다니엘 로즈Daniel Rose다. 모든 매체가 앞다투어 이 미국인의 식당을 다루고 있다. 시카고 출신의 유태계 미국인인 다니엘 로즈는 본래 예술사 학위를 마치기 위해 파리에 온 철학도로, 이 때 경험하게 된 프랑스 요리에 매료되어 리옹 Lyon의 폴보퀴즈요리학교 Institut Paul Bocuse에서 기본을 배우고 이후 6년간 프랑스 전역을 돌며 요리를 배웠다. 그리고 2006년 10월 13일, 신선한, 새로운 시작, 생명의 온천, 용수철 등을 연상시키는 스프링그Spring란 이름으로 파리의 9구에 식당을 열었다. 오픈 직후부터 셰프 로즈는 벽에 부착된 웹캠을 이용하여 실내의 모습을 블로그에 생중계하였다.

그의 실시간 생방송의 무대는 16석의 아주 좁고 아담한 공간이었다. 사실, 요즈음 젊은 요리사들에게는 예전의 부르주아식 레스토랑같이 거액의 투자를 통해 개업하는 것이 거의 불가능하다. 그러다 보니 그들의 능력으로 임대할 수 있는 소박한 공간에서 인건비를 줄이고 최소한의 서비스로 양질의 음식을 선보이는 새로운 레스토랑의 붐이 일게 되었다. 바로 다니엘 셰프가 이러한 움직임의 선구자 역할을 하였다고 할 수 있는데, 셰프 한 사람의 눈이 모두 닿을 수 있을 정도의 아담한 규모로 능력껏 서비스를 한다는 콘셉트다. 철학도 출신의 다니엘 셰프가 이 식당에서 추구하는 것도, 음식이라는 매개를 통한 손님과의 교감이다.

"규모가 작아서 오히려 모든 손님에게 주의를 기울일 수 있고 교감할 수 있는 것 같아요."

지금의 자리로 옮기기 전, 9구에 있던 스프링그의 특징은 다니엘 셰프가 그날그날 장을 봐서 매일 새로운 메뉴를 짜기 때문에 누구도 식당에 도착해서 메뉴를 받을 때까지 그날 무엇을 먹게 될지 모른다는 것이다. 그뿐만 아니라 먹고 싶은 걸 선택할 수도 없다. 16명의 손님은 저녁 7시 30분, 약속이나 한 것처럼 같은 시간에 도착하여 같은 음식을 서비스 받는다. 마치 결혼식 피로연의 식사처럼 모두가 동일한 속도로 접시를 받는데, 이것은 오픈 당시 다니엘 셰프 혼자 문자 그대로 1인 3역을 했기 때문이다. 즉, 혼자서 청소와 테이블 준비, 음식 준비, 조리, 서비스 모든 것을 다 해야 했기 때문에 고안해 낸 방법이다. 하지만, 막상 이렇게 작은 공간에서 셰프가 건네주는 음식을 동시에 맛보니 마치 친구네 생일 파티에 온 것처럼 따뜻하고 활기 넘치는 분위기가 된다. 생전 처음 보는 옆 테이블의 손님과 "이거 정말 맛 좋은데요!" 하고 자연스럽게

033

대화하게 되니 말이다. 음식은 이렇게 사람 마음을 열어 주는 힘이 있나 보다. 세계적인 경제한파의 영향으로 전 세계 곳곳에 이런 움직임이 계속될 것이란 생각이 든다. 한국에도 이런 '원맨쇼 one-man-<chaud>[1]' 식당이 점점 더 많이 생겨나지 않을까 하는 기대도 해 보았다.

> "맛있는 음식이란 단순하고 솔직해야 해요. 스타일이 중요한 게 아니죠. 좋은 식자재를 써야 하고, 그다음은 사람에 대한 애정이에요. 그리고 내가 가진 것을 누군가와 나누고 싶어하는 갈망이죠. 음식을 팔아서 단순히 돈을 번다고 생각하면 조금은 허탈해지지요. 그러나 내가 음식을 통해 무언가를 주고 싶어하고, 그것을 느끼는 손님들은 다시 오고 싶어하고, 이런 소리 없는 교감이 식당에서 가장 중요한 요소가 아닐까요? 이것이야말로 손님과 요리사가 서로 줄 수 있는 선물이죠. 그리고 식사의 행복이고요."

이렇게 파리 요식업계에 중요한 화두를 던졌던 미국인 다니엘 로즈는 새로운 결정을 하게 된다. 바로 새 가게 오픈을 위한 공사에 들어갔던 것이다. 2년여간의 긴 공백을 깨고 2010년 7월 문을 열었을 때, 로즈 셰프의 자신감을 대변해 주었던 가장 중요한 요소는 바로 새로운 주소였다. 파리 변두리 9구에 삐죽이 조용하게 자리 잡고 있던 때와는 이제 다르다는 것을 1구, 루브르, 리볼리, 레알, 샤틀레 같은 주변 지명들이 말해준다. 공사 중에도 꾸준히 먼지 속의 공사 장면과 셰프, 그리고 스태프들의 사진을 자신의 블로그에 올려 궁금증을 일으키기도 하였다. 특히 직접 설계에 참여하고 직접 공사를 진행하는 모습은 무척 인상적이었다. 예전 식당의 실시간 방송이 소리없이 이어지고 있다는 생각도 들었다.

새 가게 오픈 일주일 전, 우연히 가게 앞을 지나다가 일하다 잠시 나와 쉬고 있는 셰프

주 1) Chaud는 뜨겁다란 의미로 〈쇼-〉라고 발음한다.

를 발견하고 바로 예약을 하였다. 새로운 스프링그는 아직 가오픈 기간이었지만 점심시간에도 거의 만석이었다. 점심에는 아뮤즈부슈와 전식, 본식, 후식으로 구성된 38유로의 점심 코스와 가벼운 식사를 원하는 손님을 위한 22유로 국물 요리 두 가지가 준비되어 있다. 주방이 넓어지고 주방 인원도 네 명으로 늘어나고 서비스 인원도 늘어났다. 하지만, 오픈 주방에서 손님들과 교감하며 음식을 만들고 대화도 하고 좋은 재료로 즐거운 에너지를 만들어 낸다는 기본 정신은 흔들리지 않는 듯하였다. 오히려 풍부해지고 다양해진 메뉴 구성으로 해보고 싶었던 것을 실컷 뿜어내고 있다는 인상이 들었다.

* 새로운 스프링그의 옆 골목에는 부티크 스프링그가 있는데, 이곳에서는 각종 향신료와 빵, 그리고 유명한 스프링그 샴페인을 구입할 수 있다. 이 샴페인은 와이너리와 계약을 맺어 자신들만의 브랜드인 '스프링그'라는 이름으로 제조되는 것인데, 맛이 괜찮다. 기왕 이곳에 왔으니 스프링그 샴페인 한 번 맛봐야지 하는 마음에 더욱 손이 가는 품목이다.

Spring

- 6 Rue Bailleul, 75001 Paris
- +33 1 45 96 05 72

오 리오네

Aux Lyonnais

알랭 뒤카스가
리옹 음식의 포맷을 바꾸다!

2002년 초, 알랭 뒤카스의 오 리오네 Aux Lyonnais 인수는 같은 해의 기 사부아 Guy Savoy 와 르두아양 Ledoyen의 별 3개 획득만큼이나 뜨거운 감자가 된 사건이었다. 많은 사람이 우려의 목소리를 냈고, 또 한편으로는 많은 기대를 하기도 하였다.

남편이 ESCF[1]에 갓 입학하여 막 중간고사를 마쳤을 무렵, 오 리오네를 들른 적이 있단다. 요리를 배우는 학생이었지만, 아직 리옹 요리에 대해 자세히 알지 못하였던 때라 전식으로는 유명한 모듬 소시지[2] 와 르꼬르동블루에서 배웠던 낭튀아 크넬[3] 을 메인으로 시켰다. 사냥 요리인 지비에[4] 시즌이었지만, 당시에는 아직 지비에에 도전할 자신은 없었나 보다. 하지만, 경험할수록 마니아가 되는 게 바로

주 1) Ecole Superieure de Cuisine Francaise
주 2) Planche de charcuterie
주 3) Quenelles de brochet sauce Nantua : 곤돌매기 어묵과 낭튀아 소스

지비에의 매력이니, 독자 여러분도 프랑스에 오게 되면 꼭 한번 경험해보길 바란다.

　남편에게는 파리에 와서 처음으로 혼자 간 식당이었고, 시험을 막 마친 무렵, 맛있는 와인도 한잔했겠다 기분이 좋아져서 주방에 들어가 "맛있게 먹었습니다!" 하고 인사를 하였다. 바로 그 순간이 셰프 생타뉴Christophe Saintagne 5와의 첫 만남이었다. 이후 그를 다시 만난 것은 크리옹에서였는데 남편은 견습생Stagiaire 6, 그는 스공second 7 의 입장이었다. 셰프 생테뉴는 사실 무척 진지한 얼굴을 하고 있지만 나는 남편의 사진첩에서 주방에

주 4) 지비에gibier : 전형적인 프랑스 부르주아 전통의 흔적으로, 사냥으로 잡은 노획물로 만든 요리를 말한다. 전통적으로 늦가을에서 크리스마스 시즌까지 즐긴다. 다른 고기들에 비해 손질하는 업자가 따로 없어 모든 손질이 주방에서 이루어져야 하므로 경험과 테크닉을 필요로 한다. 대표적인 지비에 요리로는 야생 산토끼, 크고 작은 산새들, 야생 오리, 야생 멧돼지 등이 있다.

주 5) 2013년 현재 셰프 생타뉴는 알랭 뒤카스 사단의 모든 식당의 레시피를 개발, 진두 지휘하고 있으며, 호텔 뫼리스의 레스토랑인 르 뫼리스Le Meurice의 총주방장을 맡고 있다.

서 궁둥이를 까고 장난을 치는 사진을 봤기 때문에, 그를 볼 때마다 그 궁둥이 사진이 떠올라 웃음이 나곤 한다. 뒤카스의 이름으로 다시 돌아온 셰프 생테뉴의 손길이 느껴지는 식당, 오 리오네다.

리오네는 '리옹 사람들'이란 의미이다. 그래서 '오 리오네'라고 하면 〈리옹 사람들에게〉란 뜻으로, 이 식당의 리옹 음식에 대한 자신감을 느낄 수 있다. 리옹 태생인 브리야 사바랭 Brillat Savarin과 퀴르논스키 Curnonsky의 '홍보' 덕에 리옹은 세계 최고의 미식도시가 되었지만, 정작 일반 대중들은 리옹의 음식이 무엇인지 모르는 경우가 많다. 리옹은 바다만 없을 뿐 식탁을 풍성하게 할 모든 것들을 갖추고 있다.

민물가재, 곤들매기, 개구리, 민물농어, 브레스 Bresse산 닭, 샤롤 지방의 소고기 Boeuf Charloais, 수많은 치즈와 유제품, 부르고뉴 Bourgogne와 론 Côte du Rhône 지방의 와인, 수많은 돈육가공품(소시지) charcuterie들이 그 주역이다.

또, 이 도시가 미식가의 천국이란 별명을 얻고, 예전부터 유명한 요리사를 많이 배출하게 한 데에는, 〈리옹 어머니들의 손맛 Mères Lyonnaises [8]〉도 큰 역할을 하였다. 전문요리

주 6) 산학협동 수습/견습생
주 7) 세컨드의 불어 표현으로, 말 그대로 2인자다. 총주방장의 오른팔
주 8) 이 외에도 Mere Guy를 시작으로, Genie Vittet, Lea Castaing, Allard, Filloux, Pompom, Roucou 등이 유명하다.

Aux Lyonnais 오 리오네

사는 남성의 직업이란 이미지가 강하지만, 사실 리옹의 음식을 유명하게 만든 것은 기존의 부르주아식 음식을 가정식 스타일로 만든 '리옹의 어머니들'이라고 불린 여자 요리사들이다. 그래서 그들의 이름 앞에 어머니란 뜻의 메르 mère를 붙이고 이름을 부른다. 대표적으로 베르나르 파코 Bernard Pacaud(L'Ambroisie, ✱✱✱)의 스승인 메르 브라지에 Mère Brazier가 있다.

리옹의 위치상 가장 가까운 포도밭이 보졸레 Beaujolais고, 돈육가공품이나 창자류 등의 정육 부산물을 많이 먹기 때문에 새콤하고 시원하게 마시는 보졸레 같은 술이 안성맞춤이다. 그다음으로 가까운 곳이 코트 로티 Côte Rôtie나 샤토뇌프 뒤 파프 chateau neuf du pape, 포마르 Pommard로, 지비에 시즌에 방문한다면, 게다가 트뤼프 truffe가 가미된 음식이 있다면 이런 와인과 함께 맛보는 호사를 누려 보는 것도 좋을 것 같다. 리옹에 맛있는 게 많은 건 사실이다!

2002년 10월 15일, 알랭 뒤카스는 100년이 넘는 역사를 자랑하는 이 비스트로를 그의 포맷으로 다시 오픈하였다. 프랑스인의 사랑을 한몸에 받던, 리옹 요리를 대표하는 요절한 천재 요리사 알랭 샤펠 Alain Chapel 9 아래에서 수학한 뒤카스. 그가 재해석한 요리는 우선 접시담음새 dressage 부터 감각적이었다. 그전까지만 해도 리옹 음식 하면, 파인다이닝보다는 투박한 맛집 스타일이 먼저 떠올랐다. 하지만, 뒤카스의 세련된 스타일링으로 오 리오네의 음식들은 칼로리를 줄이고 디저트의 당도를 낮추어 보다 가벼운 식감으로 옷을 갈아입었다. 각종 내장 같은 리옹 특유의 엽기적인 재료는 덜 사용하지만, 깊고 진한 맛을 내기 위한 새로운 방식의 소스를 이용해 투박한 리옹 음식에 모던한 느낌을 더했다.

손님들이 오 리오네에 열광하는 또 다른 이유는 이곳에는 역사가 숨쉬기 때문이다. 100년이란 시간이 흐르면서 마모된 모든 가구와 장식들은 전성기를 누리던 1900년의 파리를 그대로 보여주고 있어, 이 시대의 파리를 동경하는 관광객이나 영미권 손님에게 더욱 매력적으로 느껴진다. 얼마 전, 한국에서 온 오너 셰프와 레스토랑 컨설턴트, 그리고 디자이너와 함께 이곳을 갔었다. 역사성이 느껴지는 내부 장식들에 대해 이야기하다가 한국에서 이런 느낌을 만들어 내려면 어떤 요소가 필요할까를 논의하기 시작하였다. 그러다 내린 결론은 〈결국 이건 파리에서밖에 볼 수 없는 것〉이었다. 수백 년의 역사가 바닥과 벽체, 그리고 천장의 장식에 그대로 녹아 있는데, 이를 새롭게 만들어 낸다 한들 그건 다른 무엇이 되고 만다고. 그런 이유로 영미권 손님들이 더욱 열광하는 게 아닌가 싶다.

Aux Lyonnais

◎ 32 Rue Saint-Marc, 75002 Paris
☎ +33 1 42 96 65 04

주 9) 라 피라미드 La Pyramide로 미쉐린 가이드의 첫 번째 3스타가 된 요리사 페르낭 푸앙 Fernand Point의 수제자인 셰프 샤펠은 오 미오네 Mionnay의 식당으로 1973년 별 3개를 획득했지만, 안타깝게도 1990년 심장마비로 죽는다. 그는 보퀴즈 Paul Bocuse(***), 블랑 Georges Blanc(***), 라믈루아즈 Jacques Lameloise(***), 트루아그로 가문 Marie, Jean-Baptiste, Pierre, Jean, Michel Troisgros(***), 픽 가문 PIC(***) 등과 함께 리옹의 음식을 전 세계에 알린 뛰어난 요리사다.

CHAPTER 2

Le Marais
르 마레 (3, 4구)

Le Dôme du Marais 르 돔 뒤 마레
마레지구에는 먹을 게 없다?

Bistro de l'Oulette 비스트로 드 룰레트
가스트로–비스트로 역사의 서막

Au Bascou 오 바스쿠
살려줘요, 바스쿠~!

일요일에도 문을 여는 파리의 유대인 마을
르 마레 Le Marais (3,4구)

마레는 전통적으로 유대인들이 정착해 형성한 동네로, 오늘날에도 일요일이면 유대인 전통 복장을 한 아이들과 어른들이 유대 교회에서 예배를 드리고 모임을 하는 모습을 볼 수 있다. 유대인을 위한 전통 음식점과 과자점도 아직 많이 남아 있어 새로운 맛의 경험을 해 볼 수도 있겠다. 또 파리에서 몇 안 되는 '일요일에도!' 즐길 수 있는 관광지이기도 하다. 일요일에도 점심때 이후로는 각종 의류점이나 과자점들이 문을 열기 때문에 바스티유에서 마레로, 혹은 퐁피두 센터에서 마래 쪽으로 산책 계획을 해도 좋겠다. 젊은 층에 인기 있는 각종 패션 브랜드의 아울렛 매장이 다수 입점해 있어 쇼핑하기에도 즐거운 거리이다.

◆가볼 만한 곳 - 파리 시청 Hôtel de Ville de Paris, 퐁피두 센터 Centre Georges Pompidou, 피카소 미술관 Musée Picasso, 카르나발레 미술관 Musée Carnavalet

르 돔 뒤 마레

Le Dôme du Marais

마레 지구에는 먹을 게 없다?

'마레에 이런 돔이 존재하였다니!' 파리의 많은 건물이 수백 년간의 전쟁과 평화를 견뎌내며 속내를 잘 드러내지 않는 구조를 하고 있는 게 사실이다. 밖에서는 상상도 할 수 없었던 정원이 펼쳐지기도 하고 한 블록 전체가 한 건물이기도 하다. 르 돔 뒤 마레가 보여 준 실내의 따사로움도 이런 예상치 못한 놀라움을 자아내게 하는 것이었는데, 돔 전체가 유리로 이어져 따뜻하면서도 밝은 내부 공간을 만들어 내고 있다.

입구를 통해 안으로 들어가면 가장 먼저 보게 되는 것이 유리로 이어진 천장과 따사로운 햇살이 쏟아지는 안마당이다. 드문드문 놓여 있는 큰 화분들은 친구의 시골집 안마당에 와 있는 느낌이 든다.

르 돔 뒤 마레의 셰프 그루아종 Denis Groison은 대학교에서 생화학을 전공하고 난 후에 요리사가 되고 싶어서 페랑디 Ferrandi에서 CAP[1]를 딴 후, 레 졸리바드 Les Olivades, 기 라소제 Guy Lassausaie(※)를 거쳐서 지금의 르 돔 뒤 마레에 왔다.

셰프 그루아종은 할아버지, 아버지가 모두 파티시에 pâtissier[2]여서 주방에서 일하는 것을 자연스럽게 받아들였고, 또 늘 주방에서 일하길 꿈꾸어 왔다. 다른 점이 있다면 할아버지와 아버지는 달콤한 음식을 하지만 자신은 짭쪼름한 음식을 한다는 점이다. 독자들은 이런 표현이 좀 생소할 수 있는데, 그것은 우리의 식문화와 유럽의 식문화가 다르기 때문이다. 우리나라 음식은 항상 맵고 달고 짠맛이 섞여 입체적이고 복합적인 맛을 내는 데 반해, 서양 사람들은 단맛과 짠맛이, 혹은 단맛과 매운맛이 섞이는 것을 매우 신기하게 생각한다.

Le Dôme du Marais

르 돔 뒤 마레

예전에 이런 일이 있었다. 4살에 덴마크에 이민간 나의 사촌 동생이 20년 만에 한국에 오게 되었다. 당시 대학생이던 나는 대학로에서 한글을 배우던 그와 김밥, 떡볶이, 비빔밥 등을 신나게 먹으러 다녔다. 그런데 동생은 "이렇게 매일 맛있는 걸 많이 먹는데도 3kg가 빠졌어!" 하고 좋아하였다. 아마, 버터를 비롯한 각종 동물성 지방의 섭취량이 현저하게 줄어서였을 것이다. 동생의 얘기 중 재미있었던 표현이 하나 있다.

> "이제 엄마를 좀 이해할 것 같아. 엄마는 단맛이랑 짠맛을 섞어 넣고, 매운맛도 섞어서 항상 좀 이상한 맛을 냈거든. 근데 한국에 오니 알겠어. 한국 음식은 맛이 다 섞여 있어! 예전에는 엄마가 이상한 맛을 만든다고 생각했는데, 엄마는 한국 맛을 만드는 거였어!"

마치 새로운 발견이라도 한 것처럼 신기해하며 이야기해서 기억에 오래 남았다. 그런데

주 1) Certificat d'Aptitude Professionnell 세아페 : 자격증이라고 알려졌지만, CAP는 여러 가지 전공의 직업 중학교 졸업장에 해당한다. 그다음 단계로 BEP가 있고, 상위 등급으로는 고등학교 수준의 바칼로레아 프로페셔널 bac pro(baccalaureat professionel)과 전문대학 수준인 BTS가 있다.

주 2) 파티시에 patissier : 제과전문 요리사. 제빵 전문은 불랑제 boulanger라고 한다.

Le Marais

내가 이곳에 와서 이렇게 피부로 절실히 느끼게 될 줄이야.

가장 쉬운 예는 중국집이다. 우리의 입맛도 그렇지만, 미국의 영향도 커서 중국집이나 태국 음식점 등에 가면 으레 탕수육같이 새콤달콤 매콤짭짜름한 것을 기대하게 된다. 그런데 프랑스의 중국식당들은 좀 달랐다. 단맛이 아주 없는 것은 아니지만, 기대만큼 달지 않고, 기대만큼 맵지 않다. 그래서 "이게 뭐야?" 하고 처음에는 좀 실망할 수도 있다.

서양에서 〈쉬크레살레 Sucré-Salé 3〉라고 하는 것은 매우 최근의 유행이다. 그것도 요리계의 혁신적인 새 바람으로, 이를 선도한 인물 중 하나가 바로 피에르 가니에르 Pierre Gagnaire다. 그는 자신의 첫 번째 저서의 제목을 '쉬크레살레 Sucré-Salé'라 이름 붙였다. 반면, "유행은 좀 알지만 내 스타일을 지키겠어!" 하는 고집 센 양반들은 "전 쉬크레살레는 싫어해요!" 하고 말하기도 한다. 그런데 그렇게 말하는 모습도 〈유행〉의 일면이란 점이 재미있다. "난 유행을 넘어서 내 주관을 따르죠!" 하면서 유행을 애써 극복하려는 것 같아 보인다고 할까. 여하튼

주 3) 쉬크레살레 Sucre Sale : 달콤짭짜름함.

르 돔 뒤 마레의 셰프 그루아종이 아버지와 할아버지가 단맛을 내니까 자신은 짠맛을 내겠다고 한 말은 프랑스인에게는 그것이 그만큼 서로 융화되기 어려운 〈맛〉으로 인식되기 때문이다.

그의 요리 스타일은 클래식 프렌치 요리에 바탕을 두고, 최상의 식자재를 찾아 레시피에 적용하는 방식으로 새롭게 재해석한 것이다. 또, 아이스크림 외에는 냉동실은 이용하지 않고, 모든 식자재는 신선한 것만 사용한다. 채소의 경우는 농부들과 직거래를 하며 지비에 시즌에는 자고새, 멧돼지 등의 사냥감도 맛볼 수 있다. 좋은 음식이란 최고의 식자재에 최소한의 '가공'을 한 것이라고 말하는 셰프 그루아종. 매력적인 공간과 셰프의 음식이 만나 르 돔 뒤 마레는 미쉐린 빕 구르망BIB gourmand 4 을 받게 된다.

나중에 안 사실이지만 이 식당의 주인인 피에르 르쿠트르Pierre Lecoutre도 왕년의 유명한 스타 셰프였고 그의 아내 역시 한국인이다. 이 부부는 보주광장Place des Vosges 근처에 '미술관들의 카페Café des Musées 5 ' 도 경영하고 있는데, 2009년 미쉐린 가이드에서 빕Bib을 받아 업계를 놀라게 하였다. 이렇게 같은 철학을 가진 주인장이 밀어주고 있으니 소신껏 일을 할 수 있어 즐겁다는 그루아종 셰프.

마레에서 허기진 배를 잡고 헤맬 때에는 돔을 찾자!

Le Dôme du Marais
○ 53 Bis Rue des Francs Bourgeois, 75004 Paris
☎ +33 1 42 74 54 17

주 4) 미쉐린 빕 구르망BIB gourmand : 미쉐린의 별과는 구분되는 또 다른 기준으로, 1인 30유로 미만에 양질의 식사를 할 수 있는 식당에 부여하는 등급. 미쉐린 맛집.
주 5) 이 주변에 피카소 미술관Musee Picasso과 카르나발레 박물관Musee Carnavalet이 있기 때문이다.

비스트로 드 룰레트
Bistro de l'Oulette
⑤

가스트로-비스트로 역사의 서막

Le Marais

내가 르꼬르동블루에 다닐 때, 미국인 친구들이 종종 강한 미국 악센트로 '비스츄로우 더 룰레트'에 대한 이야기를 했었다. 내 머릿속에는 러시안룰렛이 떠오르면서 왠지 마피아들이 보드카에 캐비아를 먹고 있는 음침한 이미지가 연상되었다. 시간이 흘러 이 책에 실릴 레스토랑을 선정하는 과정에서, 남편이 "가스트로-비스트로를 이야기하는데 바라칸 Baracane을 뺄 수는 없지! 근데 아마 이름이 비스트로 드 룰레트로 바뀌었다지~" 하는 것이다. 순간 스치고 지나가는 "앗, 그 마피아 식당!"

조그만 문을 열고 들어서면 좁게 일렬로 배치된 작은 테이블들과 옛날 사진들, 그리고 옛 광고 포스터들이 작지만 단정하고 깔끔한 공간을 만들어 내고 있었다. 러시아 마피아보다는 조용하고 사람 좋아 보이는 주인장과 닮은꼴이었다. 그중에서도 가장 눈길을 끌었던 것이 칠판에 쓰인 점심 메뉴 가격이었는데, 단품 메뉴 하나에 물 또는 와인 한 잔, 그리고 커피 한 잔까지 곁들인 점심 식사가 12유로다. 파리에서는 만나기 어려운 가격대다. 그리고 푸아그라, 카술레, 오리 콩피 등 메뉴판을 가득 채운 남서부 음식들의 이름이 어서

맛보고 싶다는 식욕을 자극하였다. 생각해 보면 이런 면이 미국인들에게 호평을 받은 이유일지도 모르겠다.

툴루즈의 주변 도시인 몽토방 Montauban 출신의 오너 셰프 보디 Marcel Baudis는 뒤투르니에1 와 성드렁스의 셰프 아래서 일을 하다가 1987년, 지금의 자리에 룰레트를 오픈하였다. 오늘날 유행하는 가스트로-비스트로의 시초가 된 세 곳 중 하나는 이렇게 시작되었다.

장사가 잘되다 보니 베르시 Bercy 근처에 새로운 식당을 열어, 더욱 고급스러운 파인다이닝을 시도하였다. 그러면서 본점의 상호는 바라칸으로 개명하고 남서부 음식을 전면에 내걸게 된다. 사실 이 바라칸은 '오리 먹는 바'란 의미의 〈바 아 카나르 Bar a carnard〉란 셰프의 농담에서 비롯되었는데, 무겁고 기름지다고 여겨지던 남서부 음식을 좀 더 모던하고 심플하게 바꾸면서 가격까지 합리적으로 낮추자 파리지앵들의 환호를 받았다. 이것이 1992년의 일이다. 이 사건은 파리의 가스트로-비스트로를 촉진하는 기폭제로 작용하며, 93년 캉드보르드의 라 레갈라드의 등장을 예고하게 된다.

주 1) **Alain Dutournier**는 2스타 카레 데 페이영 Carré des Feuillants과 1스타 오 트루 갸스콩Au Trou Gascon의 셰프

하지만, 셰프 보디는 벌써 20년째 이런 후발주자들의 가스트로-비스트로 흥망성쇠를 보아 오면서 사람들이 성공 비결을 물을 때마다 "남서부 음식은 누구에게는 너무 빡빡하고, 누구에게는 너무 기름지고, 누구에게는 양이 너무 많아. 요즘 사람들 입에 착착 감기게 만들어야 지!"라며 훈수를 둔다고 한다.

비스트로 드 룰레트는 예전부터 카술레[2]가 맛있기로 유명하다. 입에 착착 감기는 뜨끈한 카술레를 맛보고 싶다면 한 번 직접 확인해 보는 것도 좋겠다. 이 카술레는 얼핏 보기에 쉽고 평범해 보이지만 콩의 익힘 정도를 맞추는 것이 그리 쉬운 것은 아니란다. 제맛을 내기 위해서는 생각보다 여러 가지 숙련된 기술이 필요하단 말씀!

남서부 음식을 얘기하면서 어찌 지비에를 빠뜨릴 수 있을까! 하지만, 요즈음에는 양질의 프랑스산 지비에를 구하기가 어려워졌다. 파리의 가스트로에서 사용하는 대부분이 헝가리, 오스트리아, 스코틀랜드에서 오는 냉동 지비에라고 하니 말 다하였다. 남편에게 물어보아도 예전에는 총 맞은 자국이 선명한 피투성이의 털 달린 '동물'이 주방으로 들어왔는데, 요즘은 진공포장 되어서 스티커까지 붙은 상품이 배달된다고 한다. 그러다 보니 그 스티커에는 프랑스산이 아니라는 증거로 떡 하니 원산지 표시가 있는 경우도 허다하다고….

"이해할 수가 없어, 지비에를 맛보는 이유가 뭔데!" 하며 셰프 보디는 정색을 하며 말한다. 단지 메뉴판 구색을 맞추기 위한 지비에는 필요 없다는 얘기다. 지비에에 관한 셰프들의 의견은 분분하기 때문에 뭐라고 딱 잘라서 얘기할 수는 없지만 이런 태도들

주 2) 카술레Cassoulet : 카술레는 타르브Tarbes의 흰 강낭콩과 소시지 등의 돼지 가공품을 장시간 졸여 만든 프랑스 전통 음식으로 지방에 따라 오리고기, 양고기 등이 첨가되기도 한다.

Bistro de l'Oulette 비스트로 드 울레트

이 프랑스 식자재의 변화를 보여주는 것 같다.

앞에서 말했듯이 지비에는 부르주아 문화이기 때문에 닭고기 요리를 먹는 것과는 차원이 다르다. 그만큼 과거에는 먹는 사람들도 적었고 먹을 수 있는 장소도 드물었다. 하지만, 이제는 파리 시내에만 미쉐린 별 3개의 레스토랑이 아홉 개나 되고 너도나도 지비에를 맛보고 싶어하게 되어 여기저기서 지비에 메뉴를 갖추게 된 것이다.

그러나 프랑스 내에서 사냥으로 잡을 수 있는 양에는 한계가 있고 그러다 보니 냉동 지비에의 수입도 많아지게 되었다. 이렇게 영하 80도의 초저온 급속 냉동을 하게 되면 1년 이상으로 유효기간이 늘어나게 되니 지비에 '시즌'이란 말도 우스워지게 된다. 그의 비판은 바로 이런 부분을 꼬집어 이야기한 것이다.

이 식당에 올 때마다 신기하였던 점은 테이블에 앉으면 언제나 여기저기서 영어가 들려 온다는 것이다. 사실 마레의 보주 광장 Place des Vosges과 바스티유 사이에 있다는 입지 자체가 관광객을 부를 수도 있겠지만, 미국인의 미식바이블인 〈자갓 파리 Zagat Paris〉

주 3) Le Comptoir de Relais : 82페이지 참조

통은 80년대에 전 세계 최초로 와인과 음
'마리아주'에 초점을 맞춘 메뉴를 구성
다. 바로 이 식당의 총주방장이었던 게
Bertrand Guéneron 셰프가 개업한 것이 지
오 바스쿠다.

게느롱 셰프는 프랑스 서부 해안 지역
르타뉴에서 가축사육을 하던 아버지와 정
과 식당을 하는 어머니 아래서 태어났다.
에 어려서부터 식당의 문화에 익숙해졌고
스럽게 요리사라는 직업을 택하게 되었다.
를 다녀와서 당시 별 3개 식당이었던 알케
라트 Alchestrate에서 셰프 성드렁스를 만나
께 뤼카 카르통을 오픈하고, 총주방장으로 1
을 함께 일하였다. 그 후 프랑스의 거대 유통
업인 까르푸 Carrefour의 구매담당 디렉토
카우트되어 전국의 식자재 생산자를 만나고,
각의 생산/재배/양식/양조 방법 등을 배우는
중한 8년을 보내게 된다. 동시에 까르푸의 냉
식품 레시피를 만들고 주방을 지휘하는 역할
겸임하다가 2006년, 오 바스쿠를 인수하였다

비록 셰프가 브르타뉴 출신이지만 바스크
으로 정치적으로나 지리적, 또 문화적으로 모
연은, 한 접시에 땅과 바다를 함께 담는 법을
식당 내부에 들어서면, 바스크를 표방하는 식
미가 천장에 대롱대롱 매달려 있다. 우리나라
녀석들이라 좀 신기하다.

의 Top Food Rating에서 26점을 받아 르 콩투아[3] 와 함께 최고의 점수를 기록하였다는 점도 무시할 수 없다.

"마음으로 만드는 음식이 최고로 맛있는 음식이지! 그리고 요리사가 신이 나서 만들어야 좋은 음식인 거야. 간이 잘 맞고 제대로 익혔다면, 단순한 음식도 얼마나 맛있냐구!"

영어 메뉴판도 있고 영어 잘하는 서버가 늘 대기하고 있으니, 마레를 산책하면서 부담 없이 들를 수 있는 곳이다.

Bistro de l'Oulette

📍 38 Rue des Tournelles, 75004 Paris
☎ +33 1 42 71 43

055

오 바스쿠
Au Bascou

살려줘요, 바스쿠~!

패션 피플**Marcel**에는
는데, 갈 때
많다. 샤틀
냐 아니면
냐의 선택을
고의 답은

"오스쿠~바

프랑스 미식사에 길이 남을 중요한 식당들이 있
식당 라 피라미드 La Pyramide나 셰프 알랭 뒤카스
이 그러하다. 여기에 더불어 알랭 삼총사의 수장
Carton은 파리의 파인 다이닝을 이야기할 때 빠

주 1) 오페라는 예전부터 일본인의 부동산 투자가 많아 일본식
주 2) Au secour Bascou 오스쿠 바스쿠! : 살려줘요 바스쿠!

셰프가 만든 대구 요리를 맛보았는데, 커다란 대구 살과 함께 다량의 피망과 토마토, 아티쇼[3] 가 함께 나왔고 푸릇푸릇한 잠두콩 fève과 녹아내리는 바욘의 생햄 jambon de Bayonnes이 흩뿌려져 있었다. 정말 이런 게 바스크 스타일의 바다와 땅의 조화로움인가! 하고 한입 가득 즐거웠던 기억이 난다.

그렇다고 바스크 지방의 클래식만으로 메뉴판을 채우지는 않는다. 게르농 셰프가 누구인가! 전 세계 파인다이닝의 기본이 된 바닐라와 바닷가재 Homard à la vanille, 국수에 말아 튀기는 새우 Langoutines au kadaif, 푸아그라와 양배추 Foie gras au chou à la vapeur, 아피시우스 스타일의 오리구이 Canard Apicius 등을 만들어 낸 장본인이 아닌가!

그런 만큼 그는 클래식 음식에 모던한 터치가 세련되게 가미된 음식을 선보인다. 지비에와 생선을 좋아하다 보니, 제철에는 지비에도 많이 다루고 브르타뉴의 특산물인 가리비 Coquille St. Jacques와 서대 sole 등을 요리하는 것을 즐긴다.

은빛 머리를 곱게 넘긴 자상한 얼굴의 셰프가 보여 주는 저력 있는 접시들은 몇 번이고 맛보고 싶어지는 매력 덩어리다!

Au Bascou

- 38 Rue Réaumur, 75003 Paris
- +33 1 42 72 69 25

주 3) Artichaut : 프랑스어로 아티쇼라 하며, 영어로는 Artichoke 아티초크 라고 한다.

CHAPTER 3

Notre Dame de Paris
노트르 담 드 파리

Ribouldingue 리볼댕그
규방에 곱창구이?

L'Itinéraire 리티네레르
파리 식당계의 누벨 바그

Ze Kitchen Galerie 즈 키친 갈르리
청출어람, 앙팡 테리블

센 강은 유유히 흐르고
노트르 담 드 파리 Notre Dame de Paris

우리가 흔히 노트르담이라 하는 것은 '성모 마리아'의 의미와도 같아 프랑스 내에는 각지에 '노트르담'이라는 이름의 성당이 무수히 많다. 노트르담은 직역하면 '우리의 부인'이 되니까 다짜고짜 "노트르담이 어디 있나요?"의 의미로 "Where is Notre Dame?"이라 물으면 상대방이 당황할지도 모른다. 예전에 한 친구가 길을 찾다가 지나는 사람에게 불어로 "Vous connaissez ou est Notre Dame?"이라 물었더니 상대방이 당황하며 "어떤 부인이요?" 하고 되물었던 적도 있었다 한다. 바로 '성당'이란 명칭이 빠져서 생긴 오해인데, 노트르담 성당을 찾아가고 싶은 거라면 꼭 카테드랄 Cathédrale이란 명칭을 붙여 물어보자!

파리를 가로지르는 센 강 중앙에는 시테 섬 Île de la Cité과 생 루이 섬 Île Saint Louis이 있고 이들을 연결하는 다리가 여럿 있다. 시테 섬에는 우리에게 유명한 노트르담 성당과 법원, 퍼블릭 병원 등이 있고 유명한 퐁뇌프 다리가 시테 섬의 상단부에서 루브르와 5구를 연결하고 있다. 생 루이 섬은 고급 주택가로 유명하다.

◆가볼 만한 곳 – 생 루이 섬 Île Saint Louis, 생트샤펠 Sainte Chapelle, 법원 Palais de la Justice, 퐁뇌프 Pont-neuf, 퍼블릭병원 Hôpital Hôtel-Dieu

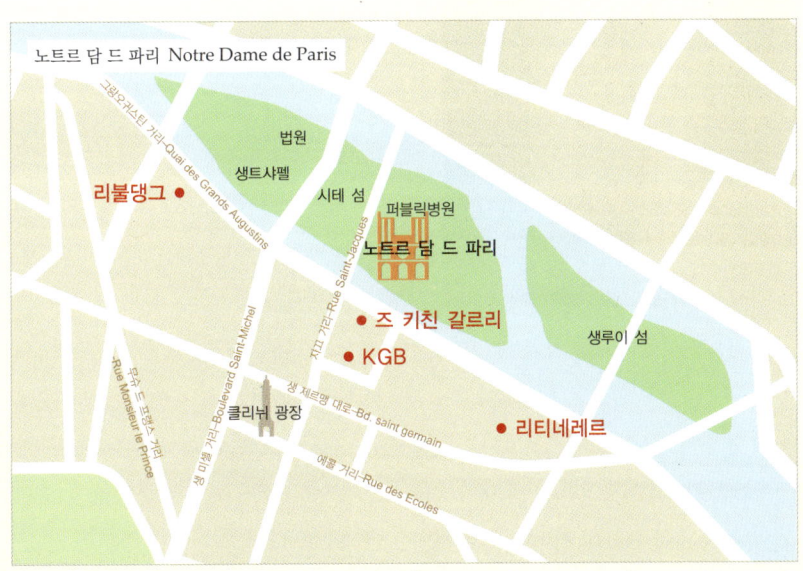

리불댕그
⑦ Ribouldingue

규방에 곱창구이?

남자 친구로부터 전화가 왔다. "이번 주말, 파리의 프렌치 레스토랑에서 함께 디너 어때?" 이런 제안을 받으면 다들 어떤 이미지를 떠올릴까? 휘황찬란한 크리스탈 샹들리에 아래에서 아페리티프로 샴페인을 한 잔 마시고 푸아그라나 캐비아, 훈제연어를 샤블리나 소테른과 함께 즐기다가 질 좋은 소고기 안심 스테이크에 보르도 적포도주 한 잔, 그리고 카망베르와 로크포르 Roquefort 등의 치즈를 맛보고, 그 다음에는 생각만 해도 달콤하게 녹아내리는 수플레 soufflé를…!

이 커플은 다정히 손을 잡고 센 강변을 걷다가 노트르담의 낙엽을 밟으면서 파리 3대학(소르본) 쪽으로 향하였다. 리불댕그란 이름의 식당에 들어갔고, 이 여성은 그 이후로 두 번 다시 이 남자를 만나지 않았다는 전설이~

리불댕그는 그런 곳이다. 아마 데이트로 나갔던 여성은 접시 위에 놓인 양의 뇌, 송아지 머리, 돼지 젖꼭지, 소 혓바닥 등을 보며 기겁했을 것이다.

여주인 바리니 Nadége Varigny는 그르노블Grenoble의 2대째 정육점을 하는 집안에서 태어났다. 그르노블은 리옹의 문화권 안에 포함되기 때문에 육고기 음식 중에서도 특히 '부산물'을 이용한 음식이 발달한 곳이다. 그래서 어렸을 때부터 이런 음식을 먹는 것이 익숙했을 것이다. 성장하면서 외식업계에 투신하였고 프랑스 가스트로-비스트로 역사에 한 획을 긋는 인물인 캉드보르드와 라 레갈라드를 함께 오픈하여, 12년 동안이나 안방마님 역할을 해냈다. 그녀는 살집이 있고 덩치가 컸지만, 이목구비가 또렷하고 기품 있는 얼굴이다.

메뉴판에 나와 있는 이름들의 그로테스크함에 비해, 내부의 벽화는 친근감이 느껴진다. 난 처음에는 이상한 나라의 앨리스에 나오는 달걀 아저씨가 뛰어다니는 줄 알았다. 크림색의 보드랍고 여성적인 장식이 돋보이는 벽체 위에 뛰어다니는 돼지와 소시지, 그리고 달걀 아저씨 같은 만화들이 너무 웃겨서 진짜 뭘 생각하고 이렇게 낙서를 해놨을까 싶었다.

불어로 리불댕그를 하다Faire la ribouldingue는 파티를 한다Faire la fête는 뜻이다. 그래서 파티를 연상시키는 가볍고 신나는 느낌의 인테리어로 꾸미고 싶다는 생각에 리불댕그

Musée du Louvre

란 만화로 내부를 채우려고 했단다. 하지만, 이 만화는 아직 100년이 안 지나서 저작권 문제가 있어 에드워드 리어 Edward Lear의 그림으로 대체하였다고 한다. 꿩 대신 닭인가? 하지만, 이 차분하고 고전적인 공간에 폴짝거리는 저 그림들을 보면 누구나 피식~하고 웃어 버릴 것이다.

남편은 요리사이기 때문에 이런 음식을 좋아하지만, 솔직히 나는 좀 어렵다. 접시에 담은 음식은 보기에는 예뻤다. 적어도 정체를 알기 전까지는 말이다. 이게 뭐냐고 물었더니, 송아지 머리 가죽을 벗겨서 혀를 말아서 삶은 후에, 다시 한 덩어리씩 잘라서 구운 것이란다. 으~ 하지만 남편은 "정말이지 겉은 바삭하고 속은 부드러운 게 일품이야!" 하고 맛있어하였다. 다시 한번 으~

주인장이 말하길, 손님들은 어차피 작정하고 내장 먹으러 오는 것이기 때문에 와서 싫다는 사람은 없단다.

"오픈 당시에는 주로 사업가들이나 나이 지긋하신 손님이 많았어요. 하지만, 많은 사람들 입에 오르내리게 되면서, 최근에는 10대 후반의 손님들도 '대체 우리 부모들이 먹던 음식은 뭔가 궁금해서' 맛보러 오는 경우가 많아지고 있죠."

초보자에게는 송아지 흉선인 리 드 보 ris de veau를 맛보길 권한다.

Ribouldingue
- 10 Rue Saint-Julien le Pauvre, 75005 Paris
- +33 1 46 33 98 80

리티네레르
L'Itinéraire

파리 식당계의 누벨 바그

변신.

남편이 리티네레르를 보고 꺼낸 첫 마디였다. 셰프 상드라 Sylvain Sandra의 예전 식당인 르 텅 오 텅 Le temps au temps도 알고, 이 자리에 있던 예전의 셰 투툰 Chez Toutoune에서도 식사를 한 기억이 있기 때문이다. 셰 투툰은 본래 80~90년대에 14년 동안이나 대통령직을 연임한 프랑수아 미테랑 François Mitterand의 단골집으로, TV에도 자주 나오고 미국 가이드에서도 자주 다루곤 했었다.

또, 셰프 상드라의 예전 식당인 르 텅 오 텅에서 한국인 요리사인 이유석 군이 스타주 stage를 하고 있어서 우리 부부가 응원차 간 적이 있다. 파리 11구의 조용한 주택가에 위치한 25석 정도의 작은 식당이었지만 즐겁게 식사하는 손님들로 활기찬 분위기였다. 비스트로풍의 푸짐하면서 기분 좋게 먹을 수 있는 메뉴들로 구성되어 있었는데, 그 날 우리는 소고기찜과 돼지갈비를 맛보았다. 비스트로 음식이지만 모양이 예뻐서 보기도 좋고 먹고 나면 기분 좋게 배부른 그런 음식들이었다.

　셰프 상드라는 닭으로 유명한 브레스Bresse에서 태어나 리옹에서 부인과 함께 요리학교를 나온 후, 프랑스 남부지역인 코트 다쥐르Côte d'Azur와 알프스의 쿠르슈벨Courchevel 등 젊은 나이에 프랑스 여러 지방의 음식을 두루 경험하였다. 런던에서 모던하고 심플한 스타일을 익히고 다시 파리로 돌아와 르 텅 오 텅을 연 것이었다. 네오 비스트로neo-bistrot였던 르 텅 오 텅에서 한 단계 더 업그레이드된 네오 가스트로neo-gastro를 표방하는 리티네레르를 선보이기 위해 센Seine 강을 건넜다.

　과연 리티네레르는 르 텅 오 텅에 비해 공간도 넓고 2면이 통유리로 되어 있어 시원한 내부 공간을 연출한다. 흰색 테이블보와 포도주잔이 세팅된 식탁을 배경으로 차분하면서도 따뜻한 팥죽색 벽체와 짙은 나무 의자, 그리고 조용하고 심플한 조명이 젊고 감각 있는 셰프의 모습을 그대로 보여 주는 듯하다. 셰프 상드라의 음식들은 단순하면서 푸짐해서 좋다. 추운 겨울에는 따뜻함을 만끽할 수 있는 뜨거운 수프를 맛볼 수 있다는 점도 매력적이다.

　리티네레르란 불어로 〈여정旅程〉이란 뜻이다. 상드라 셰프는 삶과 실력, 그리고 음식

⑧

Musée du Louvre

에 있어 최고에 도달하기 위한 인생 여정 위에 선 자신들을 생각하며 지은 이름이라 설명하였다. 아직 많이 알려지지는 않았지만 르 텅 오 텅 시절의 단골들이 잊지 않고 찾아와 준다고 한다.

그는 좋은 식재료로 만든 창의적인 음식이 좋은 음식이라고 생각하여, 한 번 쳐다보면 다시 보고 싶어지는 아름다운 여자처럼 한 번 맛을 보면 다시 맛보고 싶어야 한단다. 과연 20대의 젊은 셰프가 할 수 있는 이야기 같다. 생각해 보면 그의 음식도 그런 것 같다. 풋풋하고 앳되지만, 어딘가 파워풀

하고 한껏 멋을 부려도 용인될 수 있는, 20대만의 매력이 충만한 음식들이다. 가끔은 이런 젊은 손맛이 생기를 북돋아 주기도 한다.

잘생긴 젊은 셰프의 상큼한 맛이 당기는 날, 센 강을 산책하며 리티네레르를 찾아가 보자. 힘을 듬뿍 얻어 나오게 될지도!

L'Itinéraire

5 Rue de Pontoise, 75005 Paris
+33 1 46 33 60 11

즈 키친 갈르리
Ze Kitchen Galerie

청출어람, 앙팡 테리블

봄이 시작되는 3월, 지겨운 2월의 비가 그치고 오랜만에 화창한 푸른 하늘에 공기도 한없이 가벼운 아침이었다. 뤽상부르 공원의 솟아나는 새순들을 보며 봄기운을 만끽하고 싶어 남편과 외출을 하였다. 이런 날씨에는 봄 냄새 나는 가볍고 상쾌한 음식이 먹고 싶어지는 것이 당연지사. 남편은 적당한 곳이 없을까 잠시 고민하다 ESCF 선배가 하는 식당인 즈 키친 갈르리로 예약을 잡았다.

오데옹에서 센 Seine 강 쪽으로 거슬러 올라가다 보면 찾을 수 있는 작은 식당으로, 뤽상부르 공원에서 잠시 책을 보거나 사색을 즐기다 센 강변으로 올라가 점심을 하고 강변을 거닐거나 퐁뇌프를 통해 시테 섬의 노트르담으로 걸어가도 좋을 것 같다. 어떤 코스를 짜더라도 점심 먹기에 안성맞춤인 장소다. 아담하고 경쾌한 공간에서 전형적인 '모던 프렌치'로, 셰프의 영감에 따라, 계절에 맞게 다양하게 변화하는 접시를 만날 수 있다.

즈 키친 갈르리의 셰프인 르되이 William Ledeuil는 미쉐린 3스타 셰프 사부아의 캐주얼 파인레스토랑인 레 부키니스트 Les Bouquinistes의 셰프를 지내면서 비스트로가 무엇인지 제대로 익혔다. 2001년 독립하여 즈 키친 갈르리를 오픈하고, 2008년 미쉐린 별 하나를 획득하게 되었다.

직접 식당에 가 보면 알겠지만, 즈 키친 갈르리는 기존의 미쉐린 스타 레스토랑들과는 분위기부터 다르다. 인테리어도 밝고 활기 넘치는 색상에 테이블도 단순하다. 미술 갤러리 속에서 셰프의 또 다른 작품인 음식들을 즐기는 콘셉트로 디자인된 이곳은 테이블보도 없이 그냥 테이블의 피부와 다리가 그대로 드러나 있고, 식기들도 모던하다. 뭐라고 할까, 코코 샤넬의 짧고 편안한 치마와 코르셋 없이 입는 블라우스의 등장만큼 충격적인 모양새로 기존의 제도 속에서 별을 따낸 쾌거라고 할 수 있을까? 아마 '전통을 고수'하는 많은 이들은 이 식당이 별을

받았을 때에 화들짝 놀랐을 것이다. 미쉐린이 그만큼 많이 젊어지고 있으며 컨템포러리한 요소들을 받아들이고 있다고 할 수도 있는 것 같다.

셰프 르되이의 음식은 타이식 터치가 강한 것이 특징인데, 레몬그라스나 생강, 태국 카레, 과일 등을 세련되게 사용하여 자칫 무거울 수 있는 프랑스 요리를 현대적으로 재해석하였다. 하지만, 다른 퓨전들과의 차이라면 그의 접시들은 단순히 보여주기 위한 퓨전이

주 1) 〈즈〉는 프랑스 사람이 영어 〈the〉를 발음할 때 내는 소리다. 원래 The Kitchen Galerie라고 이름 지으려다 유머를 발휘한 것.

아닌, 대중이 원하는 맛을 조화롭게 담고 있다는 점이다.

이렇게 셰프 르되이는 파리 식당계에서 누구보다도 혁명적인 움직임을 주도하는 한 사람이 되었다. 2007년, 우리가 갔을 때만 하더라도 아직 별을 받기 전이라 지금처럼 예약하기가 어렵지는 않았다. 하지만, 미쉐린 별을 받는 데에 이어, 2010년에는 고미요 Gault&Millau 2)의 올해의 요리사로 선정되자, 손님도 많아지고 이제는 쉽게 자리를 확보하기 어려운 장소가 되었다.

그래서 2009년 가을, 르되이 셰프는 두 번째 식당 KGB Kitchen Galerie Bis를 오픈 하였다. 식당 이름이 KGB라니! 마치 전후 스파이 영화에나 나올법한 이름 같지만, 실은 즈 키친 갈르리의 옆문이란 뜻으로 지은 것이다. 불어에서 비스 bis란 옆문이란 의미로, 길을 걷다 보면 '223번지 bis'와 같은 주소를 곧잘 발견할 수 있다. 이름에서부터 세컨드 레스토랑이라는 점을 강하게 표현하고 있다. KGB 역시 작고 아담한 공간이지만 특유의 색감을 잘 이용하여 경쾌하고 발랄한 분위기를 연출하였다. 노랑과 빨강, 초록, 보라 등 과하지 않게 흰 바탕 속에 리듬감 있게 위치한 색감은 상큼하고 가벼운 그의 요리스타일과 공

주 2) 고미요 Gault&Millau는 프랑스의 가장 영향력 있는 레스토랑 가이드 중 하나로, 앙리 고 Henri Gault와 크리스티앙 미요 Christian Millau라는 두 식당 평론가들에 의해 1965년 만들어졌다. 그들의 작업 중 가장 위대한 것으로 '누벨 퀴진'의 개념을 정립한 것을 들 수 있다.

〈 위 사진은 KGB의 내부전경과 음식 〉

간, 서비스가 모두 한 방향을 향하고 있다는 점을 그대로 보여준다.

음식 역시 좀 더 상큼하고 화려한 색감으로 시각적인 즐거움을 주기 위하여 많은 노력을 기울이는 듯하였다.

따뜻하고 화창한 파리의 봄날에 진정 어울리는 식탁이 이곳에 있다!

Ze Kitchen Galerie

- 4 Rue des Grands Augustins, 75006 Paris
- +33 1 44 32 00 32

KGB

- 25 Rue des Grands Augustins, 75006 Paris
- +33 1 46 33 00 85

CHAPTER 4

Saint-Germain-des-Prés & Quartier latin
생 제르맹 데 프레 & 카르티에라 라탱 (5,6구)

Le Comptoir du Relais 르 콩투아 뒤 를래
'대부'가 밥을 짓다?

Le Pré Verre 르 프레 베르
아시안-프렌치 퓨전의 정석!

Les Papilles 레 파피
매일매일 검소한 〈마리아주〉

Le Timbre 르 탱브르
Small like a stamp!

L'Epi Dupin 레피 뒤팽
봉 마르셰에서 쇼핑을 한다면 식사는 여기서!

문화와 지성의 거리

생 제르맹 데 프레 & 카르티에 라탱
Saint-Germain-des-Prés & Quartier latin (5,6구)

프랑스의 유명한 패션 브랜드들이 바로 이 '생 제르맹 데 프레' 라는 이름을 하단에 많이 달아서 사치스럽고 화려하며 유행을 앞서가는 이름으로 인식될 수도 있겠으나, 이것은 수도원과 교회의 이름이다. 이 성당은 로빙거 왕조 시대인 6세기경, 이곳에 수도원을 지으면서 역사가 시작되었다. 생 제르맹이라는 이름은 당시 파리의 주교였던 생 제르마누스 Saint Germanus 의 이름을 딴 것이며, 프레 Près 는 초원, 풀밭이라는 뜻으로 '풀밭의 성 제르마누스 성당' 이라는 의미다. 지금도 생 제르맹 데 프레 역에 내리면 쓰러져 내릴 듯한 교회가 겨우겨우 버티고 서 있는 모습을 발견할 수 있는데, 이는 11세기경에 복원된 것이라 한다. 이 교회는 이후에도 오래도록 파리지앵의 높은 지성과 문화의 장으로 역할 하였고, 오늘날까지 이러한 철학, 연극, 음악 활동의 여러 흔적이 곳곳에 고스란히 남아 있어 우리의 감성을 자극한다.

◆가볼 만한 곳 - 팡테옹 Panthéon, 소르본 La Sorbonne, 생 미셸 Saint Michel, 뤽상부르 공원 Jardin du Luxembourg, 퐁 데 자르 Pont des Arts, 아랍문화원 Institue du Monde Arabe, 오데옹 Odéon, 식물공원 Jardin des Plantes, 모스케 Mosquée de Paris, 회교사원 Grande Mosquée de Paris

르 콩투아 뒤 를레
Le Comptoir du Relais

'대부'가 밥을 짓다?

이 세상에는 요리사가 있다. 그리고 스타가 있다. 하지만, 스타 요리사란 존재하지 않는다. 요리사가 스타가 되려면 주방에서 칼 잡을 시간이 없어지고, 냄비보다는 마이크와 친해져야 한다. 미쉐린 가이드의 별 3개를 받았다고, 모두 다 '스타' 요리사는 아니다.

가스트로노미의 음식에 비스트로의 서비스로 가격을 타협한 식당을 일컫는 가스트로-비스트로란 장르를 만들어 낸 장본인이 바로 르 콩투아의 셰프 캉드보르드 Yves Camdebordes다. 가스트로노미의 대부가 폴 보퀴즈라면, 비스트로노미의 수장은 단연 캉드보르드다.

셰프 르제 Guy Legay의 지휘 아래 리츠 호텔 hotel Ritz(☆☆)에서 혹독한 훈련을 받고, 80년대 전설로 분류되던 막심 Maxim's(☆☆)1과 라 투르 다르장 La Tour d'Argent(☆☆☆)2을 거쳐서 를래 루이 트레즈 Relais Louis XIII (Manuel Martinez, ☆☆)에서 클래식 프랑스 요리를 더 심화한 후, 콩스탕의 오른팔이 되어서 크리옹(☆☆)3 제국의 전성기를 이룩한 그가, 어느 날 홀연 파리 외곽에 비스트로를 열기 위해서 가스트로를 떠났다. 이유인즉슨 '음식'을

하고 싶어서였다. 그가 크리용을 떠난다고 발표했을 때, 여기저기서 함께 가스트로를 열자고 받은 제의만 몇십여 건이 됨을 업계 사람들은 모두 기억하고 있다. 지금도 충격적일 수 있는 이 뉴스는 그 당시에 그를 정신병자로 취급받게까지 만들었다.

국가대표 태권도팀 주장이 어느 날 갑자기 태권도를 즐겁게 배우는 학생들과 만나서 함께 태권도를 하고 싶다고 시골에 태권도장을 열겠노라며 국가대표를 관두었다고 하면 쉽게 이해가 될까. 그는 라 레갈라드 시절, 1993년 오픈부터 2004년 지금의 셰프인 두세 Bruno Doucet에게 인계할 때까지 12년 동안 전일 만석이라는 전무후무한 기록을 세움과 동시에, 파리의 별 2~3개 가스트로와 견줘볼 만하였던 완성도 높은 음식들로 구성된 세트메뉴를 단 200프랑(약 30유로)이라는 상징적인 금액에 서비스하여 파리 전체를 가스트로-비스트로의 소용돌이로 몰아넣어 버린 장본인이다. 그 당시에 아뮈즈부슈로 주던 시골 스타일 테린 terrine de campagne 4 은 지금까지 많은 사람이 그리워한다.

이러한 그의 도전은 인사 병목 현상이 일어난 가스트로 업계의 젊은 요리사들에게 새로운 꿈을 주는 계기가 되기도 하였다. 별 2, 3개의 레스토랑에서는 오른팔 second, chef de

---

주 1) 80년대 당시 막심은 미쉐린 별 3개를 갖고 있었다.
주 2) 꽤 오랫동안 별 3개를 유지하다 점점 별을 잃고 2014년 현재는 별 1개를 갖고 있다.
주 3) 88년~92년까지 별 2개를 갖고 있었다.

partie로 남을 수밖에 없는 실력 있는 요리사들이 그가 보여준 현실적인 비전을 통해 새로운 시도를 할 수 있게 된 것이다. 덕분에 이제 파리에는 이 가격대에 매우 흡족한 식사를 할 수 있는 곳이 많아졌다. 요리사들이 꼽는 최고의 요리사로서 이제는 오데옹의 호텔인 를래생 제르맹 Relais St. Germain의 사장님이 되었지만, 아직도 점심, 저녁 모두 주방을 지키는 그의 모습은 젊은 요리사들에게 귀감이 된다.

그는 재료에 대한 사랑과 손님에 대한 사랑, 대접하고 싶은 마음, 즐겁게 해주고 싶은 마음이 넘쳐나는 요리사이며, 누구나 인정하는 최고의 테크니션임에도 잘난 체하지 않으면서, 조용히 그리고 묵묵히 힘을 보여주는 요리사다. 본인의 철학을 믿고, 자신들이 가진 문화를 소중히 하고, 이를 후세에 전하기 위해 유행과 싸우는 요리사. 맛있는 음식이 무엇이냐는 질문에 아무런 머뭇거림 없이 '입에 넣어서 맛있는 음식'이라는 가장 명료하면서 솔직한, 하지만 아무나 할 수 없는 '무식해 보일 수 있는' 대답을 거리낌 없이 할 수 있는 진짜 요리사다. 이게 바로 이브 캉드보르드란 요리사가 위대한 이유다.

르 콩투아의 경우도 디너를 먹기 위해 적어도 6개월 전에 예약해야 겨우 자리를 구할 수 있는 상황은 마찬가지다. 점심과 저녁은 무척 분위기가 다른데, 점심에는 정통 비스트로 스타일의 조금 가볍고 캐주얼한 식사를 맛볼 수 있고, 저녁은 매일 메뉴가 바뀌는 가스트로-비스트로가 된다. 점심은 아예 예약을 받지 않기 때문에 일찌감치 가서 줄을 서는 수밖에 없다.

저녁 식사의 경우, 호텔 객실 손님에게 우선권을 주기 때문에[5], 캉드보르드의 음식을 먹기 위해서 이 호텔에 투숙하는 고객이 많을 정도다. 그리고 야외 테라스 자리의 오픈 여

주 4) 테린 terrine : 본래 테린은 유약을 발라 구운 높이가 있는 용기를 말하는데, 우리나라 뚝배기처럼 이 용기를 이용하여 만든 클래식 음식도 테린이라고 부른다. 고기의 질긴 부위를 잘게 다져서 테린에 넣고, 오븐에 익혀 식힌 후, 먹기 좋게 잘라서 빵과 코르니숑을 곁들여 먹는 애피타이저의 일종이다. 시골스타일 테린은 돼지의 살, 간, 지방 등을 넣는다.

Le Comptoir du Relais 르 콩투아 뒤 를레

부는 그날 아침에 날씨를 보고 정하기 때문에, 단골들은 일기예보를 보고 직접 와서 당일 저녁 자리를 예약하기도 한다고 한다.

르 콩투아의 음식은 남서부 지방의 흔적이 많이 나타나는 프랑스 전통음식으로, 최고의 식자재를 사용하는 것을 특징으로 들 수 있다. 그리고 무엇이든 최근의 경향에 정반대인 클래식을 추구한다.

> "프랑스는 강한 식문화 전통이 있는 나라이기 때문에 저는 요리사로서 이것들을 존중해야 합니다. 진공포장이나 젤리를 사용하여 복잡해진 〈테크닉〉 위주의 음식이 맛없다고는 하지는 않겠지만, 매우 위험한 일입니다. 왜냐하면, 이런 테크닉 위주의 음식은 서울, 뉴욕, 도쿄, 파리 어디서든 맛볼 수 있기 때문입니다. 즉, 전 세계의 모두가 같은 음식을 먹게 될 수도 있습니다. 프랑스는 요리의 '역사'가 있는 나라입니다. 최근 들어 요리의 역사가 없는 나라의 사람들이 프랑스에서 요리를 배운 후 이런 음식들을 하곤 하는데, 저로서는 부족한 기본을 감추기 위한 장치들로밖에 보이지 않습니다."

주 5) 좌석의 50% 정도는 호텔 손님을 위해 예약을 받지 않는다.

프랑스의 요리도 과거와 비교하면 기름의 사용이나 식감, 재료의 손질 방법 등 많은 부분이 발전하고 진화하고 있는데, 그런 면에서 그는 스스로를 〈조금 모던하게 진화된 전통음식〉을 하는 사람이라고 소개하였다.

실제로 콩투아에서 밥을 먹어 보면 모두가 열성팬이 된다. 그중에서도 특히 콩투아의 테린 terrine 은 미쉐린 3성급이다. 푸아그라의 익힘 정도가 완벽할 뿐 아니라 간도 아주 절묘하다. 게다가 시각적으로도 매우 아름답다. 이 외에도 대표 메뉴인 〈삶아서 뼈를 제거해 튀긴 돼지 족과 올리브 오일 감자 퓌레〉 또한 만인이 사랑하는 품목이다. 내 남편도 이 돼지 족 마니아 중 한 명이다.

Le Comptoir du Relais
- 9 Carrefour de l'Odéon, 75006 Paris
- ☎ +33 1 44 27 07 50

르 프레 베르
Le Pré Verre

아시안-프렌치 퓨전의 정석!

> 그건 우리를 닮은 노래야
> 너는 나를 사랑하고 나는 너를 사랑했지 우리는 둘이서 함께 살았지
> 나를 사랑하던 너와 너를 사랑하던 나는 그러나
> 인생은 사랑하던 사람들을 어느샌가 소리도 없이 갈라놓아 버리고
> 바다는 헤어진 사람들의 발자국을 모래 위에서 지워버리네

한 세기를 풍미하였던 프랑스의 위대한 가수, 이브 몽낭Yves Montand이 불러 유명해진 자크 프레베르Jacques Prévert의 시詩 〈고엽枯葉〉이다. 그의 이름으로부터 프레 베르라 이름 짓게 된 식당으로, 프레베르에 오려면 센Seine 강을 거쳐 카르티에 라탱Quartier Latin으로 들어와야 한다.

2004년 늦가을의 어느 날, 남편은 이 식당의 지비에가 유명하다는 소문을 듣고 혼자 이 식당에 간 적이 있었단다. 회색빛 하늘, 낮은 기온, 발치에 뒹구는 낙엽이 주는 스산함에 타향에 홀로 있

는 신세가 더 처량하게 느껴지고 외로움이 크게 다가왔다. 그때 어디선가 불어오는 낙엽 태우는 냄새에 환청과 같이 귓가에 울리던 이브 몽탕의 목소리. 옷깃을 세워 올리고 시가 한 대라도 물고 고독을 씹어야 할 분위기에서 남편은 옆 테이블 사람들과 건배를 하며 멧돼지 뒷다리를 씹고 있었다는….

르 프레 베르의 셰프 들라쿠르셀 Philippe Delacourcel은 80년대, 역삼동 르네상스 호텔에서 일한 적이 있다며 반가워하였다. 그는 한국 이외에도 일본, 말레이시아, 중국, 인도네시아 등에서 일한 경험이 있다. 아시아 각국에서 배운 향신료 사용과 조리법을 결합하여 만들어 낸 새로운 스타일이 들라쿠르셀식 요리의 핵심이다. 프랑스의 재료를 프랑스식으로 조리한 뒤 마지막에 아시안 터치를 가미한 산뜻한 요리가 주를 이룬다. 예를 들면 프랑스에서는 송아지 머리 tête de veau를 삶아서 라비고트 소스1 를 곁들여 먹는 것이 전통적인 레시피라면, 그는 삶고 나서 다시 그릴에 구워 서비스하는 식이다. 또 새끼 돼지 cochon de lait는 말레이시아 스타일로 송아지 육수에 고기를 삶은 후, 크림과 육두구 같은 전통 향신료를 넣어 소스를 만들어 곁들인다.

Le Pré Verre
르 프레 베르

주 1) sauce ravigote : 겨자를 많이 넣은 비네그레트에 양파, 케이퍼, 다진 허브를 섞은 소스

반면, 스공으로 있는 지글러 Guillaume Sieglers는 한국의 맛과 향을 좋아하는데, 이유인 즉슨 결혼 6년 차인 그의 아내가 바로 한국인이기 때문이다. 장모님께서 파리에 오실 때마다 여러 가지 한국 음식을 가지고 오셔서 맛볼 수 있었다고. 김치나 참깨, 간장, 고추장 등 우리나라 특유의 향신료들을 이용하는 것을 즐긴다. 그가 이 네 가지 향신료의 발음을 너무나 정확하게 구사해서 나를 놀라게 하기도 하였다.

재즈를 좋아하는 셰프는 벽면 가득 재즈 가수들의 모습을 담았다. 특히 날씨가 쌀쌀해지고 재즈가 가슴을 따스하게 녹여주는 계절이면 늘 재즈 음악을 틀어 둔다고. 지하에도 홀이 있는데, 벽화가 무척 이색적이었다. 어렸을 때 본 이상한 나라의 폴이 연상되었는데, 아마 이 벽화가 제2, 제3의 다른 세계와 연결되어 있는 듯한 느낌을 주기 때문이다. 버섯돌이를 만나고 싶다면 지하에 내려가 보는 것도 좋을 듯!

음식 맛으로 손님을 놀라게 해주고픈 이 두 셰프의 음식에는 우리의 DNA가 원하는 맛들이 가득하다!

조금 가까운 일본에서도 이들의 음식을 만날 수도 있다. 2009년 봄, 도쿄에 르 프레 베르 오모테산도점이 문을 열었다. 오모테산도 히루즈 表道ヒルズ 맞은편 GYRE빌딩에 위치하는데, 저녁 코스 요리를 ¥4,950에 맛볼 수 있다.

Le Pré Verre

○ 8 Rue Thénard, 75005 Paris

☎ +33 1 43 54 59 47

Le Pré Verre Tokyo

○ Shibuya-ku, Jingumae 5-10-1, Omotesando 47 GyRe B/D

☎ +81 3 3486 1603

레 파피유

Les Papilles

매일매일 검소한 〈마리아주〉

남편은 와인을 무척 좋아한다. 아니, 와인에 대한 마음은 그냥 이렇게 좋아한다고 표현해 버리기에는 무게감이 있다. 파리 시내에 친한 카브 cave도 많고 여러 식당의 와인 리스트를 꿰차고 있는데다, 맛을 보면 가격을 가늠하는 정도이니 와인에 대한 애정은 좀 깊고 특별하다.

요즘 우리나라에도 와인 붐이 불면서 지인들이 파리에 올 때마다 괜찮은 와인을 살 수 있는 곳이나 적당한 가격에 와인을 마실 수 있는 곳을 알려달라고 부탁하는 경우도 늘었다. 물론 주머니 사정에 맞추어 추천하지만 누구에게나 추천할 수 있고 우리도 종종 발걸음 하는 곳이 바로 이곳, 레 파피유다. 왜냐하면, 레 파피유에서는 음식과 와인, 〈두 마리의 토끼〉를 잡을 수 있기 때문이다!

첫 번째 토끼는, 음식을 고르면 사장이 직접 나와서 그 음식에 가장 어울릴 만한 와인을 골라준다는 것이다. 그렇다고 이 사장님이 금딱지 포도송이 소믈리에냐 하면 그건 또 아니다. 하지만, 리츠 Ritz 호텔을 거쳐 타이방 Taillvent 의 파티스리 헤드셰프였던 블뤼 Bertrand Bluy다. 파티시에 특유의 섬세함과 상상력 덕분인지, 그가 골라 주는 와인은 항상 합리적인 가격에 놀라운 퀄리티를 보여 주는 것들이다. 이 식당의 카브에는 10유로의 테이블 와인에서 1,000유로가 넘는 페트뤼스 Petrus까지 모든 등급의, 모든 스타일의 와인이 갖춰져 있다.

Les Papilles 레파피우

여기서 남편이 즐거운 비명을 지르는 이유는 레스토랑 벽에 진열된 와인을 부탁하면 지하 카브에서 1병 꺼내어 오는데, 진열장 가격에 〈7유로〉만 더하면 식사를 하면서 서비스받을 수 있기 때문이다. 일반적으로 레스토랑의 와인 리스트 가격은 와인 전문 가게나 슈퍼에서 판매하는 가격의 3배에서 4배 정도가 된다. 또, 만약 특별한 기념을 위해 와인을 식당에 가져가게 되면 그 와인 가격에 해당하는 만큼을 식당 와인 리스트에서 고르거나 요구하는 콜키지 차지 corkage charge [1] 를 내야 한다. 그런데 단돈 7유로[2]를 더 냄으로써 식사와 함께 서비스받을 수 있다는 것은 카브를 가지고 있는 이런 독특한 식당에서만

주 1) 프랑스 어로는 드르와 드 부숑 droit de bouchon이라고 한다.
주 2) 750ml 7유로, 매그넘 14유로, 제로보엠 21유로.

가능한 일이다!

그러나 이 책은 술집 가이드가 아니고, 우리의 주된 관심사는 어디까지나 음식에 있으니…. 흠흠 다른 토끼 한 마리를 더 잡으러 가 보자!

레 파피의 주방은 미쉐린 1스타인 랑글 뒤 포부르 L'Angle du Faubourg와 라미 장 L'Amie Jean (Stéphane Jégo)을 거친 카리브해 태생의 셰프 윌릭 Claude Ulric이 책임지는데, 클래식 음식에 열대섬 특유의 터치가 가미된 매콤하면서도 달콤한 독특한 프랑스 음식을 선보인다. 그러나 제고 셰프를 대부로 모신 만큼 셰프 윌릭의 음식에서는 바스크의 흔적도 많이 보인다.

내가 먹었던 참치 요리는 네 가지 향신료를 사용해 겉만 살짝 익힌 참치에 토마토와 피망, 열대 과일이 곁들여진 것이었다. 일반적으로 참치를 요리할 때 바스크의 클래식이라 하면 참치와 피망을 함께 먹는 것이고, 프로방스식은 참치에 라타투유를 곁들이는 것이다. 하지만, 셰프 윌릭의 참치는 훨씬 새롭고 이국적인 맛이었다.

"맛있는 음식은 먹는 사람이 즐거울 수 있는 음식이죠.
먹으면서 그 먹는 순간이 즐거워야 해요!"

셰프 윌릭의 음식은 화려한 와인 리스트와 마리아주하면 그 즐거움이 배가 된다.
친한 친구와 오랜만에 회포를 풀러 가기에 좋은 장소!

Les Papilles
- 30 Rue Gay-Lussac, 75005 Paris
- +33 1 43 25 20 79

르 탱브르
Le Timbre

Small like a stamp!

한국으로 유학 온 일본 청년이 한국 음식에 매료되어 서울에 눌러앉아 백반집을 한다면? 여기 그런 영국 청년이 있다.

맨체스터에서 태어나 대학에서 미술을 전공하고, 여름휴가 때 프랑스에 와서 캠핑장에서 핫도그와 간단한 음료를 파는 아르바이트를 하다가, 사장 눈에 띄게 되어 알프스를 거쳐 파리로 왔다. 파리 시내 여기저기서 5년간 카페 서빙, 홀 매니저 등을 하다가 2001년, 르 탱브르를 오픈하게 된다.

이곳은 원래 크레이프 가게로, 당시 갖고 있는 돈으로 살 수 있었던 유일한 장소였다고

한다. 그래서인지 식당이 참 조그마하다. 자리에 앉으려면 옆 사람의 '협조'가 필요하고, 행여 화장실에라도 가고 싶어지면 그 일대 손님들에게 '깜짝 이벤트'를 제공하는 수준이다. 이에 대해 라이트 셰프는,

"이 좁은 공간에서 우리 동네 사람뿐 아니라 관광객들과 파리지앵, 또 파리에 사는 외국인들 등 전 세계인을 다 만날 수 있잖아요? 또 그들 모두가 내 음식을 먹으며 이야기를 나눈다니 너무나 가슴 벅찬 일이죠!"

이라고 말한다.

처음에는 홀을 맡고 요리사를 따로 두었는데, 계속 요리사가 바뀌고 새로운 요리사가 올 때마다 매번 다른 요리를 배울 수 있어서 이젠 직접 요리를 하게 되었다.

주 1) 224페이지 참조

"내가 좋아하는 음식들을 할 수 있어서 기뻐요. 솔직히 내가 요리를 많이 알지는 못해요. 하지만, 14구에 있는 라 스리제 La Cerisaie 1 의 랄랑 부부가 많이 가르침을 주었죠. 그리고 전에 함께 일했던 사람들한테도 많이 배웠어요. 또 어렸을 적에 먹었던 음식이나 여행지에서 맛본 음식 등 기억 속의 미각이 나를 많이 돕지요."

영국인의 피가 흐르는 만큼 홀스래디시2 , 피클, 망고 슈트네3 , 버섯 초절임 등의 영국식 터치가 가해지는 것은 당연한 일이다. 스틸턴 Stilton 이나 랭커셔 Lancashire 같은 영국 치즈들도 맛볼 수 있다. 예전에 맛을 보았던 〈송아지 흉선과 오이볶음4 〉도 프랑스에서 쉽게 만날 수 있는 재료지만, 이런 이색적인 조화를 시도하는 사람은 없었기 때문에 매우 독특한 느낌이었다. 이건 마치 백반집에서 와사비나 우메보시를 이용해 음식을 하는 것과 비슷하다고 할까!

주 2) 와사비의 영국 버전.
주 3) 영국에는 예전 식민지였던 인도에서 건너온 사람들이 많기 때문에 인도 음식이 매우 대중적이다. 슈뜨네 chutney 는 과일에 소금, 설탕, 마늘, 생강 등 여러 가지 향신료를 넣은 인도인들의 반찬이다.
주 4) 리 드 보 오 콩콩브르 Ris de veau au concombre

그는 솔직하면서 먹는 사람을 배려하는 음식을 만들기 위해 노력한다. 접시의 숫자가 많아진다고 뛰어난 음식은 아니며, 음식에 치이기보다는 즐겁게 먹을 수 있는 음식을 만드는 데 최선을 다할 뿐이라고 생각하는 사람이다.

"내가 아는 사람이 믿음으로 재배한 채소와 와인, 또 그런 믿음 가는 친구들이 사육한 고기를 가지고 진솔하게 만든 음식이어야 진짜 교감을 가질 수 있죠!"

하며, 요즘 사람들은 너무나 랭킹이나 베스트, 별의 개수 등의 숫자에 연연하는데 그것은 진짜 행복과는 거리가 먼 것 같다며 머리를 갸우뚱해 보였다.

셰프 라이트와 만나서 이야기를 나누고 그의 소박한 음식을 맛보는 것은 파리 생활에 있어 촉촉한 단비와 같다. 게다가 바로 옆에 뤽상부르 공원까지 있으니 신나게 먹고 기분 좋게 산책할 수 있는 덤을 거저 얻는 것!

Le Timbre

- 3 Rue Sainte-Beuve, 75006 Paris
- +33 1 45 49 10 40

레피 뒤팽
L'Epi Dupin

봉 마르셰에서 쇼핑을 한다면
식사는 여기서!

파리에서 가장 고급스러운 주택가인 7구 한가운데 자리한 백화점 르 봉 마르셰 Le Bon Marché. 이름은 '저렴한'이란 뜻이지만, 사실은 파리에서 가장 사치스럽고 비싼 물건들이 다 모여 있는 곳이다. 최고의 패션 브랜드를 비롯하여 유럽 최고의 제품이 다 모여 있다 해도 과언이 아닌 고급 식자재관인 봉 마르셰의 식품관이 있어, 구경하는 것만으로도 눈이 즐거워지는 곳이다.

쇼핑을 즐기다 출출해지면, 백화점 안에도 간단하게 요기를 할 수 있는 샌드위치 판매대와 샐러드 바, 그리고 꼭대기 층의 캐주얼 식당이 있긴 하다. 하지만, 쇼핑도 중요하지만 파리까지 와서 점심을 그냥 〈때우지〉 않길 바라며 봉 마르셰 주변의 아주 괜찮은 곳 한

군데를 소개하겠다.

　봉 마르셰 주변은 파리에서 가장 비싼 주택가다 보니 좋은 식당도 많이 모여 있다. 그러나 주로 '좋은' 식당들의 공통점이 관광객에게는 잘 보이지 않는다는 점이다. 관광객의 동선과는 좀 떨어져 있다고 설명하는 것이 옳을지 모르겠다. 이 레피 뒤팽도 봉 마르셰를 나와 3분도 안 걸리는 곳에 자리 잡고 있으나, 모르면 찾아가기 어려운 곳이다.

　그러나 막상 예약을 하고 식당에 들어가면 어디서 이렇게 많은 사람이 알고 찾아왔을까? 하고 놀라게 될 것이다. 영어와 일본어, 불어, 이탈리아어가 마구 섞이어 와자지껄 떠들어대는 속에서 진짜 '파리지앵' 식사를 경험할 수 있다.

　파리다운 모습 중 대표적인 한 가지가 식당이나 카페의 테이블 간격이다. 한국에서는 상상하기 어려울 정도로 테이블 간격이 좁고, 테이블의 크기도 작아서 마주 앉은 사람이 글이라도 쓰려고 몸을 숙이면 창피할 정도로 둘 사이가 좁혀진다. 레피 뒤팽은 이런 전형적인 복닥복닥한 파리지앵 비스트로 분위기를 만끽하며 좋은 식사를 할 수 있는 장소다.

　또 이곳에서 셰프 프랑수아 파스토 François Pasteau를 만나는 일도 즐거운 일 중 하나다. 누구보다 밝고 거짓 없는 큰 미소를 보일 줄 아는 사람으로, 그의 미소에서는 일에 대

한 사랑이 느껴진다. 그가 봉 마르셰 건너편에 비스트로를 연다고 했을 때, 많은 사람이 농담하지 말라고 했었다. 하지만, 결과적으로 레피 뒤팽은 현재 파리의 5대 가스트로-비스트로 리스트에 언제나 당당히 이름을 올릴 수 있는 식당이 되었다.

　미국을 경험한 파리지앵 셰프답게, 그는 특별한 지역성에 구애받지 않는 음식을 한다. 그의 대표작인 〈헤이즐넛 껍질을 입힌 고등어구이〉는 한 레시피 안에서 지중해, 북아프리카, 아랍 지역의 냄새를 복합적으로 느끼게 해준다.

　2002년, 남편은 이곳에서 〈허브로 만 돼지가슴 튀김과 겨자 아이스크림〉을 맛보고 무척 충격을 받았다고 한다. 돼지가슴을 그렇게 익힐 수도 있구나 하는 놀라움과 겨자로 아이스크림을 만든다는 발상이 6년 전에는 너무나 새롭고 신선한 것이었다. 비스트로 규모였지만 가스트로에 뒤지지 않는 감각이 지금의 명성을 만든 것이 아닐까 하였다고.

　이곳은 파리에서 몇 안 되는 〈실망할 일이 없는 식당〉 중의 하나다. 봉 마르셰에서 쇼핑을 즐기고 나서 가벼워진 주머니로도 기분 좋게 식사하기 좋은 곳이다. 가벼운 주머니에 반비례해서 셰프와 같은 큰 미소를 지으며 나갈 수 있을 테니까!

L'Epi Dupin

◯ 11 Rue Dupin, 75006 Paris
☎ +33 1 42 22 64 56

CHAPTER 5

Musée Rodin
로댕 미술관 (7구)

Christian Constant 크리스티앙 콩스탕
가스트로-비스트로의 인큐베이터!

Chez Les Anges 셰 레 장주
천사들의 만찬

Auguste 오귀스트
프랑스 파인 다이닝의 기대주

Chez l'Ami Jean 셰 라미 장
토끼를 따라 들어 온, 장의 친구네!

L'Affriolé 라프리올레
청국장에 낚이다!

Les Ombres 레 종브르
마담 파리의 그림자에 묻혀 프랑스를 맛보다

Le Clos des Gourmets 르 클로 데 구르메
사람을 사랑하는 요리사!

Le P'tit Troquet 르 프티 트로케
도망간 요리사가 온 가족을 주방으로 불러 모으다!

6 New York 시스 뉴욕
에펠 탑이 마요네즈를 만들어 주다!

지적이고 검소한
로댕 미술관 Musée Rodin (7구)

전통적으로 파리는 강 오른쪽과 강 왼쪽을 구분하여, 강 오른쪽을 사치스럽고 경박함으로, 강 왼쪽을 지적이고 검소함으로 표현해 왔다. 아이러니하게도 오늘날에는 이 강 왼쪽 지역인 7구가 파리에서 가장 호화롭고 비싼 주택가가 모여 있는 장소가 되었지만, 여전히 오르세 미술관이나 로댕 미술관, 브랑리 미술관 등 문화예술적인 장소가 모여 있어 지적이고 감성적인 면을 놓지 않고 있다. 에펠과 에콜 밀리테르 사이의 거대한 숲인 샹 드 마르스에서 마냥 시간을 보내는 것도 감성을 자극하는 행복한 휴식이 될 것이다.

◆ 가볼 만한 곳 - 오르세 미술관 Musée d'Orsay, 앙발리드 Les Invalides, 로댕 미술관 Musée Rodin, 에펠 탑 Tour Eiffel, 샹 드 마르스 Champs de Mars, 브랑리 미술관 Musée Branly, 에콜 밀리테르 École Militaire, 르 봉 마르셰 백화점 Le Bon Marché

105

크리스티앙 콩스탕
Christian Constant

가스트로-비스트로의 인큐베이터!

3번 테이블에 전복 초 하나, 신선로 둘, 전채수 하나, 그리고 본식은….
6번 테이블, 바쁜 손님이다. 전식 없고 너비아니 하나, 용봉족편 하나 초계탕 하나,
순대볶음 하나!

〈비올롱댕그르〉

잉? 뭐지? 궁중 한정식 집에 갑자기 웬 순대볶음?
1990년대 파리의 가스트로를 이야기하면서 셰프 콩스탕을 빼면 할 이야기가 없다. 세계 3대 진미라 하는 캐비아, 트뤼프, 거위 간을 비롯한 수많은 초호화 식재료로 무장한 크리옹 호텔의 가스트로노미 식당 레 장바사되르 Les Ambassadeurs에서 당당히 돼지 족을 내어 놓을 수 있었던 사람이 바로 셰프 콩스탕이다. 그의 이력과 주방은 가장 고급스럽고 사치스러운 문화의 끝에 서 있었지만 그는 본인이 자라고, 지금도 믿고 사는 〈땅〉을 잊지 않았다.
그는 프랑스 남서부의 몽토방 Montauban 출신으로, 어릴 적부터 어머니와 할머니가 요리하는 모습을 보고 자라면서 요리사가 되고 싶었다고 한다. 몽토방은 프랑스에서도 알아주는 식량 창고로, 바다 물고기를 제외하고 우리가 상상할 수 있는 모든 식자재를 다 만날 수 있는 곳이다. 파리로 상경하여 르두아양 Ledoyen(❀❀)과 리츠Ritz(❀❀❀) 호텔에서 셰프 르개Guy Legay와 16년을 함께 보낸 뒤, 크리옹 Crillon 호텔의 총주방장이 되었다. 크리옹 호텔에서 선보인 그의 가정식 요리 cuisine canaille 1 는 프랑스뿐 아니라 전 세계 미식계를 술렁이게 하고 그의 이름을 드높였다.

하지만, 미쉐린 별에 대한 스트레스와 45살이 되기 전에 자기 것을 하고 싶은 마음에 비올롱 댕그르Violon d'Ingres 2 를 오픈하여

〈 크리스티앙 콩스탕 〉

또 한 번 업계를 술렁이게 하였다. 그는 백여 명의 직원을 호령하는 총주방장임에도 언제나 직접 칼을 쥐고, 냄비를 잡고 있는 요리사다.

그런 그가 "요리를 하고 싶어서" 호텔 크리옹을 나온다고 하였을 때는 세상이 놀라고 전 프랑스의 요리사가 긴장하였다. 로뷔숑과 뒤카스가 방송국과 출판사, 신문사를 점령할 시절, 셰프 콩스탕은 주방에 깃발을 꽂았다. 평생직장을 보장받은 곳을 나와서 협소한 주방에 서너 명을 두고 본인이 직접 땀을 흘릴 수 있는 호텔 총주방장이 과연 몇이나 될까. 그는 요리사의 가치가 책상보다는 밥상에서 빛나야 한다는 것을 몸소 보여주었다.

주 1) 퀴진 카나이cuisine canaille : 소박한 가정식 음식으로, 주로 소시지나 순대 등의 돼지고기 가공품에 치즈 등을 곁들여 먹는다.

주 2) 비올롱 댕그르Violon d'Ingres : 19세기 고전주의를 대표하는 화가 앵그르는 셰프 콩스탕과 같이 몽토방 출신으로 바이올린에 대한 열정이 매우 컸다고 한다. 셰프 콩스탕이 어렸을 때 부모님들이 음악을 하게 했는데, 그때 바이올린을 택하였고, 그는 자신이 정말로 재능이 없었다고 회고하였다. 그러던 어느 날, 퐁 비외Pont Vieux다리 앞에서 하루 종일 연습을 하고 있었는데, 곁에 있던 누나에게 "나중에 내가 레스토랑을 하면 비올롱 댕그르 (앵그르의 바이올린)이라고 지을 거야."라고 말했었다 한다. 이를 계기로 정말 그의 첫 레스토랑의 이름은 〈앵그르의 바이올린〉이 되었다.

107

크리스티앙 콩스탕 거리 Rue Christian Constant

⑮ 그런 그가 어느 날 갑자기 문을 연 작은 식당 *비올롱 댕그르*는, 브레스 산產 통닭구이, 카술레 등 많이 비싸지 않은 가정식 스타일의 진짜 〈음식〉을 먹는 그런 장소를 만들고 싶어 시작한 곳이다. 그러나 그의 이런 의지와는 다르게 비올롱 댕그르는 1년 만에 별 하나를 받고, 3년째 되던 해에는 별 두 개를 받았다. 별이 있다는 것은 좋지만, 별 두 개의 카테고리 안에 들어가기 위해서는 거기에 맞는 투자(은식기, 크리스탈 잔, 리모주산 본차이나, 게리동3 서비스 등)를 해야 하고, 그렇게 되면 본래 의도하였던 가격으로 음식을 서비스할 수 없다.

그래서 비올롱의 가격을 유지하는 방법을 고심하던 중, 비올롱 댕그르 왼편에 있던 카페의 인수를 권유받아, *카페 콩스탕* Café Constant이란 이름으로 새로이 문을 열었다. 비올

〈 파블르들라퐁텐느 〉

주 3) 게리동 서비스 service au gueridon : 가스트로노미에서 훈련된 직원이 손수레를 끌고 와서 손님이 보는 앞에서 생선이나 고기의 뼈를 바르고 소스를 서비스하는 일종의 볼거리로, 전형적인 부르주아 서비스의 한 형태다. 손을 사용하지 않고 식기로 음식이 식기 전에 능숙하고 신속하면서도 정중하게 서비스하는 것이 특징이다. 대표적인 게리동 서비스로는 라투르 다르장 La tour d'argent의 오리고기 Le canard au sang 서비스를 들 수 있다.

롱 당그르처럼 최고의 식자재를 이용하여 호텔에서나 맛볼 수 있는 최고의 샌드위치, 양질의 크루아상이나 미모사 계란, 파 & 비네그레트를 이용한 클래식한 프랑스 음식을 하기 시작하였고, 역시 많은 손님이 찾아왔다. 이번엔 비올롱 당그르의 오른편에 있던 해산물식당 파블르 드 라 퐁텐느 Fables de la fontaine [4]의 주인으로부터 인수 권유를 받아 생선 요리 전문 식당으로 다시 오픈했다.

그러던 중, 동네 손님들이 "당신네 집에 가면 솔직한 가격에 잘 먹을 수 있긴 한데, 늘 한 시간 이상 줄 서서 기다려야 하니, 좀 빨리 먹을 수 있는 것을 하면 안 되겠나?"라고 말했다. 이런 새로운 수요를 발견한 콩스탕은 어렸을 적에 어머니가 코코트 cocotte [5] 에다가 음식을 담아 줬던 것을 떠올렸다. 찬 음식과 뜨거운 음식 모두 잘 보존된 온도에서 서비스할 수 있고, 일품요리를 빨리 낼 수 있는 방법이라는 생각이 들었다. 그래서 비올롱 댕그르와 카페 콩스탕 사이에 있던 돼지고기 가공집을 인수하여 레 코코트 Les Cocottes라는 이름으로 네 번째 가게를 열게 된다. 이렇게 하여 셰프 콩스탕은 생 도미니크 길 Rue Saint-Dominique에 주루룩 나란히 4개의 식당을 갖게 된

〈 레코코트 〉

주 4) 파블르 드 라 퐁텐느 Fables de la fontaine : 비올롱 댕그르의 지배인을 역임한 다비드 보트로 David Bottreau가 인수하여 미쉐린 별 1개를 받았다.

주 5) 코코트 cocotte : 무쇠로 만든 조리용기로, 영어로는 더치 오븐 dutch oven이라고 한다. 두께가 있기 때문에 온도 변화가 적고 소재에서 발생된 수증기가 뚜껑의 무게 때문에 빠져나가지 못해 압력솥과 같은 상태가 되어 수분의 손실을 줄일 수 있다는 특징이 있다.

⑮ 다. 위에 열거한 바와 같이 그의 네 군데 식당들은 비스트로와 카페, 해산물 식당, 찜 요리 전문 식당으로, 모두 음식의 성격과 금액대가 다르지만, 전통적인 프랑스 요리를 바탕으로 모던하게 해석한 크리스티앙 콩스탕 류流의 요리들을 맛볼 수 있는 곳이다.

"좋은 음식이란, 어린 시절의 맛과 향이 있고 먹고 싶은 마음이 들며 접시 바닥에 남은 소스를 빵에 묻혀서 먹고 싶은 그런 음식이다."

− Christian Constant −

위대한 스승 콩스탕

그의 이런 오픈 마인드와 현실의 소박한 즐거움을 반영하는 요리 스타일이 그의 지휘 아래 일하였던 젊은 요리사들에게 전수되면서 파리의 가스트로-비스트로 시대를 열었다.
남편은 한국인 최초로 프랑스 미쉐린 스타 가스트로 식당의 정직원을 시작으로, 프랑

〈 레코코트 〉

〈 비올롱댕그르 〉

스 요리를 대표하는 셰프들과 함께 일해 왔다. 남편이 첫 번째 스타주 자리로 고른 곳도 바로 셰프 콩스탕의 식당 비올롱 댕그르였다. 그 역시 요리사가 되기로 결심한 가장 큰 이유가 친구들, 친한 손님들과 즐거움을 나누고, 본인 역시 그 속에서 즐거움을 찾기 위해서 였다. 가끔 남편이 만들어 낸 단어인 *요리가즘*6) 을 두고 〈윤화영의 요리 철학〉이냐며 물어 오는데, 그럴 때마다 그는 웃으며 "요리사는 철학자도, 예술가도 아니어야 해!"라고 말 하곤 한다. 이런 생각이 이 책을 써 나가는 가장 기본적인 바탕이다.

콩스탕의 위대함은 접시 위에 올려진 것에 국한되지 않는다. 바로 그가 지금 세대의 많은 요리사에게 강력한 영향력을 미친 훌륭한 트레이너였다는 점이다. 현재 가장 왕성하게 활동하는 요리사들이라 할 수 있는 캉드보르드 Yves Camdeborde(Le Comptoir du Relais),

---

주 6) 요리가즘 yorigasm [in Korean, yori = cuisine]
  (1) Cooking philosophy of YOON HwaYoung
  (2) Physical pleasure with savouring HwaYoung's ambrosia, a kind of orgasm
  (3) Mental delight & satisfaction at HwaYoung's place - meilleur qu'ailleurs

〈 레코코트 〉

브르통Thierry Breton(Chez Mi¬chel), 포셰Thierry Faucher(L'Os à Moelle), 에츄베스트Christian Etchebest(LeTroquet), 피에주Jean-François Piège(Thoumieux ✴✴), 프레숑Eric Fréchon(Bristol, ✴✴✴), 루케트Jean-François Rouquette(Park Hyatt Paris Vendome, ✴), 쇼벨Jean Chauvel(Les Magnolias, ✴), 페구레Alain Pégouret(Laurent, ✴) 등이 모두 셰프 콩스탕 아래에서 일하고 배웠다.

    교육자로서의 크리스티앙 콩스탕이 훌륭한 점은, 함께 일한 모든 요리사의 다양성을 인정하며 기초를 가르쳤다는 점이다. 새로운 레시피를 고안할 때면, 그의 주방에서는 모든 직급의 요리사가 각각 다른 아이디어를 들고 나와야 한다. 셰프 콩스탕은 반대되는 의견이나 허무맹랑한 아이디어가 나와도 들어줄 줄 아는 사람이다. 그것을 채택하느냐의 문제와는 별개로, 그는 '생각하는 방법'과 '새로운 것을 이끌어 내는 법'을 보여 준 셰프였다.

    그랬기 때문에 콩스탕 밑에서 수학한 요리사들은 자기만의 방식으로 프랑스 클래식을 표현할 수 있게 되었고 프랑스 요리의 거대한 버팀목들로 성장하여 왕성하게 활동하고 있다.

그리고 그들은 콩스탕 아래 있었던 것을 자신들의 이력서에 자신 있게 표기해 넣고 있다.

"이미 있던 것이 후에 다시 있겠고, 이미 한 일을 후에 다시 할 것이다.
이 세상에 완전히 새로운 것은 없다." 7

〈 파블르들라퐁텐느 〉

Violon d'Ingre

- 135 Rue Saint-Dominique, 75007 Paris
- ☎ +33 1 45 55 15 05

Café Constant

- 139 Rue Saint-Dominique, 75007 Paris
- ☎ 예약 받지 않음

Les Cocottes

- 135 Rue Saint-Dominique, 75007 Paris
- ☎ 예약 받지 않음

주 7) 셰프 콩스탕의 좌우명

셰 레 장주
Chez Les Anges

천사들의 만찬

셰 레 장주란 천사들의 집이란 뜻이다. 여기의 주인장인 라피시에르 Jacques Lapiciere는 정말 '희한한' 사람이었다. 그를 알게 된 지 얼마 되지 않아 마침 파리를 방문한 가족들과 함께 저녁 식사를 하러 갔었다. 인터뷰 중에도, 영업 중에도 그는 시종일관 술에 취한 듯 잠에 취한 듯 게슴츠레 비틀거리는 모습으로 식당을 돌아다니며 존재감을 드러냈다. 그도 그럴 것이 이 양반은 매일 새벽 3시에 도매시장 랑지스 Rungis에 직접 차를 몰고 가서 장을 보기 때문이다.

부모도 외식업에 종사하고, 본인도 인생의 전부가 식당업일 정도로 아주 어린 나이에

입문하였다. 23세에 이미 오 보나케이 Au Bon Accueil를 인수했으니 말이다. 오 보나케이는 1870년에 오픈한 비스트로로, 라피시에르 사장이 인수하여 *파리의 첫 번째 〈가스트로-비스트로〉*로 키운 곳이다. 어릴 적에 그의 할아버지가 늘 "너의 식당은 정문에서 한 발짝만 떼면 에펠 탑이 보이는 곳이어야 해."라고 말씀하셨단다. 할아버지가 전하고 싶었던 것은 파리의 중심에서 일을 시작해야 한다는 것이었다. 라피시에르 사장은 이 자리를 보자마자, "그래, 바로 이곳이 내가 시작할 곳이야." 라는 생각이 들었다고 한다.

처음 오픈했을 당시에는 요리사 구하기가 어려웠다. 함께 일했던 별 두 개 식당들의 동료들은 모두 비스트로에서 일하기 싫어하였다. 왜냐하면, 가스트로에서 일하는 그들에게는 불가능한 일이었기 때문이다. 단지 음식의 수준뿐 아니라 하는 일 자체가 달라져야 했기 때문에 동료들은 모두 제안을 거절하였다. 이때 그의 관심을 끈 것이 프랑스 가스트로에서 무급으로 일하는 일본인들이었다. 지금도 그렇지만 당시에도 경력을 위하여 프랑스의 가스트로에서 돈을 받지 않고 일을 하는 일본인이 많았는데, 그 일본인들에게 프랑스인과 동일하게 급료를 지불하고 일하게 하면 어떨까 하고 광고를 내 봤단다. 그랬더니 날

고뛰는 일본인 요리사들이 오 보나케이 문 앞에 줄을 섰던 것이다. 그때는 정말 드림팀이 만들어졌다. 현재 도쿄 하얏트 Hyatt 호텔의 총주방장도 여기서 3년 일하고 일본으로 돌아갔을 정도니 말이다. 90년대는 이곳에서 일하다가 일본으로 돌아가면 경력을 인정받기도 하였다.

그는 1987년 처음 식당을 연 이후, 지금까지도 매일 아침 소형 냉장차를 몰고 직접 장을 보는 사람이다. 랑지스의 도매업자 중 친구가 많아서, 최소한 남들보다 30% 싸게 물자를 구매할 수 있다고 웃어 보였다. 이 능력은 프랑스에서도 흔치 않은 것으로, 그가 별 두 개에서 세 개 레스토랑에 들어가는 식자재를 그대로 쓰면서도 그런 식당들의 1/3 가격으로 서비스할 수 있는 비결이다.

> "나는 이 30%를 고객에게 선물하고 싶소. 좋은 식자재가 없으면, 그 어떤 요리사도 자기의 최고를 보여줄 수 없지 않소!"

이렇게 젊은 시절부터 레스토랑 경영에 잔뼈가 굵어진 라피시에르 사장의 독특한 방식 중 하나는 셰프에게 많은 자유를 주지만 그들이 요구하는 대로 물건을 구매해 주지 않는다는 것이다. 그의 셰프들은 파트별로 그날그날의 레시피를 만들기 때문에, 식당의 음식은 자크 라피시에르의 요리가 아니라, 파트 셰프의 음식에 더 가깝다고 한다. 이것이 그가 일하는 방식이다. 이렇게 하는 이유는 그 자신도 처음 가스트로에서 일하던 몇 년 동안 경험했지만, 출근해서 매일 똑같은 일만 반복하다 보면 어느 순간에 이르러서 타성에 젖어 기계

처럼 음식을 하게 되고 더 이상 자신이 하는 일을 좋아할 수가 없게 되기 때문이다.

또 이렇게 만든 음식은 매너리즘의 냄새가 날 수밖에 없다. 그는 이때 필요한 것이 바로 〈즉흥〉이라는 마법이라고 생각하였다. 제철 음식은 매일 다를 수밖에 없다. 왜냐하면, 식자재의 가격도 변하고, 새로운 식자재가 어느 날엔 들어왔다가 안 들어오기도

하기 때문이다. 그래서 그는 〈라피시에르의 퀴진〉이 아닌, 매일 살아 있는 음식을 하고 싶었다.

이 식당의 가장 매력적인 면은 말도 안 되는 가격으로 맛보는 좋은 식자재의 향연이다. 누구나 한 입 먹어 보면 이 말을 이해할 수 있다. 얼마 전에는 와인 수입사에서 일하는 지인이 파리를 방문하게 되어 함께 셰 레 장주를 찾았다. 이 주인장 양반의 특기는 와인 리스트에서도 유감없이 발휘된다. 방금 보르도의 빈엑스포 Vinexpo를 다녀온 사람들이 깜짝 놀라면서 "아니, 어떻게 도매가보다 싸게 팔 수 있지?" 하고 감탄하였고, 우리 부부는 씩 웃으며 "이상한 양반이래두요!" 하고 말하였다.

아주 기분 좋게 괴짜 주인 양반을 만날 수 있는 곳으로, 가격대비 만족도 보장되는 장소다! 솔직히 가스트로-비스트로를 표방하는 식당들 중에는 인테리어나 무드는 포기하는 경우가 많다. 그러나 무드 만점의 〈천사들의 집[1]〉은 애인과 함께 로제 샴페인을 기울여도 훌륭한 장소다.

카사블랑카의 대사를 인용하며 "Here's looking at you, kid", 당신의 눈동자에 건배!

Chez Les Anges

- 54 Boulevard de la Tour-Maubourg, 75007 Paris
- ☎ +33 1 47 05 89 86

주 1) Ange 앙주는 프랑스 어로 천사를 의미하고, chez~셰는 ~의 집을 말한다. 그래서 Chez les Anges 셰 레 장주는 '천사의 집' 이란 의미가 된다.

오귀스트
Auguste

프랑스 파인 다이닝의 기대주

Musée Rodin

로댕 미술관Musée Rodin 맞은편 골목에서 찾을 수 있는 이 작은 식당은, 이름도 로댕Auguste Rodin과 같은 오귀스트여서 미술관을 둘러본 후 꼭 이곳에서 밥을 먹어야 할 것 같은 기분이 든다.

식당 자리가 로댕 미술관 앞이라 그렇기도 하지만, 셰프 보퀴즈의 식당에서 견습생으로 있던 시절, 선배 요리사들과 오귀스트 에스코피에Auguste Escoffier 1에 대해 자주 이야기를 나누곤 했던 것이 생각나 식당 이름을 오귀스트라고 지었단다.

오귀스트는 로댕 미술관이 위치한 바렌 길 Rue de Varenne과 마주한 부르고뉴 길Rue de Bourgogne로 1분 정도만 들어가면 발견할 수 있다. 이 식당은 서비스 속도 면에서도 한국인 고객에게 호평을 받을 수 있는 곳이다.

주 1) 현대 프랑스 요리의 아버지로, 그가 집필한 르 기드 퀼리네르Le Guide Culinaire는 〈프랑스 요리의 바이블〉이라고까지 평가받는다.

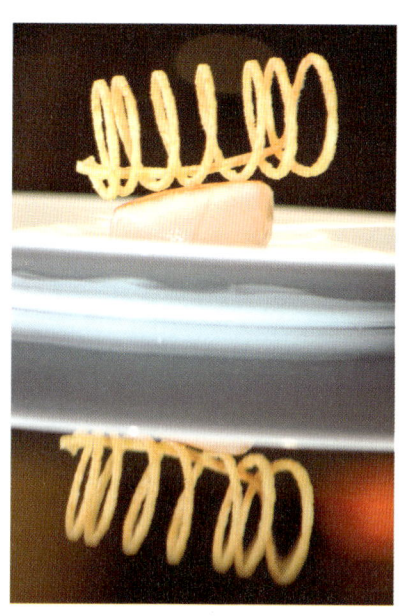

　이 지역은 7구의 중심이라서 한국 대사관은 물론, 각 나라의 대사관, 영사관이 모여 있고 사무실도 많아서, 점심 고객의 대부분이 사업가나 정계 인사다. 즉, 격식을 갖추어 전식-본식-후식의 3단 식사를 하고 싶지만, 시간적 여유가 없는 사람들이 주 고객이다. 거리적 이점 때문에 일주일에 여러 번 들르는 단골 고객도 많다. 오귀스트는 바로 이 모든 요구에 대응하는 '신속하면서도 선택의 폭이 넓은' 식사가 가능한 곳이다. 메뉴도 자주 바뀌고 능숙한 종업원들의 서비스 속도도 만족스럽다.

　가게에 들어서면, 내부 공간과 외부로부터의 출입하는 동선을 구분하는 작은 칸막이가 병풍처럼 펼쳐져 있는데, 꽤 감각적이고 배려가 돋보이는 인테리어라는 느낌이 들었다. 실내는 작고 아담한 공간이지만 테이블 간격이 충분히 여유로워서 자유롭게 대화를 나누기 좋고, 감각적인 컬러의 벽체와 그림, 테이블, 의자가 독특한 분위기를 자아낸다. 특히 붉은 계열의 큰 그림이 독특하게 벽을 장식하고 있다. 나중에 안 사실이지만, 강남역 교보빌딩을 설계한 빌모트 Jean-Michel Wilmotte 인테리어 디자인 사무실의 한 한국 여성이 실

119

내 디자인을 맡았다고 하였다.

폴 보퀴즈 Paul Bocuse 식당의 견습생을 시작으로, 뤼카 카르통 Lucas Carton(Alain Senderens, ❀❀❀), 크리옹 호텔 Hôtel de Crillon(Christian Constant, ❀❀), 타이방 Taillevent (Philippe Legendre, ❀❀❀), 조르주 상크 호텔 George V(Philippe Legendre, ❀❀), 뫼리스 호텔 Hôtel Meurice(Yannick Alléno, ❀❀)들을 거친 셰프 오리외 Gaël Orieux의 화려한 경력과 실력, 그리고 우수한 서버들의 익숙하면서도 친절한 서비스, 세련되고 독특한 인테리어는 오픈한 지 1년이 채 안 되어 오귀스트에 미쉐린의 별을 안겨 주었다. (괄호 안의 미쉐린 별의 개수는 그가 일했던 당시를 반영한다.)

셰프 가엘 오리외는 장식을 최소한으로 하고 재료 본연의 맛을 최대한 살리면서 정확한 양의 향신료로 자신만의 색깔을 드러내는 음식을 하기 때문에, 최신 유행과는 다른 자기만의 음식을 하는 요리사다. 그는 바다와 육지의 조화를 중요시하는데, 닭고기와 맛조개, 삼겹살과 꼬막, 사슴과 미역 등을 조합한 음식을 많이 시도한다. 어색한 맛이 아닐까

하는 〈편견〉을 가질 수도 있지만, 그의 손을 거친 요리는 색다른 맛의 향연을 선사한다. 또한 지비에 시즌에는 기존 메뉴에 적어도 네 가지의 다른 지비에로 조리한 음식이 추가된다.

21세기 초특급 이력의 32살 천재 셰프 오리외의 재기 넘치는 음식들을, 점심에는 엉트레-플라-데세르를 아주 매력적인 가격(37유로)에 즐길 수 있으니, 꼭 한 번 들러보길 추천한다!

Auguste

- 54 Rue de Bourgogne, 75007 Paris
- ☎ +33 1 45 51 61 09

셰 라미 장
Chez l'Ami Jean

토끼를 따라 들어 온, 장의 친구네!

누가 여기까지 밥 먹으러 올까 싶을 정도로 심심하고 평범한 길에 위치했지만, 셰 라미 장의 문을 여는 순간, 동화책 속에나 나올 작은 축제가 펼쳐진다. 다닥다닥 붙은 테이블과 좌석은 파리가 아니면 볼 수 없는 좁은 간격이지만 높은 천장 덕분에 그리 답답하지는 않다. 대화하기에 불편하지 않을 정도의 왁자지껄함은 마치 파티에 온 듯한 기분을 느끼게 한다. 주렁주렁 매달린 생햄 jambon과 마늘, 고추는 왠지 모를 샤머니즘적 분위기까지 자아내며 현실과 동떨어진 다른 세계에 온 것 같은 느낌이 든다. 마치 이상한 나라의 토끼를 따라 들어온 동굴 속 같기도 하다.

본래 이곳은 역사가 오래된 바스크 지방 요리 전문식당이었는데, 개성이 너무 강하다 보니 사람들이 인수하길 꺼렸었다. 하지만, 셰프 제고 Stéphane Jégo는 이곳이 자신의 음식과 어울릴 뿐 아니라, 이 장소의 역사와 영혼을 존중하면서 접시 위에 모던함을 표현해낼 자신이 있기 때문에 기꺼이 인수하였다고 한다.

그는 비록 브르타뉴 출신이지만 셰프 캉드보르드의 오른팔이었던 만큼, 그의 음식 색깔을 그대로 이어받아 고춧가루와 마늘을 많이 쓰는 바스크의 성격이 두드러진 남서부 음식을 선보인다. 그러나 단순히 토속적이고 지방색만 강한 여느 비스트로의 음식이 아니라, 아름다운 디자인적 요소가 가득한 음식이다. 그의 시그니처 디시 signature dish도 그냥 쓱쓱 대충대충 접시에 올린 듯하지만, 화려하면서도 회화적 감각이 돋보인다.

캉드보르드와 12년을 일한 셰프 제고는 그와 라 레갈라드 La Régalade를 오픈하고, 그가 르 콩투아 Le Comptoir du Relais로 떠날 때까지, 그야말로 A부터 Z까지 함께 한 인물이다. 그의 첫 직장이기도 해서 제고 셰프가 알고 있는 요리의 모든 것은 캉드보르드에서 왔다고 해도 과언이 아니다.

"최근엔 스타 셰프에 대한 이야기가 연일 매스컴을 장식하죠. 하지만, 주방의 진정한 스타는 땀 흘리면서 손에 칼을 쥐고 열심히 묵묵히 일하는 사람들이지 손에 전화기를 든 꽃미남 요리사들이 아니에요. 나는 그들처럼 멋지게 차려입고 높은 주방모를 쓰고 군림하지 않지만, 내 주방에서 내가 하고 싶은 것은 할 수 있는 〈자유〉가 있고, 이것이 제 삶에도 자유를 줍니다. 이 조그만 열 개의 손가락만으로, 내가 하고 싶은 것을 다 할 수 있다니까요! 이런 것들이 바로 12년간 셰프 캉드보르드에게서 얻은 것입니다."

단지 음식을 팔아서 돈을 벌기만 원하고, 사람들을 좋아하지 않고, 손님들에게 애정도 없고, 사람들을 즐겁게 해 주고 싶은 마음도 없고, 함께 일하는 사람들을 막 대한다면 요리사가 될 자격이 없는 것은 물론이고 식당을 할 필요도 없다고 그는 딱 잘라 말한다. 식당이란 음식을 매개로 요리사와 그를 찾아온 사람들 간의 교감이 이루어지는 공간이다. 음성 언어가 아닐지라도 눈에 보이지 않고, 귀에 들리지 않는 수많은 대화들이 음식을 먹고 즐기는 가운데 이루어진다. 그는 고전적이고 북적거리는 분위기 속에서 찾아온 손님과 이야기 나누고, 냉장고를 뒤져 새로운 음식을 즉흥적으로 만들어 맛보게 하는 그런 기쁨을 소중히 여기는 사람이다. 바로 진짜 요리사인 것이다.

"스타가 되고 나면 이런 소소한 즐거움과는 안녕이죠. 이런 게 요리사의 참된 자유인데 절대 이것을 포기할 수 없어요. 그리고 자유에는 항상 〈존중〉이 전제되어야 하죠. 식재료건 손님이건 동료건 모두 사랑하는 마음으로 대하지 않으면 그들도 내게 우호적일 수 없어요."

이렇게 자신 있게 말하는 셰프 제고는 소위 스타 셰프라는 양반들을 이렇게 조그맣고 작은 인원의 주방으로 데리고 와 보라고 한다. 과연 그들이 무엇을 할 수 있는지 보고 싶다

고. 세상의 모든 식당이 다 똑같지 않고, 단지 회계 장부의 규모만으로 그 레벨이 정해지는 것이 아니다. 인테리어와 값비싼 식기들로 포장되어 있으나 요리사 정신에서 나오는 땀과 정성이 결여된 음식을 하는 곳은 결코 좋은 식당이 아니다.

가수와 〈스타〉가 다르듯, 요리사와 〈스타 요리사〉는 다르다.

이 책에 등장하는 요리사들의 경력은 혀를 내두를 정도로 화려하다. 웬만한 미쉐린 별 3개 식당의 젊은 스공들과 비교할 수 없을 정도다. 그런 곳의 총주방장을 지낸 사람들이 수두룩하니 말이다. 그들이 빛나는 이름을 포기하고 이렇게 일반 대중의 삶 속에 들어와 음식을 하는 이유는 바로 이 속에 〈요리사의 진정한 기쁨〉이 있기 때문이 아닐까. 바로 눈앞에서 접시를 받아 한 입 먹고 빙그레 짓는 미소를 보기 위해, 내 음식과 함께 즐거워하는 표정을 보기 위해서 말이다.

Chez l'Ami Jean

- 27 Rue Malar, 75007 Paris
- +33 1 47 05 86 89

라프리올레
L'Affriolé

청국장에 낚이다!

Musée Rodin

아프리올레 Affrioler란 '(맛있는 음식으로) 식욕을 돋우다, 유혹하다' 란 뜻으로, 이 식당 이름 〈라프리올레〉는 이 동사의 과거 분사형 형용사가 되어 '맛있는 음식에 유혹당한'이란 의미가 된다. 참 이런 이름을 식당에 붙일 수 있는 주인장의 용기가 대단하단 생각이 든다. 이곳은 남편이 학창시절에 누군가를 접대할 일이 있을 때 종종 찾던 식당이라 한다. 그래서 예전에 한국의 한 일간지와의 인터뷰를 위한 장소도 바로 이 식당이었다. 요리사가 인터뷰 장소로 정한 곳이니 음식 맛도 맛이지만 마음도 편해지고 분위기도 차분하고 따뜻한 곳이겠지? 바로 그런 곳이다!

지금이야 미쉐린 가이드의 빕 구르망Bib Gourmand 1 에 늘 이름이 오르지만, 2000년대 초반만 해도 그리 유명한 곳이 아니었다. 우리 부부가 라프리올레를 좋아하는 이유는 여기 음식은 과하지 않기 때문이다. 프랑스 요리하면 항상 기름지고 무겁고, 점심으로 먹기엔 부담스러울 것 같은 이미지가 있다. 하지만, 라프리올레의 음식들은 신선하면서도 무겁지 않고 유쾌한 포만감을 주어 종종 찾게 된다.

셰프 베롤라 Thierry Vérola는 고가의 재료로 만든 흥미 없는 음식보다 주변에서 쉽게 구할 수 있는 재료에 손맛을 많이 가하는 것을 좋아한다. 그렇게 색다른 맛을 만들어 내는 것을 좋아하다 보니 유별나게 좋아하는 재료도, 특별히 선호하는 계절도 없고 프랑스의 거의 모든 요리사가 열광해 마지않는 지비에도 시큰둥하다. 뤼카 카르통 출신치고는 매우 드문 일이다. 반면, 생선에는 남다른 애정이 있어서 매일 아침 브르타뉴에서 당일 새벽에 잡힌 생선을 받고, 새벽 4시에 랑지스Rungis에 가서 손수 장을 봐 온다.

솔직히 친숙한 재료만으로 색다른 맛을 낸다는 것은 그렇게 쉬운 일은 아니다. 가령, 한국사람 모두가 잘 아는 맛인 청국장으로 새로운 변형을 시도해 본다고 하자. 기본이 되는 청국장 자체도 좋아야 하지만 거기에 더해, 새로우면서도 맛있고 신선한 청국장이 되어야 한다. 이것은 많은 경험과 기술이 없으면 해낼 수 없는 일이다.

주 1) Bib Gourmand : 미쉐린의 별과는 구분되는 또 다른 기준인 1인 30유로 미만에 양질의 식사를 할 수 있는 식당에 부여하는 등급.

Musée Rodin

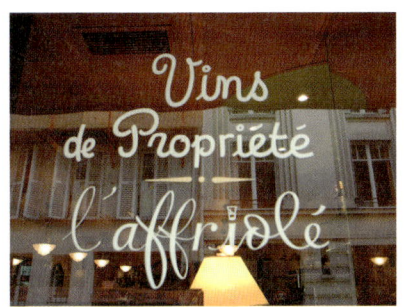 

    이렇게 친숙한 재료로 새로운 메뉴를 만들다 보니 실험적인 음식도 하게 되지만, 셰프 베롤라의 음식은 재료가 가져야 할 제 맛을 그대로 지니고 있어 좋다. 〈삶은 염장 대구를 섞은 감자 퓌레로 속을 채운 파마산 전병〉은 인기 메뉴로, 전통적인 레시피지만 베롤라 셰프만의 미적인 감각으로 프레젠테이션하여 더욱 일품이다.

    자리에 앉아 처음 받게 되는 빨간 무와 올리브, 버터 그리고 푸조랑Poujauran의 따뜻한 시골 빵, 입가심으로 주는 과일 한 쪽 등은 여느 파리의 식당들과는 다른 넉넉한 일면을 보여준다. 점심 메뉴가 26유로, 저녁 메뉴는 39유로다.

    아브뉘 샹 젤리제에서 식당 찾느라 헤매지 말고 다리 하나 건너서 진짜 점심을 먹어 보는 게 어떨까!

L'Affriolé

 17 Rue Malar, 75007 Paris
 +33 1 44 18 31 33

레 종브르
⑳ Les Ombres

마담 파리의 그림자에 묻혀
프랑스를 맛보다

Musée Rodin

파리에서 에펠 탑을 가장 여유 있게 바라보며 식사할 수 있는 곳!

현대적인 인테리어 속에서 철의 여인 에펠의 토르소가 드라마틱하게 펼쳐지는 풍광을 아래로 하고, 좋은 식사와 친절한 서비스를 받을 수 있는 곳, 레 종브르는 바로 그런 곳이다.

에펠 탑 주변에 좋은 식당이 많지만, 에펠의 온전한 모습을 '바라보며' 식사할 수 있는 곳은 손에 꼽는다.[1] 레 종브르는 브랑리 강변도로 Quai Branly에 위치한 케 브랑리 미술관 Musée du Quai Branly 꼭대기 층에 위치한다. 하지만, 출입구가 완벽하게 분리되어 있어 처음 가는 사람은 입구를 찾기 어려울 수 있다. 반면 1층에 있는 카페는 박물관의 개장시간과 영업시간이 같아서 접근성이 좋고 눈에 띄기 때문에 카페에 물어보는 편이 찾기 쉬울 것이다.

주 1) 뒤카스의 쥘베른 Le Jules Verne(*)은 에펠 탑 안에 있기 때문에, 에펠 탑이 보이지 않는다.

Les Ombres 레 종브르

    식사도 좋지만 세련되고 맛깔스러운 프랑스 과자와 함께 맛보는 오후의 차와 커피[2] 도 또 다른 즐거움이다. 다른 식당들에 비해 다양한 종류의 차와 커피를 보유하고 있기 때문에 친구들과 들러 각각 다른 종류를 주문하여 여러 가지를 맛보며 비교해 보는 것도 재미있을 것이다.

    뮈제 뒤 케 브랑리 musée du quai Branly는 2008년 프리츠커 상[3] 에 빛나는 장 누벨 Jean Nouvel이 건축한 것으로 유명하여, 단지 미술관 건물 자체만을 보기 위해서 전 세계에서 찾아오는 관광객이 있을 정도다. 레 종브르 Les Ombres는 프랑스 어로 '그림자들'이라는 뜻인데, 바로 에펠 탑의 그림자가 식당 디자인의 주제가 되었다. 건물의 위치상 오후가 되면 에펠 탑의 그림자 속에 들어가기 때문에, 그 철골 가지 하나하나로부터 생기는 그림

주 2) Salon de the 살롱드테 : 15:00~17:30
주 3) 프리츠커 건축 상 Pritzker Architecture Prize : 하얏트 재단이 매년 "건축예술을 통해 재능과 비전, 책임의 뛰어난 결합을 보여주어, 사람들과 건축 환경에 일관적이고 중요한 기여를 한 생존한 건축가"에게 수여하는 상이다. 건축계의 노벨상에 비유된다.

Musée Rodin

자를 따라서 카펫과 테이블 위에 똑같이 선을 그어 내부는 규칙적인 듯 불규칙한 선이 마구 얽혀 있는 형상이다. 기하학적인 그림자 라인이 의자와 접시 위까지 지나고 있는데, 이 모두가 장 누벨이 직접 디자인한 것이다. 모르고 보았을 땐 그냥 기하학적인 모던한 줄무늬 정도로만 보이겠지만, 알고 들여다보면 시간과 흔적이라는 주제로 많은 생각을 하게 하는 묘한 매력이 느껴진다.

레 종브르는 훌륭한 전망을 자랑하는 멋진 테라스와 빼어난 인테리어 디자인을 뽐내는 식당으로 대개 이런 입지 조건이 좋은 식당들의 음식 맛이 실망스러운 것과는 달리 음식 또한 그에 못지않은 퀄리티를 자랑한다.[4] 레종브르의 총주방장인 뷔스케 Arno Busquet는, 프레 카틀랑 Pré Catelan(Rolland Durand, **), 르카멜리아 Le Camélia (Jean Delaveyne, *), 로랑 Laurent (Philippe Braun, **), 리츠 Ritz(Maurice Guillouët, *) 호텔 등에서 경험을 쌓았다.

주 4) 이런 부류의 대표적인 예로 퐁피두 미술관 Centre Georges Pompidou 옥상에 위치한 식당 조르주 Georges를 들 수 있다.

133

단순히 풍광 좋은 곳에 위치하여 그냥 껍데기만 화려한 인테리어 레스토랑이 아니라 진짜 〈음식〉을 하는 식당이다.

셰프 뷔스케는 클래식하면서도 창의적인 변형을 시도한 음식을 한다. 주 고객층인 파리지앵에 걸맞은 음식을 선보여야 한다고 생각하는 셰프 뷔스케는 버터 대신 올리브 오일, 크림 대신 두유를 사용하는 가벼운 음식을 추구한다.

레 종브르의 주변에는 관공서, 대사관이 산재해 있고 평일 비즈니스 접대 고객도 많기 때문에 점심 식사 후 다시 사무실로 돌아갔을 때 나른해지지 않게 적당히 기분 좋은 음식이 주를 이룬다. 식사를 마치고 일어났을 때 너무 무거워서 지치지 않도록 배려한 음식들이다.

지난여름, 파리를 방문한 가족들과 함께 레 종브르에서 점심 식사를 한 적이 있다. 전식으로 새우와 그레이프프루트, 오렌지의 무스칵테일을 받았는데, 정말 파리의 여름에 이보다 더 잘 어울릴 수 없다는 생각이 들었다. 양도 꽤 많아서 그레이프프루트, 오렌지의 산뜻함을 여유 있게 즐길 수 있었다. 본식으로는 농어와 라타투유를 받았는데, 요리사 남

편과 살다 보니 생선의 익힘에는 좀 까탈을 부리는 편이지만, 이 농어는 참 마음에 들었다. 너무 익어 푸석하지도 않았고 적절한 온도와 진한 맛의 소스까지 모든 게 만족스러웠던 기억이 있다. 확실히 이곳은 언제 가서 먹어도 항상 기분 좋은 식사를 할 수 있는 곳이다. 단, 저녁에는 가격이 꽤 비싸지니 케 브랑리 미술관을 둘러보고 점심 일정을 잡아 보는 것을 추천한다!

에펠을 바라보며, 파리지앵들 속에서 진짜 파리를 만끽해 봄이 어떨까!

Les Ombres

- 27 Quai Branly, 75007 Paris
- ☎ +33 1 47 53 68 00

Le Clos des Gourmets

르 클로 데 구르메

사람을 사랑하는 요리사!

Musée Rodin

흔히 하는 이야기로, 프랑스에서 가장 만나기 어려운 요리사가 파리 출신이고, 그다음이 부르고뉴란다. 그래서 남편도 리옹 출신인 가니에르 Gagnaire, 프로방스/도피네 출신인 피에주 Piège, 오베르뉴 출신인 루케트 Rouquette, 브르타뉴 출신인 방텔 Banctel, 남서부 출신의 성드렁스 Senderens와 함께 일한 뒤, 마지막으로 부르고뉴 출신의 브리파 Briffard를 선택하였다고 하였다.[1]

클로 데 구르메의 셰프 프트루아 Arnaud Pitrois는 부르고뉴에서 태어나서 유년기에 파리로 상경하였다. 그는 왜 요리사가 되었을까?

주 1) 프랑스에서는 각 지방마다 음식의 향토색이 강해 요리사가 여러 지방을 돌면서 혹은 각 지방의 셰프들과 일하고 헤어지기를 반복하며 전통 요리를 몸에 익힌다. 잘 알려진 예로 남서부에서 태어나 게라르 Michel Guerard(Les Pres d'Eugenie)에게 남서부의 음식을, 알랭 샤펠 Alain Chapel (L'Arpege)에게 리옹의 음식을, 로제 베르제 Roger Verge(Moulin de Mougin)에게 지중해의 음식을 배운 사람이 바로 그 유명한 알랭 뒤카스 Alain Ducasse(Louis XV 外)이다.

"내 할아버지는 가축을 키웠고, 내 아버지는 그 고기를 도축해서 파는 정육점을 했었고, 나는 그 고기를 익히는 일을 하고, 내 아들은 그 고기를 먹지요. 세상에 그 어떤 직업이 이렇게 4대를 즐겁게 해 줄 수 있을까요!"

너무나 해맑게 웃으며 착한 얼굴로 이야기하여 어떤 꾸밈이나 전략을 위한 대답이 아닌 그야말로 순수한 마음 그대로의 생각이라는 것이 전해졌다.

그는 요리사가 되기 위해 요리학교 페랑디 Ferrandi를 졸업하고 기 사부아 Guy Savoy(✿✿)와 라르페주 L'Arpège(Alain Pascard, ✿✿✿), 크리옹 Crillon(Christian Constant, ✿✿), 라베리에르 La Verrière(Eric Fréchon, ✿) 등을 거친 후, 99년에 르 클로 데 구르메를 오픈하였다. 이렇게 뛰어난 셰프들과 함께 일을 한 그는 그중에서도 셰프 사부아를 좋아하고 존경한다고 하였다.

21

"그는 최고의 요리사는 아니지만, 매우 따뜻한 가슴이 있고, 같이 일하는 요리사들의 이야기들을 들어주는 역량이 있고, 삶을 사랑하고, 그가 사랑하는 그 삶을 남들과 함께 나누고 싶어하기 때문입니다."

그의 이야기를 들으면, 그도 바로 이런 따뜻한 인간미를 가졌다는 생각이 들었다.

메뉴판을 보면 부르고뉴의 특성이 강하게 드러나는데, 〈샤블리 화이트 와인에 익힌 앙두이에트〉라던가 샤롤레 charolais 소고기, 수맹트랭 Soumaintrain과 에푸아스 Epoisse 같은 치즈, 거기에 더해 부르고뉴의 와인이 있다!

와인 붐 덕분에 우리나라에서도 보르도와 부르고뉴라는 지명은 친숙하게 느껴질 것이다. 내가 가끔 요리하는 친구들과 이야기를 나누어 보면 〈남서부〉로 대표되는 보르도 지역의 음식은 어느 정도 아는 것 같은데 부르고뉴의 음식은 코코뱅 Coq au vin 이외에는 별로 아는 게 없는 것 같다.

와인 산지라면 어디든지 발달된 식문화가 있다. 그래서 많은 사람이 프랑스 식문화의 대표주자인 리옹 Lyon을 부르고뉴 음식을 대표하는 도시로 오해하곤 하는데, 리옹은 부르고뉴라기보다는 보졸레의 도시이다. 보졸레를 부르고뉴로 분류하기 때문에 이런 시각이 생긴 것 같다. 지리적 위치로 보면 리옹은 론 Rhône에 더 가깝고 부르고뉴 포도밭의 끝자락에서 꽤 거리가 멀다. 하지만, 대중적이면서 서민적인 리옹의 음식들은 리옹과 가까운 론 지역 와인인 코트 로티 Côte-Rôtie보다는 숙성하지 않고 마시는 생 와인인 보졸레 누보 Beaujolais nouveau 2 와 더 잘 어울린다. 그래서 리옹을 보졸레의 도시라고 하는 것이다.

또 부르고뉴 음식의 가장 큰 특징은 와인을 넣고 끓이거나 졸이는 음식이 많다는 점[3]인

데, 타닌이 적은 보졸레는 음식에 넣기에 좋지 않고 대부분의 리옹 음식 역시 와인을 이용하는 음식이 아니다.

굵직굵직한 셰프들 아래에서 일했던 그이기에 그의 메뉴판도 계절을 탄다. 특히 겨울을 좋아하는데 초겨울에는 많은 버섯과 지비에가 있고, 희귀한 뿌리 야채들을 맛볼 수 있으며 무엇보다도 트뤼프의 계절이기 때문이다. 지비에 이야길 좀 해 보면, 피투루아 셰프는 프랑스산 지비에, 특히 샤르트르 Chartres 근방의 보스 Bosses 숲에서 잡힌 것만 사용한다. 가령 프랑스산 리에브르 lièvre 4 는 초겨울 5주 동안만 잡히기 때문에, 산토끼가 제철일 때는 가장 클래식한 레시피인 리에브르 알라 루아얄 lièvre à la royale 부터 산토끼 파이, 산토끼 등심구이, 산토끼 스튜 5 , 테린 terrine de lièvre, 콩소메 consomme de lièvre 6 등 여

주 2) 매년 11월 셋째 주 목요일 자정을 기해서 전 세계에서 동시에 오픈하는 비숙성 와인.
주 3) 메뉴판에 나온 음식명 뒤에 알 라 부르기뇽 à la bourguignonne 이 적혀 있으면, 주재료를 와인에 익혀서 조그만 양파, 베이컨, 버섯과 함께 제공된다.
주 4) 산토끼

러 가지 방법으로 조리한 다양한 산토끼 요리가 등장한다. 그러나 그가 중시하는 것은 지비에의 독특하면서도 섬세한 맛이기 때문에, 그의 지비에는 야생 사냥감의 냄새가 팍팍 나는 그런 투박한 음식이 아니다.

"우리 지비에에는 산도가 좀 있는 와인을 곁들이면 좋아요."

라는 귀띔도 잊지 않는다. 그래서 조리할 때에도 레드커런트 groseilles 나, 모과 coing 같은 산도가 있으면서 달콤한 맛의 과일을 사용하는 경우가 많다. 와인광 남편이 말하길, 쥬브레 샹베르탱 Gevrey-Chambertin 7 같은 흙 냄새, 된장 냄새 푹푹 나는 힘 좋은 부르고뉴와 멧돼지를 맛보면 누구나 수긍하며 고개를 끄덕일 것이라고!

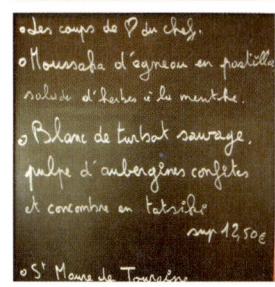

Le Clos des Gourmets

- 16 Avenue Rapp, 75007 Paris
- +33 1 45 51 75 61

주 5) 시베 드 리에브르 civet de lièvre : 시베는 여러 가지 스튜 중의 한 가지 방법으로, 동물의 〈피〉를 집어넣은 것이다. 순댓국이나 선짓국 같은 특유의 진한 생명의 〈맛〉이 있다.
주 6) 맑은 수프
주 7) 주로 지비에에 많이 곁들여 마시는 쥬브레 샹베르탱 중의 Chambertin-Clos-de-Beze, Charmes-Chambertin, Mazis-Chambertin, Latricieres-Chambertin, Chapelle-Chambertin, Griotte-Chambertin., Ruchottes-Chambertin 등의 그랑 크뤼가 유명하다.

르 프티 트로케

Le P'tit Troquet
22

도망간 요리사가 온 가족을
주방으로 불러 모으다!

Musée Rodin

에펠 탑에서 에콜 밀리테르 Ecole Militaire 1) 쪽으로 샹 드 마르스 Champs de Mars 공원을 따라 걷다 보면 좌측으로 셰프 콩스탕의 식당이 줄지어 서 있는 도미니크 rue Saint-Dominique 길을 만나게 된다. 음식도 음식이지만 이렇게 환상적인 자리에 있어 사람들 발길이 끊이지 않는 명소가 되었다.

하지만, 보다 차분하고 비밀스러운 숨은 장소가 있으니, 바로 샛길인 엑스포지시옹 길 rue de l'Exposition 중간 즈음에 자리 잡고 있는 르 프티 트로케다! 트로케란 바, 술집이란 의미가 있으니, 〈조그만 선술집〉 정도로 번역할 수 있다.

그르노블 Grenoble 에서 태어난 셰프 베시에르 Parick Vessière 는 원래 요리사가 아니었다. 그의 부인이 예전에 조그만 카페를 하나 했는데, 어느 날 요리사가 나가 버리는 바람에 주방에서 일하기 시작한 것이 계기가 되어 35년이 지난 지금까지도 주방을 지키게 되었다.

주 1) 프랑스 육군사관학교

그러다 보니 뛰어난 테크닉보다는 좋은 식자재 위주의 음식을 만든다. 과일이건 채소건 제철 재료를 사용해야 한다는 신념이 있어, 남들보다 앞서기 위해 비닐 하우스에서 재배한 것을 사용하는 대신, 제철인 4월이 되어야만 딸기를 내놓는 합리적인 방식을 택한다. 이렇게 식자재 본연의 맛을 중시하는 그이기에 이것저것 섞는 것을 좋아하지 않는다. 식용유, 버터, 치즈 등의 사용도 최소화하여 만드니 누벨 퀴진의 영향을 받은 음식들이라 볼 수 있다.

특징이 있다면 계절에 따라 지역성에 변화를 주는 것인데, 여름에는 지중해 쪽으로 갔다가 겨울엔 그르노블이나 알프스 쪽으로 돌아오는 식이다.2 즉, 겨울엔 그르노블의 대표적 음식인 〈그라탱 도피누아 gratin dauphinois 3〉를 맛볼 수 있다는 것! 지비에도 계절 음식이기 때문에 빠뜨리지 않고 다루는데, 개인적으로 초콜릿을 곁들여 본연의 맛을 끌어올리는 것을 좋아한다. 혹은 달콤짭짜름 sucré-salé하거나 새콤달콤 aigre-doux 스타일로 풀어나간다.

식당의 위치가 파리 제일의 관광지이기 때문에 외국인 손님이 많고 그에 대응하기 위한 영

주 2) 프랑스의 지도를 보면 이해하기 더 쉽겠지만, 알프스가 끝나는 지점이 코트 다 쥐르다. 마치 설악산이 끝나자마자 강릉이 나오고 동해가 나오는 것과 마찬가지다. 그래서 알프스와 지중해는 먼 곳처럼 느껴지지만 바로 이웃 동네다.
주 3) 도피네식의 감자그라탱. 감자에 마늘을 많이 넣고, 크림을 부어 오븐에 익힌 요리

143

어 메뉴판이 구비되어 있다. 홀을 담당하는 아내가 영어를 잘하기 때문에, 파리에 와서 프랑스 어 때문에 스트레스 받았다면 영어가 통하는 곳에서 맘 편하게 식사할 수 있는 기회가 될 수 있다.

외국에서 동양인들에게 무조건 '니하오~' 나 '곤니치와~'를 외치는 것처럼, 우리나라 사람들도 노란 머리의 외국인이면 영어를 할 것이라 기대를 하는 면이 있다. 파리의 스타벅스라 한들, 독자들의 유창한 영어 주문에 주춤할 것이다. 그래도 최근에는 영어 파워에 대해 이들도 조금씩 눈을 뜨고 있어, 상류층에선 어릴 때부터 영어 교육을 시키기 위해 이런저런 노력을 한다. 하지만, 우리가 만날 수 있는 서비스 업종에 종사하는 이들의 영어는 놀라운 수준이다.

언젠가 한 팔라스급 호텔의 식당에서 식사하고 있는데, 옆 테이블의 영국 신사에게 종업원이 다가와 짐짓 긴장된 표정으로 물었다. "두유 원 섬 페인Do you want some pain?" 신사는 잠시 갸우뚱하다간 곧 크게 웃으며 "빵은 영어로 브레드Bread예요!" 하고 말하는 것이었다. 하하하, 옆에 있던 우리도 웃음을 참느라 힘들었다. 빵Pain을 영어식으로 읽느라 나름 애썼으나 '고통'이 되어버린 절망적인 순간이었다. 친절하고 온화한 표정으로 "고통을 원해?!"

에디트 피아프의 샹송과 같은 향수를 불러 일으키는 1930년대 스타일의 인테리어도 흥미로운 볼거리다. 허리춤 높이에 줄지어 선 꽃무늬 부조의 타일도 그렇고 유리창에 그려

주 4) 프랑스어로 바bar를 의미

진 그림이나 콩투아comptoir 4 의 그림 등 모두가 아기자기하고 수공예적이다.

> "이 시대엔 시간과 공을 들여 물건을 하나 만들어 냈는데, 요즈음엔 이런 노력의 흔적을 좀처럼 찾아보기 어렵죠."

1990년에 오픈하면서 내부 인테리어와 주방공사 모두 온 가족이 함께 하였다. 딸과 그의 애인 모두 호텔 조르주 상크George V의 파티시에 출신이라 이 가게에 새로운 기운을 불어 넣어 주었다. 아니나 다를까, 가게 규모와 동급 다른 식당에 비해 정성이 많이 담긴 디저트를 맛볼 수 있었다. 그뿐만 아니라 다른 음식들의 접시 담음새도 매우 아름다워 놀랐다. 파티시에의 영향이 맛있는 음식과 만나면 놀라운 힘을 발휘한다는 것을 직접 체험할 수 있었다. 전식 메뉴인 〈파마산 치즈와 토마토 콩피, 염소 치즈의 밀푀유〉는 정말 최고였다. '바삭!' 하고 부서지는 질감 속, 농후한 치즈와 토마토 콩피의 조화는 기분 좋게 식욕을 자극하였다.

> "맛있는 음식이란 단순하면서 맛과 향이 살아 있어야 하죠. 복잡할 필요는 없지만, 재료의 선택이 완벽해야 해요."

온 가족이 좋은 재료로 즐겁게 일하는 식당, 가보고 싶지 않은가!

Le P'tit Troquet

- 28 Rue de l'Exposition, 75007 Paris
- +33 1 47 05 80 39

시스 뉴욕
6 New York

에펠 탑이 마요네즈를 만들어 주다!

아브뉘 뉴욕 avenue New York은 에펠 탑과 마주한 샤이요 궁 Palais de Chaillot에서 메트로 9호선 알마 마르소 Alma-Marceau로 가는 센 Seine 강변의 길 이름이다. 이상하게도 샹젤리제 근처에는 워싱턴 길, 윌슨 대통령의 길, 프랭클린 루즈벨트 길 등 미국 대통령의 이름을 딴 길 이름이 많다. '시스 뉴욕 6 New York'이란 이 가게의 이름도 '뉴욕 대로 6번지'의 주소를 그대로 따 온 것이다. 통유리로 된 창 너머로 웅장한 에펠 탑의 모습과 평온하게 흐르는 센 Seine 강이 절경을 이룬다. 그리 넓지 않은 공간이지만 여기 앉아 있는 것만으로 "내가 정말 파리에 있구나!"를 실감할 수 있는 몇 안 되는 식당 중 하나다.

"나중에 6 New York 같은 식당을 하고 싶어!"라고 남편이 버릇처럼 하는 말을 들을 때마다 "대체 어떤 식당이길래 하고 싶다는 걸까?" 하고 궁금했었는데 인터뷰 약속을 잡고 셰프 강뇨 Jérome Gangneaux를 만나고서는 '과연~' 하고 이해할 수 있었다.

셰프 강뇨는 노르망디에서 태어나 유년기, 청년기를 이곳에서 보내고, 전국을 돌다

니며 여기저기서 일을 하였다. 군대를 다녀온 후 셰프 성드렝스가 컨설턴트로 있던 렐리제 마티뇽 L'Elysée Matignon에서 일하다가 아피시우스 Apicius(✹✹)에서 셰프 비가토 Jean-Pierre Vigato와의 운명적인 만남을 갖게 된다. 그와 13년을 함께 보내고 나서, 이곳 뉴욕 대로 6번지에 식당을 열게 되었다.

   그는 별 두 개를 가진 식당 출신으로 별의 시스템을 잘 알고 있지만 정작 본인은 미쉐린 별에 관심이 없다. 사실, 별을 받으면 손님층이 변하고 그 별을 유지하기 위하여 많은 짐을 지고 가야 한다. 그가 진정으로 원하였던 것은 그저 자신을 찾아 준 손님들에게 즐거움을 주고, 그것을 통해 그 자신도 더불어 즐거워지는 것이지, 별을 받고 유명해지는 것은 아니었다고.

   이런 그의 창업 정신의 한 면이라고 할 수 있는 이 식당의 가장 독특한 점 한 가지는, 모든 주문을 홀에서 셰프가 직접 받는다는 것이다. 주문을 받으며 손님들과 이런저런 이야기를 나눌 수도 있고, 또 셰프가 항상 눈에 보이기 때문에 식당과 음식에 더욱 믿음이 간다. 마치 전통적인 프랑스 여인숙 auberge에서 식사가 끝날 무렵, 주방장이 홀에 나와서 손

님들과 함께 식후주digestif를 마시며 이야기를 나누던 것처럼 말이다. 바로 그 분위기가 좋아서 셰프 강뇨도 이 여인숙 시스템을 좀 더 현대적인 스타일로 변형하여 받아들인 것이 아닌가 싶다.

시스 뉴욕의 음식은 일단 가격대비 만족도가 높고, 지방색이 강한 것들이 주를 이룬다. 시크하면서 컨템포러리한 분위기의 실내 때문에 꽤 트렌디한 음식을 할 것 같지만, 내장을 사용한 시골 음식에서 가스트로의 음식까지 거의 모든 음식을 만날 수 있다.

또, 셰프가 노르망디 출신이기 때문에 이 지역의 전통음식에서 많은 아이디어를 얻는다. 그리고 그만의 독창적인 방식으로 새로운 맛을 끌어내곤 한다. 한 예로 일반적으로 시드르cidre 1에 내장을 익히는 〈트리프 알라 모드 드 캥Tripes à la mode de Caen〉을 많이 만든다면 그는 사과주 대신에 백와인에 익히는 〈트리프 알 라 모드 드 퐁태즈Tripes à la mode de Frontaise〉를 만든다.

"요즘 〈레스토랑〉에서도 그런 옛날 음식을 시킬 수 있냐?"고 놀라면서 좋아하는 손님이 많

주 1) 애플와인
주 2) 아쉬 파르망티에Hachis Parmentier : 장시간 육수에 익힌 고기를 결결이 잘게 찢어 그릇에 담은 후, 감자 퓌레를 위에 덮어 오븐에 다시 구운 요리.

다고 한다. 요즘 이런 수준의 파리 식당에서 〈아쉬 파르망티에 hachis parmentier 2〉를 하는 곳도 본 적이 없을 것이다. 셰프 강뇨가 좋아하는 음식들이 바로 이런 것들이다. 비록 전식에는 여기저기서 영향을 받은 재미있는 음식을 할 수도 있지만, 최소한 본식과 디저트만은 클래식이어야 한다고 생각하는 셰프다.

인터뷰를 마치고, 남편은 흐뭇하게 웃으며 말하였다.

"난 시스 뉴욕의 음식과 분위기의 언밸런스가 좋아. 음식은 살짝 비스트로(맛집) 스타일이면서 분위기는 차분하거든. 가스트로-비스트로를 표방하는 다른 식당들은 음식은 좋지만, 손님 접대하기엔 좀 너무 가벼운 면이 있는 것 같아."

위치 때문에 단순히 관광지 분위기일 것으로 생각할 수 있지만, 오히려 리브고슈 Rive Gauche 3 보다 여러 회사 사무실이 밀집해 있어 관광객보다는 단골손님이 많다. 리브고슈에서는 산책하다가 마음에 내키는 식당이 있으면 들어가서 식사를 하면 되고, 에펠 탑을 보러 온 사람들이 여기까지 걸어와서 밥을 먹지는 않기 때문이다. 그러나 시스 뉴욕으로 가는 길에는 파리에서 최신의 컨템포러리 아트를 만날 수 있는 팔레 드 도쿄 Palais de Tokyo와 시립 모던아트미술관 Musee d'Art Modern de la ville de paris, 크리스탈 샹드리에로 유명한 바카라미술관 Musée Baccarat, 그리고

주 3) 리브고슈 Rive Gauche는 강 왼쪽이란 뜻으로 파리에서는 생 미셸 Saint-Michel, 생 제르맹 데 프레 Saint-Germain des Prés 등의 5, 6, 7, 15구 지역을 가리킨다.

국립 기메 아시안미술관 Musée National des Arts Asiatiques Guimet 등 흥미로운 볼거리도 많으니 시간을 갖고 지도를 보며 즐기는 것도 좋을 것 같다.

업계 사람들끼리 "식당이 잘 되려면 마요네즈가 돼야 한다."라고 종종 이야기한다. 즉, 손님을 만족하게 하는 열쇠는 음식만이 아니란 이야기다. 좋은 식기, 서비스, 친절한 주차 대행[4], 식당의 위치, 인테리어 디자인, 와인리스트 등 모든 조건이 서로 조화를 이루어야 맛있는 〈마요네즈〉가 된다. 그렇지 않으면 마요네즈가 분리되어 버린다. 시스 뉴욕은 바로 맛있는 마요네즈 같은 식당이라 소개하고 싶다.

"아무리 재료가 다 좋아도 마요네즈를 잘 만들려면 거품기가 필요하잖아요? 에펠 탑이 바로 제 거품기랍니다!"

6 new York

- 6 Avenue de New York, 75016 Paris
- +33 1 40 70 03 30

주 4) 파리에서 주차 대행을 하는 식당은 가스트로밖에 없다! 그리고 서비스료 8유로를 지불해야 한다.

CHAPTER 6

Champs-Elysées
샹 젤리제 (8, 9, 16구)

L'Arôme 라롬
향기로운 마리아주를 위해!

Les Fougères 레 푸제르
고상한 고사리 식당

Table de Lauriston 타블 드 로리스통
이젠 미쉐린 별을 잊고 싶다!

Le Boudoir 르 부두아
은퇴한 아버지의 꿈을 이어가다!

파리를 관통하는
샹 젤리제 Champs Elysées (8,9,16구)

만약 파리를 도보로 여행하고 싶다면 마들렌 성당에서 콩코르드 광장을 지나 드넓게 펼쳐진 샹 젤리제 거리를 걸어 개선문까지, 그리고 빅토르 위고 거리를 걸어 샤이요 궁까지를 계획해 보는 건 어떨까? 파리의 주요 모뉴먼트를 만나면서 작은 숲과 패션샵, 크고 작은 과자점과 초콜릿 가게를 두루 만날 수 있는 노선 중 하나라고 생각한다.

◆가볼 만한 곳 – 개선문 Arc de Triomphe, 그랑팔레 Grand Palais, 프티 팔레 Petit Palais, 콩코르드광장 Place de la Concorde, 마들렌성당 Madeleine, 트로카데로 Trocadéro, 샤이요 궁 Palais de Chaillot, 프랭탕백화점 Printemps, 라파예트 백화점 Galerie Lafayette, 현대미술관 팔레드도쿄 Palais de Tokyo

155

라롬
L'Arôme

향기로운 마리아주를 위해!

샹 젤리제를 떠올리면 개선문에서 콩코르드 광장까지 난 넓고 차량 통행이 많은 큰길만을 생각하기 쉽다. 하지만, 한 블록만 들어가면 크리스티, 소더비의 파리 사무실을 비롯하여 변호사 사무실이 모여 있는 조용한 주택가가 드러난다. "사무실이 모인 주택가라니?" 하고 이상하게 생각할 수 있는데, 우리나라의 경우엔 주거를 위한 일반 주택가와 사무실용 상업지구가 쉽게 구분되어 있지만, 파리의 경우엔 모두 똑같이 생긴 18세기 건물 속에서 병원도 개업하고, 변호사 사무실도 차리고, 심지어 은행도 들어선다. 그러니 관광객에게는 이 모든 상업 시설이 숨어있는 듯 보이지 않는 것이 당연하다. 자연스레 대체 이 나라엔 병원들이 다들 어디에 숨어있지? 하는 의문이 생길 수 있다.

사실 이들은 동네 곳곳에 숨어 있다. 일반 주택과 '똑같은' 건물 속에 회계사 아무개, 변호사 아무개, 의사 아무개라는 한 뼘 정도 될까 말까 한 아크릴 간판 하나 걸어 두고 영업을 하고 있다. 바로 라롬이 위치한 길도 이런 사무실이 많은 조용한 샹 젤리제의 뒷길이다.

식당에 들어서니 모든 테이블 위에 귀여운 호박이 장식되어 있었는데, 할로윈은 아니었지만, 왠지 어린 마녀가 빗자루를 타고 윙윙 날아다닐 것만 같았다. 차분한 회색 외관에 이어 내부의 색감도 부드러운 팥죽색으로 안정감이 느껴졌고, 오래된 벽체와 현대적인 가구들이 주는 언밸런스함도 재미있었다. 홀에 앉아 있으면 주방이 살짝 들여다보인다.

라롬이라는 단어는 한국어로 '향기' 정도로 번역할 수 있다. 서울에도 〈풀향기〉라는 한정식집이 있는데 지나다닐 때마다 예쁜 이름이라 생각했었다. 식당 이름으로
이렇게 감수성 철철 넘치는 단어를 사용하다니, 어떻게 이런 이름을 지었냐고 물었다.

"식당 안에는 여러 냄새가 공존하죠. 개개인의 체취(향수), 음식 냄새, 와인의 향기, 꽃내음 등등. 많은 사람이 가지고 있는 식당의 이미지 속에는 시각적인 것, 미각적인 것들은 항상 있지만, 후각적인 면을 간과한다는 느낌이 들어서 이렇게 이름 지었습니다."

파리에는 음식과 와인의 마리아주를 주제로 하는 몇몇 식당이 있다. 익히 유명한 성드렁스 Senderens와 프라이빗 디너의 느낌이 나는 조그만 식당 뱅 쉬르 뱅 Vin sur Vin, 그리고 2004년 전세계 최우수 소믈리에 엔리코 베르나르도 Enrico Bernardo의 일비노 Il Vino(※)를 파리의 3대 〈마리아주〉 전문 식당으로 꼽는다.

마르탱 사장 Eric Martin은 뤼카 카르통 Lucas Carton(Alain Senderens)(※※※)에서의 5년을 포함하여, 막심 Maxim's(※※), 르두아양 Ledoyen(※※), 엘렌 다로즈 Hélène Darroze(※※), 세즈 오 세즈 Seize au Seize(※)의 홀 매니저 maître d'hôtel였다. (괄호 안의 미쉐린 별은 그가 일할

157

당시의 개수다.)

그러다 보니 업계에서는 마리아주에 관해서는 그를 빼고 이야기할 수 없다고 말할 정도다. 본인의 이름값만으로도 와인에 대한 자신감을 뽐낼 수 있음에도, 여기에 추가로 전문 소믈리에를 한 명 더 두어 와인에 매우 큰 비중을 두고 있다. 특히 클로드 쿠르투아 Claude Courtois같은 프랑스의 컬트 와인이나 잘 알려지지 않은 희귀 와인도 상당수 있다.

셰프 불로 Thomas Boullault는 조르주 상크 호텔George V(Philippe Legendre, ✿✿✿)과 세즈 오 세즈Seize au Seize(Frédéric Simonin, ✿), 루아얄 몽소Royal Monceau(Christophe Pelé1 ✿) 등에서 일한 후, 루아얄 몽소가 공사를 위해 문을 닫았을 때, 세즈 오 세즈에서 알게 된 마르탱 사장의 제의로 라롬을 오픈하였다. (괄호 안의 미쉐린 별은 그가 일할 당시의 개수다.)

솔로뉴Sologne 태생인 셰프 불로의 음식에서는 고향의 냄새가 느껴진다. 봄에는 예로부터 유명한 이 지방의 아스파라거스를 메뉴에서 볼 수 있는데, 그의 시골 동네에 이것을 재배하는 친구들이 있고 주말마다 그가 직접 가져와 요리하기 때문에 농부에서 맛을 보는 고객까지의 중간 과정 없이 음식을 할 수 있다. 혹은 지역 주민에게만 알려진 염소 치즈를 가지고 오기도 하고 민물고기, 지비에로 유명한 동네인 만큼 〈비전秘傳〉으로 내려오는 레시피를 이용하여 이런 식자재들을 요리하기도 한다.

그렇다고 이렇게 솔로뉴의 식자재만으로 메뉴를 채우는 것은 아니다. 예전에 루아얄 몽소에서 사용하던 식재료를 지금도 받아 쓰는데, 사실 개인 식당으로 이런 고급 식자재를 받기가 그렇게 쉬운 일은 아니다. 고객과 함께 대화하고 고객을 미소 짓게 하는 것은 요리사가 아니라 식자재란 신념을 갖고 있기 때문에, 무모하다 싶을 정도로 식자재의 질에 고집을 부리는 것이다.

요리사는 단지 "재료가 하는 이야기를 듣고, 그것을 가장 이해하기 쉽게 손님들에게 풀어서 전달" 할 뿐이고 자연의 메시지를 와전하지 않으려면, 좋은 식자재의 의사를 존중하는 것만이 최선이라고 말한다. 그렇기 때문에 그는 파워보다는 섬세함을 중시하는 음식을 만들려 노력하고, 이를 지비에도 그대로 적용한다. 알맞게 재워지고 알맞게 익혀서 적절한 소스를 곁들여야지, 지비에라고 무조건 강한 맛을 내는 것이 최고가 아니다. 그래서 불로 셰프의 음식은 오히려 '여자들이 좋아하는 가볍고 예쁜' 것들이 많다.

그는 6개월 된 딸이 있는 가장으로, 아침 7시에 시작해서 자정에 끝나는 요리사의 삶이 쉽지는 않지만, 요리사라는 직업을 좋아한다. 좋아하는 일을 즐거운 마음으로 해서인지 그의 음식에서는 항상 애정이 느껴진다. 게다가 위에 언급한 마리아주 전문 식당에 비해서 매력적인 라롬의 가격은 와인을 사랑하고 맛있는 음식을 좋아하는 모든 사람에게 횡재나 다름없을 듯!

L'Arome

◎ 3 Rue Saint-Philippe du Roule, 75008 Paris

☎ +33 1 42 25 55 98

레 푸제르
Les Fougères

고상한 고사리 식당

고사리 식당이라니, 식당치고 참 귀여운 이름이다. 2006년 여름 어느 일요일 낮에 TV를 틀었는데, 5번 채널에서 유명한 요리 프로그램인 〈프티르노 Jean-Luc Petitrenaud의 라 카르트 포스탈 구르망드 La Carte Postale Gourmande〉를 하고 있었다. 번역하자면 아기 여우 씨의 식도락 탐험이라고 할까? 진행자가 아기 여우처럼 귀엽진 않지만, 이름이 아기 여우다.

전국을 돌아다니며 유명한 맛집을 방문하여 셰프에게 그에 얽힌 이야기를 들으며 음식 시연도 하고 맛도 보는 그런 프로그램이다. 남편이 ESCF 재학 시절, 이 프로그램에 참가하였던 적이 있어, 우리도 즐겨 보는 프로그램이 되었다. 하루는 이 진행자 아기 여우 씨가 어떤 식당에서 〈소의 제1위(양)에 뿔나팔 버섯과 감자구이 Fricassée de panse de boeuf aux trompettes de la mort avec ses pommes de terre 'île de Ré〉를 곁들여 맛보더니 *"원조가 바로 이 집이구먼!"* 하고 말하길래 궁금하여 가보았다.

우리나라와 마찬가지로 방송 직후라 예약 문의 전화가 끊이지 않았고, 좌석도 만석이었다. 하지만, 음식이 기대를 저버리지 않고 매우 훌륭하여 경쟁을 뚫고 맛보러 간 보람이 있었다.

비록 이름은 고사리지만, 내부 인테리어는 상당히 고상한 분위기라 살짝 놀라웠다. 부드러운 크림색 벽체에 벨벳 재질의 붉은 소파, 그리고 붉은색의 카펫이 따뜻하고 폭신한 느낌이 들었다. 게다가 음식에서 깊은 맛이 느껴져 뭔가 뒤에 큰 배경이 있음을 직감할 수 있다.

파리에서 태어난 셰프 뒤시롱 Stéphane Duchiron의 아버지는 리무쟁 Limousin 출신이고 어머니는 오베르뉴 Auvergne 태생이다. 그러다 보니 감수성은 파리지앵이지만, 집에서 먹던 음식의 영향으로 그가 만드는 음식은 오베르뉴의 느낌이 많이 난다. 특히 가을, 겨울에는 더욱 그렇다.

Les Fougère 레 푸제르

음식의 타이틀이나 재료만 그런 게 아니라 조리법 자체가 매우 재래식이다. 그의 조부모님들이 살던 동네 이름이 고사

리 마을 Les Fougères이었단다. 식당 이름을 고심하다가 자신과 아버지, 할아버지의 삶의 터전이 떠올랐고, 고사리의 특유의 강인한 생명력과 적응력도 마음에 들어 레 푸제르로 결정하게 되었다고 한다.

그는 어려서부터 요리사가 되고 싶었지만, 집안 사정상 인문계로 진학하였다가 뒤늦게 페랑디 Ferrandi 1 를 졸업하고 기 사부아 Guy Savoy(✸✸✸)에서 일하다가 자격이 되어 ESCF 에 입학하면서 로아지스 L'Oasis (Stéphane Raimbault,✸✸), 라믈루아즈 Lameloise(✸✸✸)에서

161

스타주를 한 뒤, 오 보 나케이 Au Bon Accueil, 파시플로르 Passiflore(Roland Durand, ✪), 셰 레 장주 등에서 일한 후 2006년에 이곳을 오픈하였다. (괄호 안의 미쉐린 별은 그가 일할 당시의 개수다.)

그는 자신의 음식 스타일처럼, 와인 역시 다른 맛으로 스스로를 감추려는 와인보다는 솔직하고 자신을 숨기지 않고 보여주는 게 좋단다. 솔직한 음식을 추구하는 요리사답게 〈식자재 존중〉이 그의 원칙인데, 그가 말하는 식자재의 존중은 〈옳은 조리법의 선택〉이라고 해서 상당히 이색적이었다. 가령 소고기 안심은 고기 자체가 별맛이 없고 그냥 부드러움을 즐기기 위함이기 때문에, 웰던으로 익히는 것은 식자재를 존중하는 것이 아니라는 것이다. 마찬가지로 비둘기와 오리는 로제 rosé로 맛보아야 한다.

우리는 고등어 요리를 맛보았는데, 처음 접시를 받을 때 우선 그 형태 때문에 매우 기뻐했다. 그냥 흰 접시에 생선 한 마리가 누워 있는 평범한 접시를 생각하고 있다가 여러 가지 질감의 완전히 새로운 고등어 요리가 눈앞에 놓여서 깜짝 놀랐다. 고등어는 많이 익으면 살결이 참치 통조림처럼 푸석해진다. 그래서 프랑스의 고급 레스토랑들은 미디움 정도로 서비스하는 경우가 많다. 하지만, 이렇게 되면 껍질이 눅눅해서 또 뭔가 부족하게 느껴질 수 있는데, 셰프 뒤시롱은 이 껍질의 질감을 보완하기 위해 튀긴 생선 가시와 바삭한 감자채 튀김, 그리고 샐러드 중에서도 씹는 식감이 좋은 로케트[2]를 곁들였다. 게다가 넉

주 1) 페랑디 Ferrandi 직업학교
주 2) Roquette : 이탈리아어로는 '루콜라'라고 한다.

넉한 올리브 소스는 특유의 진한 풍미로 고등어의 맛을 한껏 올려주는 역할을 하였다. 이런 것들이 바로 그가 찾는 '옳은 조리법'이군! 하며 온전히 이해할 수 있었던 요리였다.

그의 식당 운영 철학은 식당에 들어와서 나가는 그 순간까지 모든 손님이 편하고 즐겁게 식사를 즐기는 것이다. 그래서 한 서비스에 테이블을 두 번 돌리는 일을 하지 않고, 어떤 테이블의 손님이 일찍 식사를 마쳐 자리가 났을 때 지나가다 들린 손님이 있으면 자리를 주는 경우는 있어도 대기 리스트를 받는 일은 없다고 한다.

Les Fougère

◯ 10 Rue Villebois-Mareuil, 75017 Paris
☎ +33 1 40 68 78 66

타블 드 로리스통
Table de Lauriston

이젠 미쉐린 별을 잊고 싶다!

사실 이 식당을 소개할지 말지 매우 고민하였다. 처음부터 우리가 내세운 기준은 한 끼에 30유로 선인 가스트로-비스트로였기 때문이다.

하긴 오귀스트나 라 브레지에르, 라 비가라드 등은 점심 세트 메뉴만 35유로지, 저녁이나 알라 카르트 à la carte 1 로 주문하면 쉽사리 이 가격을 넘기지만 "원 스타니까…"라는 면죄부를 줬다. 반면 타블르 드 로리스통은 점심 세트 메뉴는 28유로지만, 디저트가 포함되어 있지 않고 저녁엔 세트메뉴조차 없다. 게다가 별마저도 없다.

그런데 왜 여기를 소개하느냐고? 그건 이곳이 진짜 〈먹을 줄 아는〉 사람들이 가는 식당이기 때문이다. 2008년 가을 스위스에 사는 남편의 한 지인이 파리에 왔을 때, 우리는 자신 있게 이 식당에 갔었다. 남편은 그분에게 이렇게 소개하였다.

주 1) 알라 카르트 à la carte란 메뉴의 단품 메뉴들을 의미한다. 즉, 세트메뉴가 아니라 각각의 단품 메뉴로 주문 하는 것을 알라 카르트로 시킨다고 한다.

"여긴 가스트로 가서 포크 깨작거리는 거 싫어하는, 진짜 먹을 줄 아는 사람들이 가는 곳이에요."

우리는 창가의 둥근 테이블에 자리 잡고 맛보고 싶은 음식을 여러 가지 골랐다. 나는 전채로 〈지롤 버섯 볶음〉과 본식으로 〈소고기 꽃등심 구이〉를 시켰는데, 지롤도 등심도 1인분이라 하기 어려울 정도로 넉넉한 양이 나와서 절로 흐뭇했었다. 먹을 줄 아는 사람 오는 곳 맞네!

부르고뉴의 본 Beaune에서 태어난 셰프 바르베 Serge Barbey의 메뉴에는 지역색이 강하게 나타난다. 특히 와인 리스트를 받아보면 더욱 확실해진다. 200~250종류의 와인이 있는데, 전부 재배자가 양조한 와인 vin de propriétaire이다. 이것이 가능한 것은 그의 아버지가 포도밭을 하고, 직접 양조를 하기 때문이다. 그러다 보니 부르고뉴의 양조가는 대부분 아버지의 친구이고, 덕분에 그의 카브에는 랑그도크 와인보다도 저렴한 부르고뉴 와인이 많다.

Table de Lauriston
타블 드 로리스통

"부르고뉴에는 그랑 크뤼가 존재하지 않아. 모든 와인이 다 그랑 크뤼거든! 보르도는 2/3가 허접한 것들이고 몇 가지 괜찮은 게 그랑 크뤼라는 이름으로 팔리두만. 내가 29유로에 파는 지브리 Givry의 피놀레 Pignolet가 보르도 그랑 크뤼보다 낫대두!"

하고 호탕하게 웃으며 자신 있게 말하는 셰프 바르베! 사실 장 트라페 Jean Trapet의 쥬브레 샹베르탱 Gevrey-Chambertin을 62유로에 팔 수 있는 파리의 유일한 식당이고, 카뮈 Camus의 칼바도스 Calvados를 맛볼 수 있는, 프랑스에서도 손꼽히는 식당이다.

그러나 우리가 이 식당을 선정한 것은 남편의 부르고뉴 와인에 대한 〈무한지애〉 때문만은 아니다. 바로 바르베 셰프의 음식 때문이다. 우선 그의 이력은 예사 사람의 것이 아니다. 지금껏 평생을 가스트로에서만 보내면서 라 코트 도르La Côte d'Or (Bernard Loiseau, ✲✲✲), 기 사부아Guy Savoy(✲✲), 메종 트루아그로 Maison Troisgros(✲✲✲), 라믈루아즈Lameloise(✲✲✲), 물랭 드 무쟁Moulin de Mougin(Roger Vergé, ✲✲✲)을 거쳤다. (괄호 안의 미쉐린 별은 그가 일할 당시의 개수다.) 셰프 베르제2를 제외하고는 모두 부르고뉴-리옹의 거성들뿐이었다. 그러다 보니 셰프 베르제에게선 배울 것이 매우 많아 7년이라는 시간을 보냈다.

고향도 고향이지만 그의 나이 덕에 '진짜 전통의 프랑스 음식'을 맛볼 수 있는데, 특히 겨울철 목/금/토 저녁에는 지방색이 강한 포 토 푀pot-au-feu, 알리고aligot, 슈크루트choucroute, 카술레cassoulet같은 음식을 맛볼 수 있다. 이름만 그런 것이 아니라 여러 가지 재료를 풍부하게 사용하여 옛날 사람의 식사처럼 넉넉한 양을 제공한다. 이런 풍성함 자체가 요리사로서 느끼는 가장 큰 즐거움이라고 말하는 셰프 바르베. 꽁치를 다룰 때도 바닷가재처럼 다루고, 양송이버섯도 트뤼프 만질 때의 애정과 조심성을 가지고 요리해야지 맛있는 음식이 나온다고!

주 2) 로제 베르제Roger Verge : 프랑스 지중해 요리의 가장 위대한 요리사로 뒤카스의 스승이었고, 그에게 물랭 드 무쟁Moulin de Mougin의 셰프 자리를 물려주어 지금의 위치에 오르는 발판을 마련해 주었다.

물론 뜨내기손님들은 간혹 비싸다고 하기도 하지만, 셰프의 입장에서는 메뉴판에 새끼 광어 turbotin라고 쓰여 있으면 적어도 1인분에 600g은 주어야 하고, 송아지 갈비 côte de veau라고 하면 접시 위의 고기만 400g은 나와줘야지 그게 〈음식〉인 거다.[3] 게다가 냉동이나 양식이 아닌, 전부 프랑스산인데 이런 식재료로 만든 음식을 어찌 다른 집들과 같은 잣대로 비교하겠는가.

"요새 가스트로의 음식을 보면 한 접시 위에 〈가리비+바닐라+성게+감초〉 같은 가스트로식의 보여주기 위한 음식을 하는 곳이 많은데, 이런 의미 없는 섞음은 이제 진저리가 난대두! 좋은 가리비가 있으면 소금만 뿌려서 제대로 익히면 훌륭한 것을!"

이렇게 말하는 건 그의 자신감 그 자체일지도 모른다! 사실 조금은 촌스런 꽃분홍색의 인테리어에 한 박자 느린 서비스이지만 친절한 셰프 바르베의 〈넉넉한〉 음식은 언제나 마음을 따뜻하게 채워 준다. 부르고뉴 와인이 땡기는 저녁에는 그가 만든 지비에가 생각나곤 한다.

Table de Lauriston

◉ 129 Rue Lauriston, 75116 Paris
☎ +33 1 47 27 00 07

주 3) 일반적으로 육고기는 200g(지방 포함), 생선은 110g을 1인분으로 한다. 생선은 머리, 가시, 내장 등이 총 무게의 50~70%를 차지하기 때문이다.

르 부두아
㉗ Le Boudoir

은퇴한 아버지의 꿈을 이어가다!

오페라와 방돔 광장 사이에는 마르셰 드 생토노레 광장이 있다. 루브르와 방돔 광장, 오페라, 콩코르드 광장이란 거대 유적지 속에 불끈 서 있는 이 초현대식 유리 건물을 발견하면 마치 사막에서 신기루라도 본 것처럼 기분이 묘해지면서 그곳으로 발길이 향한다.

사실 이 주변에는 은행, 관공서 등 굵직굵직한 기업들이 많이 들어와 있어 생토노레 시장을 둘러싼 식당들은 이들의 점심식사를 위한 식당가의 역할을 하는 곳이기도 하다. 또 접근성이 좋아 관광객들로 항상 북적대는 활기찬 장소이기도 하다. '국일관'이라는 오래된 한식당이 있어 종종 가곤 하는데, 그 옆에 르 푸앙 바 Le Point Bar라는 조그만 식당이 있었다. 규모가 작아서 그런지 언제나 손님들이 장사진을 치고 기다리는 곳이었다.

늘 궁금해하다가 어느 날 점심에 한 번 맛을 보러 갔더니, 가격은 동급 다른 식당과 같은 수준이었고, 음식 역시 가스트로-비스트로의 범주에 들어가는 여느 식당에 비해서 조금도 부족함이 없었다. 하지만, 우리를 사로잡은 것은 바로 분위기였다. 튼실하게 생긴 젊은 아가씨가 여기저기 분주히 뛰어다니면서 연출해 내는 특유의 분위기는 프랑스에서는

보기 드문 것이었다. 그래서 인터뷰하기로 결심하고 전화를 걸었더니 점포 이전한다는 대답. 하지만, 이번엔 샹 젤리제란다!

샹 젤리제는 명성에 비해서 그다지 재미있는 곳은 아니다. 몽테뉴 대로 avenue Montaigne에서 쇼핑하거나 별 두 개, 세 개의 가스트로에 가서 식사할 계획이 아니라면 햄버거 먹고 영화 보는 것 외에는 정말로 할 것이 없는 동네다. 그렇기 때문에 식사를 하고 가거나, 아니면 식사 시간 전에 빠져나오는 것이 상책이다. 그러니 이 르 푸앙 바가 샹 젤리제로 이사 간다는 이야기는 정말이지 희소식이었다.

르 부두아 Le Boudoir라고 바뀐 상호는 내 궁금증을 더욱 자극했다. 소공동 롯데 호텔의 피에르 가니에르 Pierre Gagnaire의 bar도 동일한 단어를 택했는데, 부두아란 곳은 17세기의 마님들이 '외간남자를 받아들이는 은밀한 숨은 공간'이다. 우리나라로 말로 바꾸면 〈19금 사랑방〉 정도? 하지만, 내심 의아했던 것은 샹 젤리제와 오페라는 손님도 다르고, 지출 규모와 임대료도 다른데 과연 동일한 수준의 서비스가 가능할까 하는 점이었다.

공간은 널찍하였다. 두 개 층을 사용하고 있었는데, 역시 사랑방답게 정열의 빨간색이 실내를 압도하고 있었다. 큰 폭의 두터운 질감의 커튼은 왠지 모를 비밀스러운 분위기를 자아냈지만 그렇다고 공간이 폐쇄적이진 않았다. 오히려 큼직한 빨간색 조명과 커튼이 황량할 수 있는 공간을 따뜻하게 감싸 안는 느낌이었다. 2층은 두 개의 홀로 구분되어 있는

데, 두 공간의 느낌이 확 달랐다. 하나는 강렬한 꽃분홍 프린트의 벽체와 광택이 있는 크림색 테이블의 배치로 10대 소녀들이 수다를 떨고 있어야 할 것 같은 방이고, 다른 한 곳은 중후한 금색 꽃무늬의 벽지와 차분한 베이지색 가죽 의자가 있어 품위 있는 중년 여성의 느낌이 나는 공간이다.

주인장 아가씨의 성이 좀 눈에 익다 했더니 투르 Tours의 2스타 셰프 바르데 Jean Bardet의 딸이었다. 앳되어 보이는 외모지만, 외식업계에서 꽤나 잔뼈가 굵은 아가씨였다. 대화를 나누어 보니, 특히 와인에 대한 그녀의 강한 애정을 느낄 수 있었다. 각각의 와인 뒤에는 〈사람〉이 있고 시간과 열정이 담겨 있기 때문에, 그녀는 개인적으로 아는 양조자들의 것만 카브에 들어오게 한다. 그래서 남편과 함께 시간이 날 때마다 프랑스 전국을 돌아다니면서 새로운 사람들을 만난다고 한다. 그리고 그들의 〈혼〉을 보여주기 위해 와인 리스트에 자세한 설명을 쓴다.

음식도 마찬가지로 개인적으로 아는 사람들이 재배하고 만든 식자재만 사용하여, 현대적인 입맛에 맞는 프랑스 음식을 한다. 이렇게 식자재에 신경을 쓰다 보니, 메뉴판에 음식의 종류가 적을 수밖에 없는데, 계절을 존중하고 식자재의 신선도를 유지하기 위해서는 당연한 일이다.

음식도 음식이지만 이 식당의 스타는 단연 여주인이다. 그녀는 처음 보는 나에게도 마치 오래 알던 친구나 가까운 친척처럼 마음 편하게, 그러나 과하지 않게 맞이하였다.

식당 자체의 분위기도 편안하고 익숙한 느낌을 주는데, 낮에는 밝은 조명 아래에서 가볍게 농담을 하며 식사하는 분위기라면, 밤에는 조명도 한 단계 낮추고 2개의 홀에는 은근한 음악을, 다른 2개의 홀에는 음악이 없는 등 다양한 요구를 충족할 수 있도록

Le Boudoir
르 부두아

꾸며놓는다. 음악 소리가 너무 커서 서로 이야기 나눌 수 없는 식당만큼 짜증나는 곳은 없다. 밥을 먹고 나면 목이 다 쉴 정도로 피곤하였던 경험이 몇 번 있었기 때문에 "정말 섬세한 배려가 있는 사람이군!"하고 놀랐다. 또 지롤 버섯과 생햄의 접시는 예전의 르 푸앙바가 생각날 만큼 재료가 충실하고 맛이 좋았다.

샹 젤리제 근처에선 딱히 소개할 만한 식당이 없어서 스트레스를 받던 중이었는데, 이곳을 소개하고 나니 속이 다 후련하다! 샹 젤리제에서는 만나기 어려운 가격에 맛난 음식을 만날 수 있는 곳!

Le Boudoir

📍 25 Rue du Colisée, 75008 Paris
☎ +33 1 43 59 25 29

CHAPTER 7

Montmartre
몽마르트르 (9, 10, 17, 18구)

Chez Michel 셰 미셸
파리에 브르타뉴 음식을 알리다!

인상주의 아티스트들이 사랑한
몽마르트르 Montmartre (9,10,17,18구)

필자가 가장 사랑하는 동네 중 하나인 몽마르트르는 소소한 재미를 발견하기 좋은 장소다. 낮 시간 동안의 웅장한 사크레 쾨르 성당도 아름답지만, 작은 잡화점들과 과자가게, 오래된 술집들, 그리고 무엇보다 20세기 초의 예술적 영웅들이 남긴 곳곳의 흔적들이 상상력을 마구 자극하는, 앨리스의 원더랜드 같은 곳이다. 일요일에도 충분히 즐거운 관광지이고, 그러다 보니 소매치기가 활보하는 곳이기도 하다. 지갑은 반드시 지퍼가 달린 가방에 넣고, 가방은 앞으로 매어 불상사에 대비하는 것이 좋겠다. 예상외로 몽마르트르는 전통적인 주택가이기도 해서 맛있는 빵집과 과일가게도 많고 꽃집, 세탁소 등도 많아 프랑스인의 일상을 엿보기에도 그만인 곳이다.

◆가볼 만한 곳 - 사크레 쾨르 성당(성심성당) Sacré Cœur, 몽마르트르 묘지 Cimetière

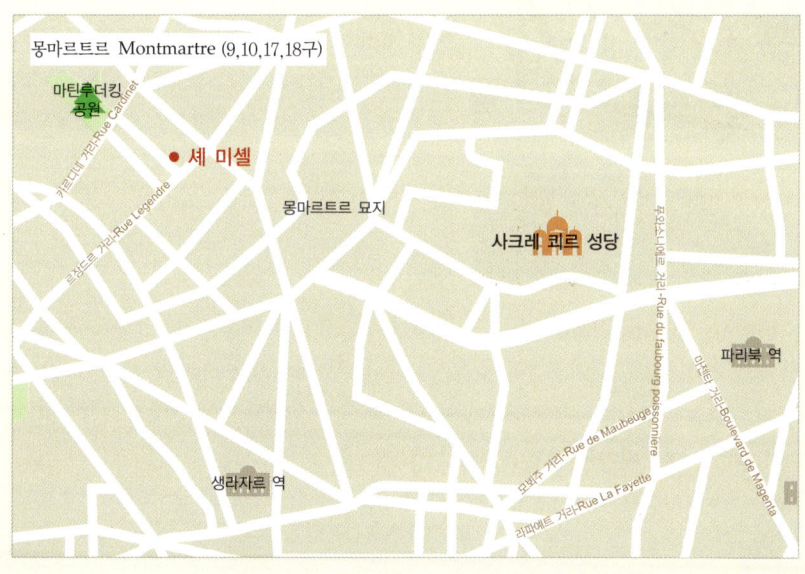

셰 미셸
Chez Michel

파리에 브르타뉴 음식을 알리다!

셰 미셸은 남편의 ESCF 입학동기인 요안 Yohan 이 스공으로 있던 식당이어서, 남편도 학창 시절부터 종종 가던 비스트로다. 요안이 이곳에서 일한 이유는 브르타뉴 태생의 그에게 있어, 셰 미셸이 파리에서 고향 음식을 가장 잘하는 곳이기 때문이다. 주방장을 셰프 브르통 Thierry Breton라 소개하길래 처음에는 농담하는 줄 알았다. 왜냐하면 브르통 breton이라는 단어는 브르타뉴 남자를 의미하기 때문이다.

셰프 브르통의 이력서는 예부터 〈세기적 이력서〉로 유명하다. 식당 집 아들로 태어나 요리사가 되기 원하는 아들을 위해 아버지는 그를 리츠 호텔 hôtel Ritz(Guy Legay MOF, ✤✤) 에 들어가도록 해 주었고, 그 이후 루아얄 몽소 Hôtel Royal Monceau(Gabriel Biscay MOF, ✤✤), 라 투르 다르장 La Tour d'Argent(Manuel Martinez MOF, ✤✤✤), 라페루즈 Lapérouse(Manuel Martinez, ✤✤✤), 오텔 크리옹 Hôtel de Crillon (Christian Constant, ✤✤), 엘리제 궁 Palais de l'Elysée 1 (Joël Normand MOF), 푸케트 Fouquet's(Guy Krenzer MOF, ✤)를 거치면서 5명의 MOF[2] 와 일하였다. (괄호 안의 미쉐린 별은 그가 일할 당시의 개수다.)

가스트로에서 일하면서 별을 받기 위한 음식이 무엇인지 알았고, 80명의 요리사를 다루는 법도 익혔지만, 처음부터 하고 싶던 것은 바로 자신의 식당을 하는 것이었다. 그는 클래식을 가장 단순화한 음식을 한다. 지방색과 식자재의 성격을 가장 잘 살릴 수 있는 단순함이 그의 음식의 특징인데, 본인이 이렇게 일하는 것을 좋아하고 이런 음식을 먹는 것을 좋아하기 때문에 가스트로를 나와서 작은 식당을 운영하고 있는 것이다.

이력만 보면 이 사람이야말로 가스트로에 있어야 한다는 생각이 든다. 하지만, 그는 지불 능력이 있는 손님보다는 이러한 자신의 음식들을 먹고 싶어하는 손님을 만나고 싶었다.

Chez Michel 셰 미셸

예로부터 브르타뉴는 프랑스의 식량 창고라고 불렸다. 하늘과 바다, 땅의 모든 식재료가 다 모여 있기 때문이다. 신의 이력서와 함께 한 그의 경험은 이런 좋은 식자재들을 가장 멋지고 맛있게 변화시키는 마술을 보여 준다. 비고르Bigorre의 흑돼지, 페리고르의 검은 트뤼프, 이탈리아 알바의 화이트 트뤼프 등 여러 지역의 식자재를 사용하여 보다 풍부한 맛을 만들어 낸다.

주 1) 예전에는 국군의 취사병처럼 엘리제 궁 식당으로 발령받는 요리사가 있었다. 대통령의 연회를 준비하는 곳이기 때문에 뛰어난 경력이 필수였고, 여기서 제대한 요리사들 간에는 파벌이 발생하였다. 1978년생부터는 군대에 가지 않았기 때문에 더 이상은 존재하지 않는다.

주 2) Meilleurs Ouvriers de France : 프랑스 국가 최우수 기능장. 프랑스를 대표하는 각 분야에서 최고의 기술을 인정받은 사람에게 수여하는 칭호로 무형문화재, 인간 국보에 해당한다. 요리, 제과, 보석, 공예, 정원관리 등 180가지의 직업에 수여된다.

장담할 수 있는 것은 이곳이 파리에서 제대로 된 〈키 카 파르즈 kig ha farz 3〉와 퀴냐만 kouign-amann 4을 맛볼 수 있는 유일한 식당이란 것이다. 사실 퀴냐만은 남편이 세상에서 가장 좋아하는 '빵과자'인데, 가끔은 "아, 세 미셸에 퀴냐만 먹으러 가고 싶어!" 하며 어리광을 부리기도 한다.

이 퀴냐만도 어떻게 보면 패스트리 반죽에 설탕을 뿌려 만든 단순한 과자지만, 단순하기 때문에 제대로 구워내기 어려운 품목 중 하나이다. 우리 부부는 어느 빵집에서건 잘생긴 퀴냐만을 발견하면 아무리 배가 불러도 반드시 한 조각 맛보곤 한다. 퀴냐만이 맛있다는 것은 브르통 셰프의 성격이 또 한 번 드러나는 부분이다.

〈콩피한 비고르의 흑돼지 가슴살과 팽폴의 하얀 콩〉도 그의 이런 특징을 잘 느낄 수 있는 메뉴다. 콩스탕 패밀리의 멤버답게 비고르의 흑돼지를 골랐지만, 셰프의 고향인 팽폴의 흰 강낭콩을 채소와 함께 육수에 익혀 안은 촉촉하고 겉은 바삭한 돼지 삼겹살을 곁들였는데, 돼지와 같은 동네에서 자라는 타르베의 흰 강낭콩 대신 팽폴의 것을 쓴 것이 인상적이었다. 단순히 지역색만을 강조하는 것이 아니라 각 재료의 궁합을 먼저 생각하는 일면을 보여 주는 것이다.

주 3) 메밀 빵과 함께 먹는 브르타뉴식 모둠 고기찜
주 4) 빵 반죽에 설탕을 뿌려, 마치 겹반죽 패스트리처럼 구운 디저트

한 가지 안타까운 점은 인테리어이다. 특히 지하 카브[5] 는 철창과 철문이 그대로 드러나 있어, 런던의 감옥 박물관에서나 볼 수 있는 지하 감옥 분위기다. 1939년에 오픈하여 80년대에는 별 2개까지 받았던 만큼 역사가 있는 자리이기 때문에 그것들을 보존하기 위하여 그 당시 그 모습으로 계속 존재하는데, 요새 사람들의 입맛에는 2% 부족한 것 같다. 물론, 기꺼이 유럽의 감옥 분위기를 체험해 보고 싶다면 지하 카브의 큰 테이블에 앉을 것을 추천한다!

Chez Michel

◐ 10 Rue de Belzunce, 75010 Paris
☏ +33 1 44 53 06 20

주 5) **Cave** : 카브는 지하 창고의 개념이지만 프랑스에선 주로 와인을 저장하는 장소로 사용되기 때문에 와인 창고, 와인 보관고로 통한다. 그래서 와인 바라던가 와인을 파는 가게의 이름 중에도 '카브 아무개~' 란 명칭이 많다.

CHAPTER 8

Parc des Buttes-Chaumont
뷔트 쇼몽 공원 (10,11,19,20구)

Le Baratin 르 바라탱
파리 요리사들의 대모!

L'Ebauchoir 레보슈아
주인장의 유쾌한 미소에 반해 단골이 되어 버리다!

Bistro Paul Bert 비스트로 폴 베르
파리의 지도를 바꾸다!

Villaret 빌라레
평생 먹는 행복을 누리고 싶어 요리사가 되다!

Repaire de Cartouche 르패르 드 카르투슈
도둑놈 소굴의 '정직'한 요리사?

혁명의 흔적

뷔트 쇼몽 공원
Parc des Buttes-Chaumont (10,11,19,20구)

생 마르탱 운하와 뷔트 쇼몽 공원은 프랑스인의 예술적 기질이 자연에 표현된 멋진 장소들이다. 뷔트 쇼몽 공원이 인공적으로 조성된 공원이란 점을 인식하고 공원을 산책해 보면, 이들이 얼마나 자연과 조화되게 공원을 조성했는지 실감할 수 있을 것이다. 바스티유 광장에서 생 마르탱 운하까지는 도보로 15분 정도의 거리니 산책해 보는 것도 좋겠다.

◆가볼 만한 곳 – 레퓌블리크 République, 오베르캄프 Oberkampf, 생 마르탱 운하 Canal Saint Martin, 뷔트 쇼몽 공원 Parc des Buttes Chaumont, 바스티유 광장/오페라 Bastille, 라 빌레트 La Villette, 페르 라쉐즈 묘지 Cimetière du Père Lachaise

Parc des Buttes-Chaumont

뷔트 쇼몽 공원

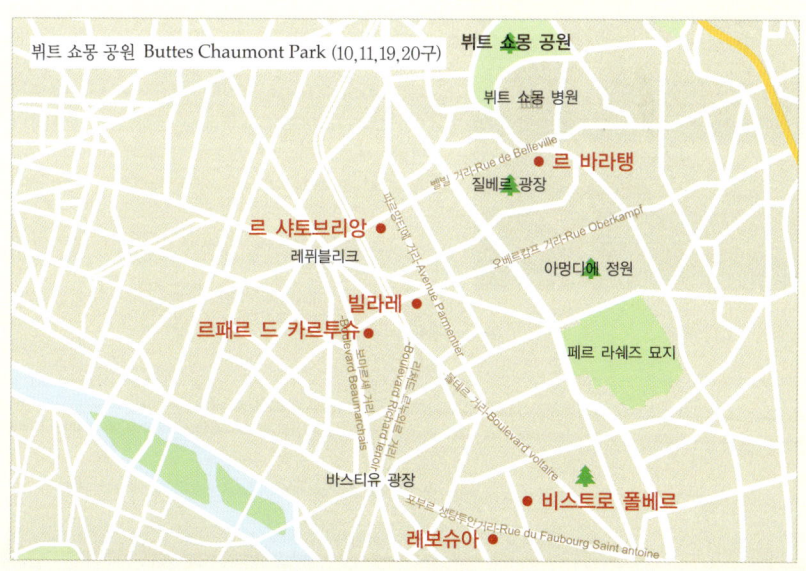

183

르 바라탱
Le Baratin

파리 요리사들의 대모!

르 바라탱의 주인장은 아르헨티나에서 온 셰프 라켈Carena Raquel이다. 셰프 생제가 파리 요리사들의 큰 형이라면 그녀는 파리 셰프들의 대모다. 그녀는 〈가장 파리다운 장소에서, 가장 프랑스다운 음식〉을 만든다고 모두들 입을 모아 말한다. 이런 얘길 들으면 얼마나 뛰어난 요리사일까 매우 궁금해진다.

어느 날 친구를 만나러 파리에 왔다가 눌러앉은 것이 어언 26년이 되었다. 이곳을 오픈한 지는 이제 21년째가 되는데, 그전에 요식업계에서 일해 본 적도, 요리학교에 다닌 적도 없던 그녀는 그냥 파리가 좋아서 이곳에 와인 바를 열게 되었다고 한다. 시간이 지나면서 치즈와 소시지를 냈고, 그다음엔 오늘의 메뉴로 한두 가지 음식을 하던 것이 발전하여 지금같이 제대로 메뉴판을 갖추게 된 것이다.

처음엔 단순히 와인을 마시는 바였기 때문에, 〈잡담하다, 농담 따먹기 하다〉라는 뜻의 동사 바라티네baratiner의 파생명사를 가게 이름으로 지었단다. 다른 와인 바와의 차이라면 유별나게 글라스 와인이 많다는 것인데, 언제나 적어도 10가지의 글라스 와인이 갖춰져 있다. 와인도 음식처럼 계절에 맞추어서 바뀌기 때문에 혼자 오더라도 와인 리스트에 있는 모든 와인을 조금씩 맛볼 수 있다.

그녀는 모든 와인을 100% 생산자와 직거래로 구매하는데, 지역/국가/스타일 등에 관계없이 그녀와 같은 마인드를 가진 〈재배자가 양조한 와인 vin de propriétaire〉만을 고집한다. 대량 생산하는 곳은 결국 공장이라 생각하기 때문에, 그중에서도 규모가 작은 곳을 선호한다. 그녀는 애정으로 포도

나무를 돌보고, 화학비료도 사용하지 않고, 오크통에 너무 집착하지 않는, 단지 '포도로 만든 와인'을 원한다. 이렇게 고집스럽게 와인을 고르다 보니, 거의 다 유기농(bio)이나 비오디나미1 와인이라고 한다.

요새 아르헨티나 와인의 주가가 치솟고 있기에, 거기에 대한 그녀의 의견을 물었다.

"비록 내가 아르헨티나인이고 요즘 들어서 멘도자 Mendoza의 말벡 Malbec 등이 많이 회자되지만, 아직까지 그중에서는 내 와인 리스트에 올릴 만한 와인을 발견하지 못했어.

주 1) 비오디나미 biodynamie : 1924년 독일의 루돌프 슈타이너 Rudolf Steiner가 시작한 농법으로 토양, 식물, 동물의 작용이 아닌 천체의 움직임에 착안한 낙농법이다. 유기농이라기보다는 인간의 간섭을 최소화하는 '방치' 해 두는 방법이라 할 수 있다.

아르헨티나에는 영세한 포도 농부들이 99%고, 이들의 포도를 대기업들이 사서 양조하고 병입하여 해외로 파는데, 정성 들여 키운 포도가 이들의 손에 들어가면 공장 제품으로 나오게 되지. 그러다 보니 내가 찾는 〈섬세하고 소근거리는 와인〉는 통 못 만나겠더라구. 물론 로버트 파커와 미셸 롤랑 Michel Rolland 의 입맛에 맞추어 양조 되다 보니 여러 가이드와 잡지에선 높은 점수를 받고 있지만, 전 세계 모든 지역의 와인이 꼭 같은 맛을 가지고 있어야 할 필요는 없잖아, 그제?"

무엇보다도 르 바라탱의 음식은 가벼워서 좋다. 프랑스 음식은 버터 사용량도 많고 소스의 농도를 위하여 밀가루도 많이 사용하다 보니 느끼하기도 하고 부담스러울 때가 있다. 하지만, 셰프 라켈의 음식은 육즙 소스 jus를 너무 졸이지 않아 부드러움이 살아 있고, 음식의 양도 버겁지 않아서 좋다. 어차피 이 집에 오는 큰 이유는 와인이기 때문에, 너무 강한 음식으로 와인이 뭉개져 버리면 곤란하다.

여름에도 꼬리찜 요리가 메뉴에 있어 호기심이 발동하여 시켜 보았는데, 아삭거리는 여름 채소를 넣어 스테미나를 보충하면서도 무겁지 않게 즐길 수 있도록 배려한 음식이었다. 역시 바라탱! 또, 타파스 스타일[2]의 식사가 가능하도록 6~8유로대의 저렴한 가격의 애피타이저가 많아서 안주 삼아 한잔하기에도 좋다. 하지만, 최상의 컨디션을 유지하기 위해서 메인은 하루 네 가지 이상 안 한다는 것이 셰프 라켈의 원칙이다.

파리의 스타 셰프들의 인터뷰에 빠지지 않고 등장하는 이야기가 주머니 가볍던 젊은 시절, 르 바라탱에서 밥 먹었던 이야기다. 이런 특급 셰프들의 〈눈물 젖은 빵〉인 셰프 라켈의 음식은 영혼을 치료하는 닭고기 수프인가보다.

Le Baratin

르 바라탱

Le Baratin

- 3 Rue Jouye-Rouve, 75020 Paris
- +33 1 43 49 39 70

주 2) 타파스tapas : 스페인의 전통적인 서비스 방식으로, 주 요리를 먹기 전에 작은 접시에 담겨 나오는 소량의 전채요리를 말한다. 스페인어로 타파tapa는 '덮개'라는 뜻으로 음식에 덮개를 덮어 먼지나 곤충으로부터 보호한다는 데에서 유래한 명칭이다. 요리 방법과 종류는 매우 다양하다.

레보슈아
L'Ebauchoir

주인장의 유쾌한 미소에 반해
단골이 되어 버리다!

몽마르트르에서 조금 더 넓은 공간을 찾아 베르시 Bercy 1로 이사를 오게 되었다.

베르시는 파리의 옛 와인창고가 있던 곳으로, 지금도 이 동네에는 와인 창고를 개조하여 식당과 상점으로 만든 관광지가 있다. 얼마 전 나도 베르시에 있는 와인학교에서 와인 수업을 들었는데, 역시 천장이 둥근 돌로 지은 와인 창고를 개조한 교실이었다.

르꼬르동블루에 다닐 때에도 필기시험 중에 "프랑스 요리에 베르시가 들어가면 무엇

주 1) Bercy Village, 메트로 14호선 쿠르 생테밀리옹 Cour Saint-Emilion 역

을 의미하게 되는지" 묻는 문제가 있었다. 바로 음식을 조리할 때에 와인을 사용하는 것을 의미하는데, 이건 배우지 않고서는 감을 잡을 수 없는 것 중 하나다. 요리 사전인 〈에스코피에〉에도 〈베르시 스타일의 서대〉 레시피가 나오는데, 버터, 샬롯에 맑은 생선 육수와 화이트 와인을 넣고 서대를 찐 요리다. 그만큼 베르시는 와인을 연상시키는 동네다. 그래서 사람들은 우리가 이곳으로 이사를 오니 "남편 분이 그렇게 와인을 좋아하시더니, 결국…!" 하고 말하며 웃곤 하였다.

베르시로 이사를 오고 나서 시간이 날 때마다 남편은 레보슈아에 밥 먹으러 가자고 하였다. 만삭의 몸을 이끌고 찾아간 어느 점심, 안타깝게도 자리가 없어서 며칠 후 다시 한 번 갔지만 애석하게도 그날 역시 만석이었다. 끝내 셰프 뒤푸르 Thomas Dufour의 음식은 인터뷰 당일에 처음 맛볼 수밖에 없었다.

파리는 역사가 잘 보존되어 있는 도시여서 처음 도착하면 타임머신을 타고 갑자기 18세기에라도 떨어진 것처럼 생소한 느낌이 들기도 한다. 아르데코의 석조건물과 유리장식

30

Parc des Buttes-Chaumont

들이 곳곳에 그대로 남아 있고 지하철역들도 옛날 모습을 그대로 유지하고 있다.[2] 이런 모습이 관광객을 유혹하는 좋은 방법이기도 하지만, 때로는 이런 '도시의 주름'들이 너무 방치되어 있다는 느낌도 든다. 식당도 마찬가지로 스스로 '시간의 배설물'에 '세월의 흔적'이란 이름의 면죄부를 주어, 다른 도시에서는 용납받지 못할 차림새로 손님을 받는 경우가 허다하다. 하지만, 그 중에 이러한 시간의 발자취를 애써서 가꾸고 손질하여 보존하는 곳도 있다.

레보슈아는 바로 그런 느낌의, 시간이 잘 녹아 있는 공간이다. 또 낮 동안 자리를 가득 채우고 즐겁게 식사를 즐기는 손님들이 이 공간에 더욱 활기를 불어넣어 주고 있다. 검소한 프랑스인의 일상이 있는 곳이라고 할까?

그러나 역시 이 식당의 스타는 단연 셰프 뒤푸르의 요리였다. 프레수아 Pressoir(✺✺), 로렁 Laurent(✺✺), 우스토 드 보마니에르 Oustau de Baumanière(Jean-André Charial, ✺✺), 라르페주 L'Arpège(Alain Passard, ✺✺✺), 자르댕 데 성 Jardin des Sens (Frères Pourcel, ✺✺)을 거쳐 (괄호 안의 미쉐린 별은 그가 일할 당시의 개수다.) 1996년 오픈한 그의 식당은 점심시간이면 학창시절 구내식당을 연상시키는 풍경이 연출된다.

작고 가지런한 테이블들과 학생 때 먹었던 소박한 음식을 보면 매우 반가운 기분이 든다. 냉동 식자재가 아닌 신선한 재료로 만들기 때문에, 단순히 강판에 간 당근도 씹는 맛이 살아 있고, 주스가 듬뿍 들어 있다.

장소와 종업원은 같지만, 저녁에는 음식이 바뀐다. 그래도 가격은 역시 파리 최강의 매력을 자랑한다. 어떻게 이 가격에 이런 음식을 만들 수 있을까 하는 생각이 들 정도다. 다

주 2) 지하철역의 디자인에 대해 : 놀랐던 점 한 가지는, 연중 어느 역 하나는 반드시 공사 중인데 공사를 마치고 다시 개장한 역에 가보면 예전과 '똑같이' 리뉴얼 하였다는 점이다. 흰색과 초록색의 타일 벽면, 종이 풀로 붙이는 광고판의 금색 액자틀 모두가 그대로다. 의자 정도가 달라졌다고 할까. 이런 면을 보면 파리지앵들은 〈변화〉를 싫어하는 것인지도 모르겠다.

른 곳에서 종종 맛볼 수는 있는 음식들이지만, 다른 곳에서 만날 수 없는 어떤 진실함이 느껴진다. 심지어 너무 단순한 〈부르고뉴식 소고기찜〉에서조차 오래된 추억을 떠올리게 하는 따뜻함이 느껴진다.

그는 진지한 음식을 하기 때문에 자칫 평범하고 따분해질 수도 있지만, 재치 있는 유머를 구사하여 먹는 사람들을 즐겁게 만든다. 가령 한식으로 예를 들자면, 일반적으로 디저트로 먹는 음식인 누룽지를 얇게 만들고 그 위에 비빔밥의 재료를 예쁘게 올려서 아뮈즈 부슈로 제공하는 식이다.

> "음식이 꼭 '혁명적'일 필요는 없잖아요? 저는 고기가 되었건 생선이 되었건 거기에 어울릴 깊은 맛을 느낄 수 있게 하는 데에 중점을 두지요. 최근 가스트로에 가면 좋은 아이디어와 아름다운 장식은 가득하지만, 정작 중요한 '맛'이 빠진 음식에 비싼 돈을 지불하는 경우가 많아서 좀 아쉬워요."

그런 그의 음식에 보조를 맞춰줄 와인을 담당하는 소믈리에 티에리 역시 저렴하면서도 진실한 맛의 와인을 잘 선별한다. 양조가의 아들답게 어려서부터 생활에서 익힌 와인 선별

방법은 레보슈아가 파리에서 좋은 카브를 가진 비스트로로 손꼽히게 하는 데 한 몫을 담당하였다. 최근에는 좋은 유기농 와인을 구하기 위해서 노력 중이라고. 현재 대략 10종류의 글라스 와인을 갖추고 있다.

그는 음식이 혁명적일 필요가 없다고 했으나 그가 보여 주는 가격은 가히 '혁명'적이고도 남는다. 와인 한 잔 곁들여 뒤푸르 셰프의 솔직 담백한 요리들을 즐겨 보는 것은 항상 즐겁고 기쁜 일이다.

L'Ebauchoir

- 43 Rue de Cîteaux, 75012 Paris
- +33 1 43 42 49 31

비스트로 폴 베르
Bistro Paul Bert

파리의 지도를 바꾸다!

사람들이 흔히 하는 이야기가 "프랑스 사람들은 개성이 강하여 유행을 따르지 않는다."라는 것이다. 하지만, 이것은 프랑스 사람들을 잘 모르는 선무당들의 이야기일 뿐이다. 대부분은 유행을 따라 해보고 싶지만, 사회주의 체제의 사회구조상 경제적 문제로 한국같이 급속도로 퍼지지 못하는 경우가 많다. 한국에서 흔히 볼 수 있는 12개월 무이자 할부는 먼 나라 이야기다.

대부분의 사회주의 북유럽 나라에서 그렇듯이 텔레비전 하나 새로 장만하려면 아르바이트를 뛰던지 몇 년에 걸친 장기 계획을 세워야 한다.

전 세계 어디나 동일한 현상이겠지만, 항상 신흥 유행 지역은 변두리에 생기기 마련이다. 부동산 가격 때문에 젊은 사람들이 시내로 들어가기 어렵기 때문이다. 지금 파리에서 가장 잘 나간다 할 수 있는 에티엔 마르셀도 조금 과장하자면 10년 전에는 황무지와 다름없었고, 10년 전에 가장 뜨고 있던 동네였던 오베르캉프 Oberkampf는 이제는 약간 할렘의 기운이 감돈다. 이렇게 땅의 기운은 한국이나 파리나 마찬가지로 돌고 돈다.

폴 베르 거리 rue Paul Bert는 10년 전만 해도 지도를 펼치고 찾는 데 한참 걸리는 그런 길에 불과하였다. 하지만, 지금은 파리의 대표 맛집 거리로, 매일같이 이곳을 찾는 파리지앵들로 붐비는 곳이 되었다. 파리에서의 먹자골목이라 하면 흔히 관광객의 왕래가 많은 라탱 지역이나 생 미셸같은 곳의 길을 떠올리기 쉽지만, 폴 베르 거리는 좀 남다르다. 이렇게 특정 지역에 양질의 비스트로가 몰려 있는 곳은 파리 시내에 없기 때문이다. 이 길을 〈맛집거리〉로 만든 장본인, 터줏대감이 바로 비스트로 폴베르다.

주인장 오부아노 Bertrand Auboyneau 씨는 원래 금융/수출입업을 하였는데, 평소 와인에 많은 관심을 두고 있었다. 결국, 그 때문에 진로를 바꾸어 1996년, 지금 자리에 비스트로를 오픈하게 되었다. 그는 아마추어들만이 가질 수 있는 너그러운 감각으로 파리지앵들을 유혹하기 시작한다. 어떻게 해야 남는지 계산을 할 줄 몰랐기 때문에 돈에 구애받지 않을 수 있었던 것이다. 와인 가격에서부터 식자재의 품질, 손님을 대하는 방식까지 그의 아마추어적 미숙함이 오히려 빛을 발하였고, 15년 전에는 사하라 사막보다도 멀게 느껴졌던 11구의 이 〈오지〉로 파리지앵들이 밥먹으러 오게 만들었다. 그 결과 이 주변에 하나둘씩 식당이 생겨서 폴 베르 거리는 이제 제법 유명한 길이 되었다.

그의 인생을 바꾸게 한 와인에 대한 애정은 여러 면에서 볼 수 있다. 그는 아직 알려지지 않아 비싸지 않고 품질이 좋은 와인을 소개해 주고, 손님들이 즐거워하는 모습에서 행복을 느끼는 사람이다. 비싸고 맛있는 것은 누구나 쉽게 '발굴' 해 낼 수 있기 때문에 재미가 없단다. 그리고 믿을 수 있는 '자연주의' 와인과 저황 함유[1] 와인을 찾아내기 위해서 와인 박람회에 다니고, 포도밭에 직접 가서 생산자들을 만난다. 생산자를 직접 만나

봐야 포도에 대한 그들의 애정, 양조방법 등을 제대로 알 수 있기 때문이다. 이 과정을 통해서 오크 향이 짙은 와인에 대한 효과적인 선별 작업을 할 수 있다.

> "오크 향은 와인에 첨가될 수도 있지만, 이게 조명을 받으면 안 돼. 조상들이 오크통에 숙성을 시키기는 했지만, 이렇게 매년 새 통으로 바꾼 적은 없었어. 와인은 포도알+포도껍질+포도씨+약간의 포도나무 가지만 있으면 충분하다고! 에티켓에 '오크통에 숙성시킨'이라고 쓰여 있으면 난 안 사. 그때부터는 와인이 아니야!"

이렇게 와인에 민감한 양반이 무엇인들 까다롭지 않으랴.

그는 최고의 선도를 자랑하는 식자재로 시골 요리를 한다. 구매한 그 식자재의 원산지

주 1) low-sulfite wine : 자연상태의 과일과 야채들에는 포함되어 있는 '아황산염 sulfite'은 와인의 산화방지제로 사용된다. 다량의 아황산염은 건강에 안 좋은 영향을 미칠 수 있기 때문에, 최근 들어 와인 양조의 중요한 논쟁거리로 급부상하였다. 사용하지 않으면 좋지만, 그럴 경우 보존과 숙성에 큰 어려움이 발생한다.

의 조리법대로 꾸밈없고 소박한 프랑스 요리를 한다. 하지만 ,요즘엔 간장 맛이 너무 좋아서 가끔 한두 방울 쓰기도 하니 이해해 달라고 빙긋 웃는다. 어찌 보면 털털한 동네 아저씨 같기도 하고 또 금융계에 종사하였던 만큼 샤프하면서도 우아한 기품이 느껴지기도 하는 오부아노 씨. 그의 인생은 많은 직장인의 로망 그 자체 아닐까 하는 생각이 든다.

옛 식당 자리의 붉은 벽돌과 최근 공사를 한 새 공간의 기하학적인 타일의 이질감이 이국적인 분위기를 연출한다. 게다가 구슬 박힌 둥근 의자도 한몫하여 남편은 쿠바나 남미의 어느 시골 동네에 온 것 같다고 표현하기도 하였다. 가게 입구가 전면 유리로 되어 있어 행인들과 지나가는 차량의 움직임이 매우 역동적으로 보인다. 내부에는 정원 쪽으로 난 창을 통해 부드럽게 빛이 들어와 밝은 느낌이다. 따사로운 햇살을 받으며 오부아노 씨가 권하는 와인 한잔, 어떤가!

Bistro Paul Bert

- 18 Rue Paul Bert, 75011 Paris
- +33 1 43 72 24 01

빌라레
Villaret

32

평생 먹는 행복을 누리고 싶어
요리사가 되다!

Parc des Buttes-Chaumont

2003년, 남편은 친구인 인나 씨가 한국에 돌아가기 전에 맛있는 식당에 가고 싶다고 해서 빌라레에 간 적이 있다고 한다. 한참 오베르캉프 Oberkampf 가 잘나가던 시절이었지만, 그 동네에는 제대로 된 식당은 없었기 때문에 이 빌라레의 위치는 독보적이었다. 게다가 지금까지도 남편은 이제껏 먹어 본 솔 뫼니에르 sole meunière 1 중 여기보다 맛있는 집은 없었다고 말한다. 얼핏 단순해 보이는 이 요리는 서양 생선 요리 중에서도 가장 많은 테크닉을 요구하는 것으로, 숙련된 요리사가 아니면 '탄 맛나는 버터 범벅의 껍질이 눅눅한 생선'을 내어 오기 십상이다. 그래서 맛있는 솔 뫼니에르를 먹을 수 있는 곳이라면 꼭 가볼 만하다고 생각한다.

노르망디 Normandie에서 태어난 셰프 갈랭 Olivier Gaslain은 동네의 조그만 식당들을 전전하다 군대에 갔다. 제대 후 무작정 파리로 상경하여, 조그만 식당에서 1년간 일하면서 혼자서 모든 것을 다 하는 방법을 배운 후 21살의 어린 나이에 배짱 좋게 식당을 오픈

주 1) 대표적인 프랑스 전통 요리인 서대 버터구이

하였다. 사실 그때까지도 제대로 된 요리를 배운 적이 없기 때문에 주변 사람들이 걱정 어린 눈초리로 바라봤단다. 하지만, 워낙 성실했던 셰프 갈랭은 매일매일 틈을 내서 공부했고 그렇게 이 식당을 꾸려온 지 벌써 18년이 지났다. 이제는 파리의 가스트로-비스트로 중에서도 매우 알려진 곳 중 한 곳이다.

노르망디 바닷가의 주택들을 염두에 두고 인테리어를 한 것인지는 모르겠지만 붉은 벽돌 사이로 드러난 고목 서까래들은 자연스레 노르망디를 연상시킨다. 노르망디는 바닷가 지역이라 예부터 잦은 해적의 침입으로 피난 가는 일이 많아, 빨리 집을 짓는 방법으로 서까래를 드러내어 흙으로 마감하는 형식을 취하였다고 한다. 흙 마감은 아니었지만 이렇게 드러난 서까래를 보니 반가웠다. 은은한 조명이 돌과 나무를 비추니 자연스럽고 품위 있는 분위기가 연출된다. 허리 높이의 나무 마감이 고급스러움을 더했고, 널찍한 공간은 편안한 느낌을 준다.

Villaret 빌라레

"사실 제대로 요리를 배우지 못했기 때문에, 접시를 예쁘게 만드는 데코레이션 같은 것은 꿈도 꾸지 못했고, 기술도 없는데 재료마저 안 좋으면 손님들이 먹지 못할까 두려웠지요. 그래서 어떤 값을 지불하고라도 특 A급 재료를 갖추려고 했는데, 그게 성공의 비결이 된 것 같아요."

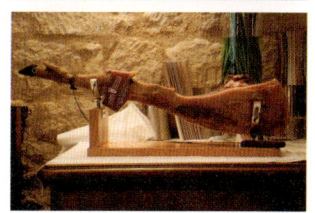

하고 수줍게 말하는 셰프 갈랭. 하지만, 초특급 이력의 셰프들도 모두 입을 모아 말하지 않았던가! 음식은 자고로 신선한 재료에 너무 손대지 않는 게 좋은

거라고! 셰프 갈랭은 제대로 본질을 파악했던 것이다

이 식당의 큰 특징은 메뉴판이 매일 바뀌는 것인데, 셰프는 지금도 매일 아침 직접 장을 보러 간다. 특별히 머릿속에 정한 것 없이 그날 시장에서 만난 가장 좋은 재료를 사와 그것들을 흰 종이 위에 쭉 적은 다음, 무엇과 무엇을 함께 요리하면 어울릴까 결정하여 〈매일 새로운 메뉴판〉을 만들어 낸다.

계절성과 즉흥성이 뛰어난 요리를 하기 때문에 미정 플라스[2]가 복잡한 지비에는 하기 어렵겠지 하고 생각했는데, 지비에 시즌 중에는 매일 바꾸지는 못하여도 매주 한 가지의 날짐승과 길짐승은 반드시 선보인다고 해서 놀라웠다. 지비에 시즌이 아닐 때는, 메뉴판이 허락한다면, 이 집의 비둘기를 꼭 맛보기를 바란다.

비둘기 얘기를 하면 에펠 탑 아래서 방황하는 〈닭둘기〉를 먼저 연상할 수도 있지만, 이들과는 다른 고급 식자재로 가볍게 지비에를 맛볼 수 있게 한다. 종업원에게 자신있게 "로제 rosé"라고 말하는 것도 있지 말길 바란다. 셰프 갈랭은 이 비둘기와 함께 하는 동

주 2) Mise en place : 미정 플라스란 요식업에서 사용하는 '손님을 맞을 준비'를 뜻하는 프랑스 어 단어이다. 특히 주방에서 육수를 내거나 야채나 고기를 미리 잘라 두는 등의 재료 밑손질을 의미하는 프랑스 요리를 하는 모든 나라의 식당에서 이 말을 〈준비〉의 의미로 사용하고 있다.

반자garniture를 매일 바꾸지만, 그만의 노하우로 사전에 검증된 맛이니 그저 즐기기만 하면 된다.

또 아주 인상적이었던 점은, 이 식당엔 정말 0에서 100까지 다 있다는 것이다. 무슨 얘기인고 하니, 술도 보통은 그 가게의 콘셉트에 맞추거나 음식에 어울릴 만한 것들로만 준비하는데, 이곳엔 보졸레부터 페트뤼스Petrus까지 다 있다. 음식도 이베리코 생햄jambon ibérique과 브르타뉴 바닷가재 샐러드, 솔 뫼니에르 등 흔하지만 최상의 재료로 만든 것들이 모여 있다. "아니 이런 것도 있어!" 하는 놀라움이 가득한 가게다. 아담하고 다부진 셰프의 체형 때문인지, 아니면 즉흥적인 그의 음식 때문인지는 몰라도 디즈니 만화 라타투유Ratatouille의 레미Rémy가 생각이 났다.

"Tout le monde peut cuisiner! 3"

Villaret

📍 13 Rue Ternaux 75011 Paris
☎ +33 1 43 57 89 76

주 3) 누구나 요리를 할 수 있어!

르페르 드 카르투슈
Repaire de Cartouche

도둑놈 소굴의 '정직'한 요리사?

인터뷰를 위해서 남편에게 식당 리스트를 받다가 묘한 이름의 식당에 눈길이 멈춰졌다.

'카트리지의 소굴.' 프랑스어로 잉크젯용 카트리지를 카르투슈 덩크르 cartouche d'encre, 말보로 한 보루를 윈 카르투슈 드 말보로 une cartouche de Malboro라고 한다. 하여간 이 카르투슈라는 단어는 그다지 식욕이 돋는 이름이 아니었다.

카트리지 소굴의 사장인 셰프 파캥 Rodolphe Paquin은 노르망디에서 태어나 리옹과 스위스 로잔 등지에서 일을 하다가 1997년에 이 식당을 오픈하였다. 왜 이런 이름을 지었냐고 물었더니 1721년에 유명했던 파리의 의적 부르기뇽[1]의 별명이 바로 카르투슈 Cartouche였단다. 마침 그 의적이 살던 집이 바로 길 맞은편 집이어서 이렇게 이름을 지었다. 그러니까 말하자면 우연히 김두환 생가의 맞은편에 가게를 얻게 되어 〈장군의 아들〉이라고 가게 이름을 지은 것과 비슷하다고 할까?

주 1) Louis-Dominique Bourguignon. 프랑스판 로빈 후드

식당의 첫 인상을 '남편식 표현'으로 설명하자면 파리의 〈썩은 비스트로〉다. 풋, 남편은 요즘 새롭게 생기는 이상 야릇한 동양풍을 가미한 인테리어와 SB카레 가루와 기코망 간장을 듬뿍 사용하는 국적 불명의 식당들을 혐오하는 것 같다. 그래서 그 반대급부로 역사와 그곳을 오간 무수한 사람들의 흔적이 돋보이는 '쓰러져 가는 저력 있는 식당'들을 꼭 〈썩은 비스트로〉라고 부르면서 사랑해 마지않는다. 마치 사랑하는 사람에게 짓궂은 별명을 붙여 그 속에서 더 진한 친밀감을 느끼는 것처럼 말이다. 여하튼 이 카르투슈 소굴인지 로빈 후드인지가 바로 그 '썩은' 사랑스러운 장소 중 하나이다.

이 식당에 처음 들어섰을 때엔 활빈당 소굴 분위기에 적잖이 놀랐고, 다른 한 편으로는 정말이지 이런 썩은 식당들의 주소만 가지고 있는 남편의 선발 기준이 무엇일까 궁금하기도 하였다. 머리 높이까지 올라오는 나무 조각의 벽체는 따뜻하고 안정적인 느낌을 주고 그 상부로 보이는 프랑스판 로빈 후드의 무용담이 표현된 벽화들은 정의의 승리를 기뻐하는 모습이었다. 높이

가 서로 다른 두 개의 공간으로 구분되어 있었는데, 한 쪽에선 작전 회의를, 한 쪽에서는 승리를 기념하는 축배의 잔을 기울여야만 할 것 같은 분위기였다. 테이블 위의 메뉴판과

Parc des Buttes-Chaumont

와인잔에는 모두 이 앙증맞은 카르투슈 씨의 로고가 그려져 있다. 일관된 활빈당 정신의 발현! 1952년에 조금 보수하였지만, 오픈 당시까지 1세기 전의 모습을 그대로 간직하고 있었다. 이에 식당 주인 파캥 셰프가 한 마디를 더하였다.

"비록 여기의 인테리어는 유행에 뒤떨어지지만, 언제나 최첨단의 유행을 선도하는 손님들이 오는 식당이라구!"

하지만 사랑스럽게 썩어가는 외모와는 달리, 메뉴판 속의 등장인물은 브르타뉴산 광어 turbot de Bretagne, 브레스산 닭 등 고급스러움 그 자체였다. 게다가 파캥 셰프의 철학인 〈박리薄利〉 덕에 아주 매력적인 가격에 팔리고 있었다. 하지만 이렇게 고급 식자재들을 좋은 가격에 내어놓다 보니 모든 식당에서 다 볼 수 있는 재료가 없을 때도 종종 있는데, 그 예가 크리스마스 시즌의 바닷가재 homard 이다. 모든 사람들이 사려고 하니 가격도 비쌀뿐더러 연중 가장 맛이 없을 때이기 때문이다! (정말이지 비스트로 주방장들의 이 용기에 박수를 치고 싶다!)

지금은 모든 사람들이 식자재에 대해서만 이야기하는 시대이다. 셰프가 개인적으로 먹기 좋아하는 것들이 있지만, 중요한 건 어떤 재료가 아니라 '그 어떤 재료를 〈어떻게〉조리하는가' 란다. 그러면서 덧붙인 한마디는 "이 세상에 저질 식재료는 없어. 다만 저질 요리사가 있을 뿐이지!" 그의 음식을 맛보면서 진행한 인터뷰 동안 그가 종종 한 이야기는 "이건 우리 가게에서 만든 것이 아닙니다." 또는 "그건 내가 만든 것이 아닙니다." 다. 즉, 그의 신념은 손님들에게 정직해야 한다는 것이다. 내가 만든 것은 내가 만든 것이고, 아닌 것은 아니라고 말할 수 있어야 한다는 것이다. 나보다 더 빵을 잘 만드는 주변 빵집이 있기 때문에 난 빵을 만들지 않고, 이 사실을 꼭 손님들에게 이야기한다. 이런 것들로 거짓

말을 해서는 안 된다.

하지만 카르투슈의 100% 수제 파테Pâté 2 는 반드시 맛보아야 할 명품 중 하나이다! 특히 비둘기와 푸아그라, 버섯이 들어간 파테는 로제의 완벽한 퀴송3 을 자랑한다. 테린의 익힘 정도를 맞추는 것도 힘든데, 거기에 파이 반죽을 감싸서 굽기 때문에 웬만한 경험과 실력이 아니면 아예 엄두도 내지 말아야 하는 품목이다. 파리에서만 맛볼 수 있는 즐거움 중 하나이니, 마음에 드는 와인을 곁들여 꼭 한 번 시도해 보길 바란다.

가로수길이나 청담동의 호화찬란한 식당들에 비하면, 파리는 별 3개 가스트로마저도

주 2) 파테pâté en croûte : 테린과 비슷한 내용물을 파이 반죽으로 싸서 오븐에 넣고 구운 것으로 짭조름한 고기 파이라고 생각하면 된다. 겉 모양은 파이지만, 짭조름하고 기름진 속 때문에 애피타이저나 술안주로 곁들여 먹는 음식이다.
주 3) 일반적으로 양고기, 오리, 송아지, 비둘기 고기는 〈로제 핑크빛이 감도는 미디움 레어 정도의 익힘 상태〉로 먹는 것이 가장 맛있게 먹을 수 있는 방법이다. 쫄깃쫄깃한 식감을 좋아하는 한국인에게는 익은 고기가 맛있을 수도 있지만 웰던이 되면 고기가 질겨지고 육즙이 마른다. 또, 온도가 너무 높으면 혀가 분별력을 잃어 와인의 맛을 제대로 알기 힘들다. 그렇기 때문에 적당히 르포제reposé 된 50도의 미지근한 온도의 고기가 와인과 함께 즐기기에 가장 좋은 상태다.

초라하게 보일 때가 있는 게 사실이다. 하지만 이런 저력 있는 식당들의 진짜 음식을 맛보는 즐거움을 함께 나누고 싶다. 간혹 영어로 된 가이드 책자나 일본어 가이드를 들고 찾아오는 관광객은 있지만, 한국인 손님은 거의 없다. 그 시장의 한계 때문인지 아직 이런 숨은 보석들을 소개하는 한국어 책자가 없는 것 같다. 하지만 파리 같이 오래된 도시는 진정한 삶의 모습을 그리 쉽게 드러내 보이지 않는다. 사람들의 태도도 영미권이나 아시아의 나라들과는 판이하게 다르다. 처음부터 환하게 웃으며 친절하게 대화를 이끌어 주는 게 아니라 조용한 '쳐다봄 gazing'이 있을 뿐이다. 하지만 좀 더 깊이 들어가면, 훨씬 촌스럽고 시끌벅적한 손님맞이도 많이 기다리고 있으니 지치지 말고 이런 소박한 정과 노고가 깃든 음식들을 꼭 만나 보길 바란다.

Repaire de Cartouche

⊙ 8 Boulevard des Filles du Calvaire, 75011 Paris

☎ +33 1 47 00 25 86

CHAPTER 9

In the Real Life of Les Parisiens
진짜 파리지앵의 삶 (12, 13, 14, 15, 16, 17구)

Jean-Pierre Frélet 장 피에르 프렐레
장 들라벤Jean Delaveyne에게 보내는 오마주

L'Ourcine 루르신
'요리사' 가 만든 요리

L'Avant-Goût 라방-구
음식의 경영학, 가격 대비 품질이 관건?

La Cerisaie 라 스리제
부부의 사랑이 담긴 음식을 만나다!

Le Sévéro 르 세베로
정육점 주인이 식당을 열면?

La Régalade 라 레갈라드
원조 집의 역사를 새로 쓰다!

Le Troquet 르 트로케
〈그〉를 닮은 비스트로

Le Beurre Noisette 르 뵈르 누아제트
올리브냐, 빠다냐!

L'Os à Moelle 로스 아 모엘
원조 뼈다귀 프렌치?

Le Bélisaire 르 벨리제르
프랑스 식당에선 프랑스 음식을 먹고 싶다.

Le Grand Pan 르 그랑팡
보기 위한 음식 VS 먹기 위한 음식

Afaria 아파리아
"맛있는 건 같이 드세요!"

Caffé Burlot 카페 뷔를로
샹 젤리제 뒷골목의 이탈리안 빈티지

L'Entredgeu 랑트레주
손맛이 음식을 결정한다!

La Braisière 라 브레지에르
요리사, 평생 단 한 번뿐인 결혼식 피로연을 그에게 맡기다!

파리의 주택가

진짜 파리지앵의 삶
In the Real Life of "Les Parisiens" (12,13,14,15,16南,17구)

이 챕터의 제목이 진짜 파리지앙의 삶인 이유는, 이 지역들이 조용한 주택가이기 때문인데, 그렇다고 재미없는 동네로 오해하면 곤란하다. 달팽이의 바깥 부분이라 전체 면적이 넓기도 하지만, 소개하는 식당 수도 많고, 그만큼 뜨내기 손님보단 단골 보고 장사하는 진짜 맛있는 가게들이 위치한 곳이기도 하다. 15구는 한국 교민들이 많이 사는 곳이라서 한국 슈퍼와 한식당도 많다. 12구는 리옹으로 향하는 기차들이 출발하는 리옹역Gare de Lyon이 있고, 전통적으로 인테리어와 건축에 관련한 공방이 많이 모여 있던 곳이라 지금도 가구, 조명, 건축과 관련한 쇼룸과 사무실이 많다. 13구는 파리의 차이나 타운으로 중국식당과 중국 식자재를 구할 수 있는 슈퍼가 모여 있다.

◆가볼 만한 곳 - 바스티유 광장 place de la bastille, 방센느 숲 bois de vincennes, 베르시 빌라주 Bercy Village, 국립도서관 Bibliothèque Nationale de France, 몽파르나스 묘지 Cimetière du Montparnasse, 백조의 섬 Allée des Cygnes, 샤요 궁 Palais de Chaillot, 팔레 드 도쿄 Palais de Tokyo, 볼로뉴 숲 Bois de Boulogne, 발자크의 집 Maison de Balzac, 마모탕 모네 미술관 Musée Marmottan-Monet, 기메 미술관 Musée National des Arts Asiatiques Guimet

장 피에르 프렐레
Jean-Pierre Frélet

장 들라벤Jean Delaveyne에게 보내는 오마주

일반적으로 프랑스 요리를 〈세계 3대 요리〉의 한 가지로 꼽는다. 솔직히 그 이유는 잘 모르겠지만, 아마도 100년 전부터 프랑스 정부가 사치품과 더불어 〈프랑스 음식의 세계화〉 정책을 폈기 때문인 듯하다. 이렇게 프랑스 음식을 널리 알려지게 한 인물이라면 단연 에스코피에를 꼽을 수 있을 것이다. 여기에 로뷔숑Joël Robuchon(✸✸✸)이나 보퀴즈Paul Bocuse(✸✸✸) 등의 스타 셰프들이 추가로 한몫하였다.

그중에서도 프랑스 요리사史의 기인奇人이 있으니, 바로 셰프 들라벤Jean Delaveyne이

다. 그는 자기가 원하는 생햄 두 장을 만들기 위해서 돼지 다리 300개를 가지고 센Seine 강가에서 숙성시키면서 이런저런 테스트를 하였다. 스타일과 테크닉 면에서 30년을 앞서갔다고 평가되는데, 1980년에 그가 만들었던 레시피들은 오늘날 전 세계적으로 유행하고 있는 것들이다.

그뿐만 아니라 분자요리로 유명한 스페인의 엘불리el bulli에서 하는 많은 실험적인 시도들이 이미 그 시대에 셰프 들라벤이 했었던 것들이다. 시대를 너무 앞서간 나머지 당시에는 크게 조명받지는 못했

으나, 뛰어난 요리사였고 일본 요리를 프랑스에 전달한 최초의 인물이자, 오늘날 프랑스 식문화를 주도하는 많은 제자를 배출하였는데, 로뷔숑, 게라르 Michel Guérard (Les Prés d'Eugénie, ❋❋❋), 성드렁스 Alain Senderens (Lucas Carton, ❋❋❋) 등의 스승이기도 하다.

이들이 모두 셰프 들라벤의 천재성을 이어받아 가스트로에 뛰어들었다면, 그의 순수한 요리 열정만을 물려받은 이가 있으니 바로 셰프 프렐레 Jean-Pierre Frélet이다. 파리 최고의 원맨쇼 one-man-<chaud>식당의 셰프로서, 50대의 나이에 혼자서 새벽에 장을 보고 오전 준비, 점심 장사, 오후 준비, 저녁 장사, 설거지, 청소까지 해낸다. 웬만한 열정이 아니면 할 수 없는 일이다. 역시 셰프 들라벤의 제자답다!

내부에 들어서면 아주 평범하고 조용한 인테리어가 나타난다. 크림색 벽체에 스며드는 듯한 느낌의 하얀 그림 액자들이 가지런히 줄을 서 있다. 낮은 등나무 의자도 여성스럽고 귀엽다. 보라색의 소파와 붉은색의 테이블보가 포인트를 줄 뿐, 전반적으로 매우 정돈되고 아늑한 느낌의 실내다.

그의 음식은 에스코피에의 레시피를 기초로 한 클래식이다. 가장 단순하게 메뉴판을 유지하는데, 주방 인력이 많지 않은 상황에서 많은 음식을 메뉴판에 올리면 음식이 신선하지 않고 유동적이지 못하기 때문이다. 메뉴판에 음식의 종류가 많은 것이 능사도 아니고, 더더군다나 셰프의 능력과는 무관하다. 그는 요즘의 가스트로 음식에 대해, 기존 음식의 분해/재결합이 유행이라 음식 장난도 많고 대부분 이해하기 어렵다고 말한다.

모양은 너무 아름다워서 건드리기 미안할 정도지만, 맛 자체는 실망스러운 수준의 그런 음식. 특히 젤리나 무스(거품) 등은 그와 셰프 들라벤이 80년대에 하다가 미각적으로 흥미가 없어서 관둔 것인데, 20년이 지난 지금에 와서 이런 것들이 유행하는 것이 정말 아이러니하다고 한다.

말 그대로 모든 유행은 흘러가는 것이다.

"분자조리를 포함한 최신 테크닉은 아름다운 접시를 만들 수 있게 해주었지만, 맛있는 음식에는 그다지 큰 기여를 못 하였다고 생각해요. 종전에는 이런 예술적인 데코레이션에 열광했지만, 이제는 아름다운 음식보다는 맛있는 음식이 좋아요."

이곳에서 맛본 〈생햄으로 싼 아스파라거스와 지롤 버섯〉는 별다른 기법 없는 평범한 음식이지만 싱그러운 자연의 맛이 그대로 느껴지는 맛있는 접시였다. 이런 것이 〈음식〉 아닌가! 화려하지는 않지만 차분하고 고급스러운 그의 식당에서 씹고 꿀꺽 넘기는 〈맛〉을 즐겨 보기 바라며!

Jean-Pierre Frélet
✪ 25 Rue Montgallet, 75012 Paris
☎ +33 1 43 43 76 65

루르신
L'Ourcine

'요리사'가 만든 요리

2009년 파리 외식업계의 대세는 가스트로-비스트로였다. 비스트로가 유행하던 시절도 있었고, 가스트로가 각광받던 시절도 있었다. 지난 10년은 전 세계적으로 유례없던 가스트로의 호황기였고, 그 결과 수많은 능력 있는 젊은 요리사가 배출되었다. 그러다 보니 파리 곳곳에 가스트로-비스트로가 존재하게 되었다.

하지만 옥석은 가려져야 한다. 비록 모든 식당들이 서로 비슷한 가격을 메뉴판에 걸고 있지만 재미있는 것은, 임대료가 저렴한 '쌩뚱 맞은 동네'에 있는 식당 중에 보석이 많다는 점이다. 그런 면에서 루르신의 주소는 타의 추종을 불허한다.

물론 아주 외곽에 있는 것은 아니지만, 눈을 씻고 봐도 식당은커녕 주변에 도무지 상업시설이라고는 없는 그런 동네. 바로 옆 건물이 파리 1대학이어서 학생들이 있기는 하지만 〈전식+본식+후식 entrée+plat+dessert〉에 35유로는 학생들에게는 비싼 가격이다. 즉, 루르신의 주 고객은 학생이라기보다는 밥 먹으러 작정을 하고 온 사람들이다. 주변에 쇼핑할 만한 가게도 없고 멋진 볼거리도 없으니 "밥 먹기 전에 만나서 이것저것 사고, 식사 후

에는 근처에서~" 뭐 이런 건 불가하다. 그만큼 루르신은 음식에 있어서는 믿음이 가고, 매번 이 믿음을 충족시켜 준다. 참 쉽지 않은 곳에서 장사를 하지만, 놀랍게도 셰프 다니에르 Sylvain Danière의 식당은 언제나 만원이다. 비결은 간단하다. 바로 그의 요리이다.

    다니에르 셰프는 CAP[1] 를 취득하고 잠시 런던에서 일하다 곧바로 파리로 돌아와 유명 케이터링 업체인 포숑 Fauchon에서 일하였다. 어느 날 우연히 레피 뒤팽[2] 에서 식사하고는 가스트로-비스트로의 음식에 매료되어 그 길로 바로 레피 뒤팽의 주방에서 일하기 시작한다. 요리에 대한 그의 순수한 애정으로 〈가스트로-비스트로〉의 대부인 셰프 캉드보르드[3] 를 만나게 되고, 라 레갈라드[4] 에서 음식을 배우게 된다. 셰프 다니에르는 2004년 지금의 셰프 두세 Bruno Doucet가 라 레갈라드를 인수하던 시점, 라 레갈라드를 나와 본인의 식당을 오픈 하였다.

주 1) 실업중학교 졸업장
주 2) L'Epi Dupin. 100페이지 참조
주 3) 캉드보르드는 라 레갈라드를 떠나서 르 콩투아를 운영 중이다. 82페이지 참조
주 4) La Regalade. 236페이지 참조

그의 음식은 간단하지만 정확하다고 말하고 싶다. 특히 모든 음식의 익힘 정도가 아주 완벽하였다. 우리나라의 경우에는 모든 재료를 한 번에 넣고 부글부글 끓이는 음식이 많다 보니, 이 〈익힘이 정확〉하다는 말이 쉽게 와 닿지 않을 것 같다. 처음 르꼬르동블루에서 스튜를 배우면서 재미있었던 점은 고기 스튜의 국물 맛을 내기 위해 넣었던 채소들은 나중에 다 건져 내고, 접시에 올라가는 채소는 모두 각각의 다른 냄비에 다시 따로 익히는 것이었다.

셰프는 *"왜 그렇게 해야 하느냐?"* 는 질문에 너무나 답답하다는 듯이 *"그야 채소마다 익는 속도가 다 다르니까 그렇지!"* 하였다. 그렇다. 고기찜(스튜)에도 퀴송이 있는 것이다! 고기는 입에 넣었을 때 부드럽게 녹아내릴 정도로 잘 익어야 하지만 절대 형태가 무너져서는 안 된다. 본래 모양을 유지하면서 충분히 부드럽게 익은 상태가 바로 접시에 올라갈 때인 것이다. 그리고 무, 당근, 애기 양파, 버섯 등의 채소도 각각의 '가장 적절한 익힘 정도' 가 되었을 때 비로소 변신 합체의 순간을 맞이할 수 있는 것이다.

이런 〈복잡성〉이 결국 프랑스 요리의 핵심이라고 할 수 있다. 그리고 이런 세세한 한 가지 한 가지가 요리사들에게 필요한 테크닉이다. '마구잡이로 섞어도 맛있으면 그만!' 이 아닌 것이다.

우리의 완벽한 테크니션 셰프 다니에르는 이렇게 이야기한다.

> "나는 두 명의 뛰어난 요리사에게 배울 수 있었습니다. 그렇다고 난 내가 할 줄 아는 테크닉을 자랑하고 으스대기는 싫습니다. 최근 들어서 복잡하고 철학적이고, 공상과학 같은 음식을 만들면서 스스로 우월하다고 여기는 요리사들이 있는데, 난 이런 것들이 싫습니다. 재료를 위한 재료이고, 맛을 위한 맛이어야 합니다. 나는 나만의 스타일을 만들지 않고 단지 지금의 '손님들이 원하는 맛'을 만들려고 노력합니다."

디종Dijon에서 태어나 3살에 파리에 왔고, 어머니는 지중해 스타일의 음식을 했고, 스승 캉드보르드는 남서부 음식을 가르쳐 주었기 때문에, 이런 것들이 두루 섞여 딱히 어떤 특정한 지방색이 드러나지는 않는다. 하지만, 말 그대로 루르신에는 단순하지만 제대로 익혀 맛있는 음식들이 있다. 그의 거짓 없는 미소는 젊었을 적 셰프 사부아 Guy Savoy를 보는 듯한 느낌을 주었다. 얼굴만 닮은 것이 아니라 사랑이 담긴 미소와 넉넉한 마음에서 나오는 음식도 그를 쏙 빼닮은 것 같았다.

L'Ourcine

- 92 Rue Broca, 75013 Paris
- +33 1 47 07 13 65

라방-구

L'Avant-Goût

음식의 경영학, 가격 대비 품질이 관건?

남편이 르꼬르동블루에 다닐 때였다. 한국인 학생들끼리 여러 식당을 다니는 식도락 모임이 있었는데, 지금의 삼청동 셰 시몽 Chez Simon의 심순철 셰프가 〈라방-구〉를 추천한 적이 있었단다. 당시 남편의 머릿속에서는 여성정

관사 〈la+방구〉가 떠오르면서 무슨 식당 이름이 이러냐 했었단다. 프랑스 어느 지역에 따라서 모음의 발음까지 바뀌어서, 남부 쪽 발음으로 〈라방구〉이고, 파리식 표준 발음은 〈라벙구〉가 된다. 주인장 셰프 보프롱 Christophe Beaufront는 식당 이름을 지을 때, 전화상으로 발음하기 편한 3음절 단어 중에서 새로운 것, 아방 가르드, 돌아온 옛날의 맛, 시사회 등이 연상되는 이름을 찾다가 〈라방-구〉를 골랐다고 한다.

가게 전면의 정열적인 빨간색은 실내로 들어오면서 밝은 오렌지 벽체와 연결된다. 대롱대롱 매달린 조명은 거슬리지 않을 정도로 테이블 위를 비추고 있는데, 덴마크의 가로등을 연상시켜 잠시 혼자 웃었다. 덴마크에 계시는 이모님을 뵙기 위해 가족 여행을 간 적

이 있었는데, 도로의 가로등이 이 식당의 조명처럼 차량 위에 '가운데 등'으로 대롱대롱 매달려 있어서 너무나 신기하였다. 동선과는 겹치지 않게 설치한 것 같지만, 간혹 앉고 일어설 때엔 살짝 머리에 부딪힐 수도 있으니 조심해야 한다.

   제철 음식을 위주로 하는 모던한 비스트로 음식인데, 여행을 많이 하는 셰프라서 그런지 여러 가지 허브와 향신료의 사용이 많다. 그가 만든 〈향신료를 넣은 돼지고기 모둠찜〉는 이제 꽤 알려진 음식이다. 전통적인 고기찜은 일반적으로 소고기로 만들지만, 셰프 보프롱의 돼지고기 찜은 돼지고기 특유의 향과 여러 가지 향신료가 조화롭게 어울려 색다른 맛을 낸다. 특히 뜨끈한 국물이 생각나는 겨울에 잘 어울리는데, 따뜻한 향신료의 향들이 비강까지 데워 준다.

   홍어 버터구이도 라방-구에서 맛볼 수 있는 별미 중 하나다. 우리나라에서는 전라도식의 삭힌 홍어만 맛보았는데, 이렇게 생 홍어를 그대로 구워 먹는 것도 색다른 맛이었다. 홍어란 녀석은 삭히지 않아도 특유의 암모니아 냄새가 살짝 나지만, 그것이 버터와 만나

니 기가 막히게 좋은 맛으로 변하여 엄청난 매력을 발산한다! 물어보니 이것도 프랑스 전통 레시피라고 한다.

학구적인 외모의 단아한 모습의 셰프는 역시 경영학을 전공한 사람답게 한마디 한다.

> "현재 프랑스 음식의 큰 문제는 전 세계 어디에서 먹어도 너무 비싸다는 것이에요. 심지어 본국에서도 너무 비싸요. 그렇기 때문에 그 음식을 가지고 나가서 재해석한 최근의 미국, 영국, 스페인의 음식이 오히려 각광 받는 것이 아닌가 싶어요. 이제 여행은 누구나 할 수 있죠. 그 중 몇 퍼센트나 되는 사람이 특급 호텔 내의 식당에서 〈그 가격〉을 지불하고 프랑스 음식을 먹을까요? 이제는 가격 대비 품질을 따져가면서 즐기는 사람이 더 많기 때문에, 저도 항상 이것을 염두에 두고 음식을 해요."

들었죠? 가격대비 품질!

L'Avant-Goût
◯ 26 Rue Bobillot, 75013 Paris
☎ +33 1 53 80 24 00

라 스리제

La Cerisaie

부부의 사랑이 담긴 음식을 만나다!

여러 식당을 인터뷰하면서 느낀 점은 우리 시대의 요리사는 참 많은 재주가 필요하다는 것이다. 옛날에는 음식만 맛있으면 입소문으로 유명해졌지만, 아무리 인터넷이 발달하고, 많은 매체에서 음식 이야기를 많이 하여도, 요리사 본인이 광고를 하지 않으면 상대적으로 다른 식당들에 비해 열세라는 것이다.

몽파르나스 Montparnasse라는 동네는 지금은 기차역 말고 그다지 별 특성이 없다. 쇼핑가가 발달하지도 않았고, 먹자골목이 있는 것도 아니다. 극장이 몇 개 있다는 걸 빼면 전형적인 사무실 밀집지역이다. 우리나라 같으면 사무실이 밀접해 있는 여의도/강남역/을지로/종로 등에 반드시 맛집이 생기지만, 프랑스에서는 단지 샌드위치집이 늘어날 뿐이다.

점심 시간엔 사무실 근처에서 샌드위치와 탄산음료를 사 먹고 퇴근 후에는 집에서 샌드위치를 만들어 먹는 것이 이 나라 직장인들의 일상이다. 우리나라 직장인들이 점심에 사무

실 근처에서 김치찌개 정식을 먹고, 저녁에 집에서 된장찌개 먹는 것과 같다.

이런 샌드위치 사막에 오아시스 같은 존재가 있으니 바로 체리밭La Cerisaie 식당이다. 몽파르나스 근처에서 3년을 살았던 남편에게 이 식당은 가뭄에 단비와 같았다고 한다. 르 탱브르Le Timbre의 셰프 라이트Chris Wright가 추천한 바로 그 식당. 몽파르나스 타워에서 몽파르나스 묘지 쪽으로 난 에드가 키네 길rue Edgar-Quinet로 들어서면 아주 작은 체리밭, 라 스리제를 발견할 수 있다. 체리처럼 작고 빨간 파사드에 초록색으로 귀엽게 체리밭이라 쓰인 간판이 보인다.

초록 문을 열고 들어서면 한쪽 벽면이 거울로 되어 있고 군데군데 귀여운 체리 수채화가 보인다. 참 마음에 드는 그림인데, 좀 더 제대로 자리를 잡고 걸려 있었으면 하는 아쉬움이 생긴다. 그래도 자그마한 입구에 비해 내부는 안쪽으로 기다랗게 꽤 여유 있는 공간이 있었다. 맛있는 음식 냄새와 함께 돼지고기 가슴살 말이를 준비하고 있는 셰프의 얼굴이 보였다.

체리밭의 랄란Lalane 부부 중 남편 시릴Cyril은 피레네Pyrénées 지역에서 태어나 르 파

스텔 Le Pastel(✻)과 를레 루이 트레즈 Relais Louis XIII(Manuel Martinez, ✻) 등에서 수업한 요리사이고, 아내 마리즈 Maryse는 르 파스텔 Le Pastel(✻), 라 타블 당베르 La Table d'Anvers(Philippe Conticini, ✻), 리츠 Hôtel Ritz(✻✻), 룰레트 L'Oulette를 거친 소믈리에다. (괄호 안의 미쉐린 별의 개수는 그가 일했던 당시를 반영한다.)

둘은 첫 직장에서 만나 함께 파리로 상경했고 서로 다른 식당에서 일하며 그들의 꿈을 키워왔다. 그러다 마침내 2001년, 지금의 자리에 식당을 열게 되었다. 셰프 랄란은 내가 만나본 요리사 중에서 가장 말수가 적었지만 따뜻한 마음이 전해지는 사람이었다. 비록 매스컴을 다루는 재주는 없을지 몰라도 뛰어난 요리사임에는 틀림없다. 그리고 이곳은 부부의 사랑이 공간 가득 전해지는 식당이다.

셰프 콩스탕 Christian Constant의 영향인지, 언제부터인가 '남서부 음식'을 테마로 하는 식당이 파리 여기저기에 많이 생겨났다. 시기적으로 20~30년 전에는 리옹의 음식이 유행하였다면, 90년대 후반부터는 남서부가 유행을 주도하였다. 다이어트와 몸매에 신경 쓰는 파리지앵들이지만, 신기하게도 파리에선 지중해 음식이 영 맥을 못추는 게 사실이다. 하지만, 남서부 음식은 무겁긴 해도 식자재가 좋고, 고춧가루를 사용한 매콤한 맛이 임팩트를 주기 때문에 각광을 받는 것 같다.

체리밭 가게에선 카술레와 푸아그라, 어린 양고기찜, 베아른 지방 스타일 순대 등 다양한 남서부 지방의 음식을 맛볼 수 있다. 다른 남서부 음식점의 음식보다 음식의 느낌이 소박하다. 럭비와 투우로 대표되는 남서부의 문화가 이 음식을 하는 식당들의 분위기에 영향을 준 것이 사실이다. 하지만, 라 스리제는 눈으로 보이는 남서부가 아니라, 남서부 지역에 사는 먼 친척집 같은 느낌, 식당이라기보다는 그냥 아는 사람의 공간 같은 기분이 들어서 좋다.

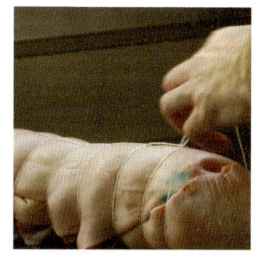

프로페셔널리즘을 말하고 싶은 것이 아니다. 이 부부가 이 공간 안에서 만들어 내는 분위기는 〈사랑〉이다.

La Cerisaie

- 70 Boulevard Edgar Quinet, 75014 Paris
- +33 1 43 20 98 98

르 세베로
Le Sévéro

정육점 주인이 식당을 열면?

맛있는 스테이크를 먹기 위해서는 이곳에 가야 한다고 자신 있게 권하고 싶다.

프랑스에는 미국과 같은 스테이크 하우스가 없다. 영미권에서는 번화가의 곳곳에 ○○ 스테이크 하우스란 간판이 눈에 띄고 낯익은 이름의 메뉴를 많이 볼 수 있지만, 프랑스의 경우, 카페에서도 소갈비를 팔고 모든 식당에서 기본적으로 만날 수 있는 것이 스테이크이기 때문에 별도의 스테이크 전문점은 발견하기 어렵다.

하지만, 기똥차게 맛나는 스테이크를 먹을 수 있는 가게가 있으니, "스테이크의 참맛을 보고 싶다, 프랑스 소고기의 맛을 보여달라!" 하시는 분들은 반드시 들르길 바란다. 관광지에 있는 것도 아니고 교통편도 편하지 않고, 지하철에서 내리면 바로 보이는 곳도 아니어서 지도를 뚫어져라 보며 헤매야 할 수도 있지만 그럴 만한 가치가 충분히 있는 곳이다.

이 가게의 주인장 베르네 William Bernet 씨는 소고기에서만은 둘째 가라면 서러울 정도의 전문가다. 발 다졸 Val d'Ajol에서 정육 견습생 시절을 보내고 대통령관저인 엘리제 궁 앞의 니베르네즈 정육점 boucherie nivernaise 1 에서 오랫동안 수련한 뒤, 1987년에 지금 자리에 르 세베로라는 고깃집을 열어 21년째 경영하고 있다.

Le Sévero
르 세베로

이 고깃집의 가장 큰 특징은 주인장이 직접 소고기를 숙성시키기 때문에, 적어도 3주에서 4주간 숙성한 고기를 맛볼 수 있다는 점이다. 지하의 워크인 냉장고에는 여느 식당에서는 볼 수 없는 진귀한 장면을 목격할 수 있다. 프랑스에서는 도축 후, 기본적으로 사흘 동안의 숙성을 거쳐 커팅2한 것을 도/소매 정육점으로 보낸다. 각 정육점은 자체적으로 1주일 정도 더 숙성을 하여 일반 식당에 원하는 부위를 공급한다. 하지만, 직접 고기를 다루는 베르네 사장의 냉장고에는 1.5m에 달하는 목심에서 우둔까지의 큰 고깃덩어리 6개가 공중에 대롱대롱 매달려 건식숙성 중이다. 맛있는 스테이크를 위해서는 최소 3주 동안 환기가 잘 되는 섭씨 1-2도의 워크인 냉장고에서 수분을 증발시키면서 고기를 숙성시켜야 한다.

남편도 종종 집에서 먹기 위해 1~2인분의 꽃등심을 마른 헝겊으로 잘 싸서 집 냉장고에서 1주일 정도 추가 숙성시키곤 한다. 먹는 사람의 입장에서, 숙성된 고기의 가장 큰 특징은 특유의 우유 냄새가 희미하게 나면서 고기를 그냥 두어도 피가 흐르지 않는다는 점

주 1) 니베르네즈 정육점 : 1954년에 개업한 전통 있는 정육점으로, 파리 시내의 팔라스 호텔에 고기를 납품하고 있는 것으로 유명하다.
주 2) 대분할 또는 소분할

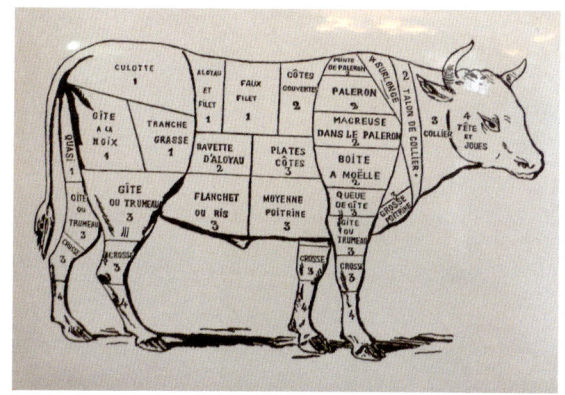

이다. 즉, 잡은 지 얼마 되지 않은 고기는 아무리 잘 익혀도 입 안에 피비린내가 퍼지면서 기분이 좋지 않다. 3주 이상 숙성된 고기는 피비린내가 나지 않으며 기분 좋게 육즙을 즐길 수 있다.

세베로에서 주로 취급하는 리무진 Limousine, 살레르스 Salers, 블론드 다키텐 Blonde d'Aquitaine, 오브락 Aubrac, 파르트내즈 Parthenaise 등의 품종은 프랑스에서도 이름값 꽤나 하는 고급 품종으로, 반드시 위의 숙성 과정을 거쳐야 고기에 깊은 맛이 든다. (각 소의 품종별 특성은 348페이지를 참조 바랍니다)

그래서 대부분의 파리의 고급 레스토랑은 기술적으로 잘 숙성된 고기를 얻기 위해 좋은 정육점을 선점하려고 경쟁하기도 한다. 주로 미쉐린 별 3개 레스토랑에 납품하는 파리에서 가장 유명한 정육점으로 위고의 레갈레-부3 가 그렇다. 이름값이 있어, 가격도 다른 곳의 2배 이상일 때가 많은데, 이곳도 주인장이 직접 고기를 숙성시키기 때문에 비싼 것이다. 프랑스의 특급 정육업자는 소믈리에와 비슷하다.

즉, 우리나라처럼 이미 도축된 고기를 경매로 사 와서 다듬고 팔기만 하는 것이 아니라

주 3) 위고 데누와예 Hugo Desnoyer의 정육점 〈레갈레-부〉 Boucherie Regalez : 현재, 파리에서 가장 주가가 높은 고급 정육점으로 엘리제 궁과 국회의사당을 비롯하여 피에르 가니에르 Pierre Gagnaire(***), 아르페주 Arpege(***), 렁브루아지 L'ambroisie(***), 아틀리에 조엘 로뷔숑 Atelier Joel Robuchon(**) 등 파리의 최고급 레스토랑에 납품한다.

좋은 고기를 찾아 전국을 돌아다니며 고깃감(소, 송아지, 양, 돼지, 등)을 통째로 구매한다. 이렇게 도축된 고깃감은 정육점에서 각 부위를 다듬어 상품으로 내어 놓는다. 그러니 살아 있는 동물을 보고 그것이 좋은 고기를 줄 만한지 알아보는 눈이 있어야 하며 이를 판매할 시장을 확보하고 있어야 한다.

세베로도 바로 이 레갈레-부의 주인장이 고른 고깃감을 받아와 직접 숙성시킨다. 레스토랑의 육고기 자가숙성은 법으로 금지되어 있지만, 원래 정육업자였고 〈정육 CAP〉가 있는 양반이 주인장이라 가능한 얘기다.

다만, 이 집에 갈 때 주의 사항이 한 가지 있는데, 절대 웰던을 시키면 안 된다는 것이다. 그렇지않으면 훈계를 듣게 된다.

> "〈웰던〉을 주문하는 손님은 거절하지. 3주간이나 고기를 숙성시키는 이유는 고기를 웰던 따위로 만들어서 버리기 위함이 아니야! 그렇게 웰던으로 먹을 거면 뭐하러 숙성시키고, 이 값을 내고 먹느냐고"

또 스테이크는 단지 식자재 그 자체를 즐기는 단순한 요리라서, 괜히 이런저런 소스로 그 식자재의 맛을 가리지 않는다는 것이 주인장의 철학이다.

"만약에 겨자를 원하는 손님이 있다면 주기는 하지만, 우리가 먼저 제공하지는 않지. 스테이크는 〈고기〉를 좋아하는 손님들을 위한 음식이거든!"

자그마한 공간에 들어서면 정말 정육점 냄새가 가득하지만 이런 걸 먹어봐야 파리에서 고기 좀 먹었다고 얘기할 수 있다. 주인장이 까다로운 것 같아도 인심은 후해서 정말 양이 푸짐하다. 본식만 시켜도 배부를 정도의 양이지만 그래도 전식을 맛보고 싶다면 둘에 하나를 주문해도 충분하다. 둘 이상 갈 때엔 함께 먹을 샐러드 하나 정도 추가하는 게 좋다.

생각만 해도 입에 침이 고이는 고깃집이다. 아~

Le Sévéro

Le Sévéro
- 8 Rue des Plantes, 75014 Paris
- ☎ +33 1 45 40 40 91

라 레갈라드
La Régalade

원조 집의 역사를 새로 쓰다!

셰프 캉드보르드 Yves Camdeborde 의 르 콩투아1 편에서 익히 들었겠지만, 셰프 캉드보르드를 유명하게 만든 그 역사적인 장소가 바로 라 레갈라드다. 2004년 셰프 두세 Bruno Doucet가 라 레갈라드를 인수하여 그 역사와 전통을 지켜나가고 있다. 14구의 조용한 주택가에 위치했지만, 매일 점심이고 저녁이고 꽉꽉 차 있는 예약 리스트를 보면 라 레갈라드의 변치 않는 저력이 느껴진다.

여기저기에 흑판으로 된 메뉴판이 있고, 테이블에는 냅킨 대신에 요리사 행주가 있는 전형적인 비스트로다. 시간이 느껴지는 나무 테이블에 자리를 잡고 앉으면 제일 먼저 눈에 들어오는 것이 콩투아 뒷면에 가지런히 놓여 있는 시골 빵들이다. 빵을 마치 잡지책들처럼 진열해 놓은 모습이 인상적이었다.

어린 시절 알프스의 하이디 같은 만화에서 본 적이 있는 바로 그 빵! 내 얼굴보다 큰 빵들을 직접 집어서 큼직큼직 썰어 주는 것을 받으면 기분이 매우 좋아진다. 또, 이 공간에

주 1) 82페이지 참조

는 쓸데없이 넘치는 인테리어가 없어서 좋다. 선반과 정리함, 수납이 다 식당과 손님들을 위한 것이고 어느 한 가지 모나거나 튀는 것 없이 공간 속에 녹아 있는, 신기할 정도로 모든 것들이 조화로운 공간이다.

생각해 보면 누군가가 큰 흔적을 남기고 간 가게를 무시 못할 권리금을 지불하면서까지 인수하는 일은 정말로 어려운 일이다. 그건 '자신감'이라는 단어 외에는 설명이 안 될 것 같다.

2004년 셰프 두세 Bruno Doucet의 라 레갈라드 인수는 요식업계 최고의 뉴스였다.

캉드보르드라는 이름이 항상 연상되어서 그런지, 여기에 오면 남서부의 음식을 먹어야만 할 것 같지만, 메뉴판을 보면 더이상 라 레갈라드는 남서부 음식 전문 식당이 아니라는 것을 알 수 있다. 손님층에도 변화가

La Régalade 라 레갈라드

생겼고, 남서부보다는 파리지앵의 색채가 더욱 짙어졌다. 캉드보르드의 유명한 스페셜 메뉴였던 '럭비 게임 후에! Après un match de rugby' 역시 사라졌다.[2]

주 2) 럭비게임 후에! Apres un match de rugby : 남서부 지방에서는 럭비와 투우 la corrida가 문자 그대로 삶의 일부분이다. 60년대 우리나라 시골처럼 경기가 있는 날이면 온 동네 사람들이 한자리에 모여 경기를 보고 와인을 마시며 파티를 한다. 이 문화의 영향으로 남서부 식당 주인들은 축제 분위기를 가장 중시한다.

샤를르 바리에 Charles Barrier(✲✲✲), 메종 프뤼니에 Maison Prunier(✲), 피에르 가니에르 Pierre Gagnaire(✲✲✲), 아피시우스 Apicius(Jean-Pierre Vigato, ✲✲), 나타셰프 Natachef를 거친 셰프 두세의 음식은 시골의 넉넉함보다는 도회지의 깔끔함이 느껴진다. 세련미가 가득한 아피시우스의 셰프 비가토 Jean-Pierre Vigato로부터 많은 영향을 받았기 때문이라고.

세련되게 옷을 갈아입었지만 변치 않는 전통도 있다. 바로 그 유명한 라 레갈라드의 테린 terrine이다. 주문한 음식을 받을 때까지 아뮈즈부슈로 테린을 〈테린〉째 받게 된다. 한국에서는 돌솥비빔밥이면 당연히 돌솥에다 받고, 쟁반 국수는 쟁반에 받기 때문에 테린을 테린으로 받는 게 무슨 대수라고! 할지 모른다. 일반적으로 테린이란 롤케이크만한 전체 중 1~2cm 정도 슬라이스로 썬 것을 1인분으로 친다. 보통 식당에서 주문하면 이 한 덩어리에 8유로 정도를 내야 한다. 심지어 캉드보르드의 콩투아에서도 이 값을 내야 한다. 그런데 장정 10명이 먹어도 넉넉할 양을 "어서 오세요", 하고 그냥 내어 주는 것이다! 이런 일은 파리 어디에서도 볼 수 없는 일이다.

큼직한 코르니숑 cornichons 3 항아리와 함께 칼이 꽂혀 나오는 테린과 빵 바구니를 받

주 3) 코르니숑 Cornichon : 프랑스식 피클로, 모양은 우리가 아는 미국식 피클과 흡사하나 신맛이 훨씬 강하고 달지 않다.

으면 이미 식탁이 그득하여 크게 대접받고 있는 느낌이 든다. 라 레갈라드에는 바로 이 맛에 가게 된다. 테린은 셰프 캉드보르드 때만큼 묵직하고 진한 맛은 아니지만, 요즘의 파리지앵 입맛에 맞춘, 보다 산뜻하고 알싸한 맛이다. 캉드보르드의 테린이 강한 염도에 다량의 후추와 고춧가루를 사용하고 아르마냑 armagnac 4 과 더블크림으로 밀도를 낸 정말 걸쭉~하고 진한 맛이었다면, 셰프 두세의 테린은 돼지 간을 보다 많이 사용하고 짠맛은 좀 약하게 하면서 크림과 코냑 cognac 5 으로 맛을 낸 좀 더 모던한 맛이다. 하지만, 라 레갈라

주 4) 보르도의 남서부 지역에서 위니 블랑 ugni blanc, 바코 블랑 baco blanc, 콜롱바르 colombard, 폴 블랑슈 folle blanche 등의 세파주로 양조한 와인을 증류하여 만드는 브랜디로, 바자르마냑 Bas-Armagnac(대서양쪽), 아르마냑 테나레즈 Armagnac-Tenareze, 오 타르마냑 Haut-Armagnac(지중해쪽), 블랑슈 아르마냑 Blanche Armagnac(오크통에 숙성시키지 않은)의 4가지 AOC가 있다. 아르마냑은 밀레짐을 표기한다.

주 5) 보르도의 이북 지역인 샤랑트에서 위니블랑을 양조한 와인을 증류하여 만드는 브랜디로, 품질의 등급은 법으로 정해진 그랑드 샹파뉴 Grande Champagne, 프티트 샹파뉴 Petite Champagne, 보르드리 Borderies, 팽 부아 Fins Bois, 봉 부아 Bon Bois, 부아 조르디네르 Bois Ordinaires 순서다. 이것은 재배 지역에서 결정된다. Vs Very Special(2년), VSOP Very Special Old Pale&VO Very Old(4년), XO Extra Old&Napoleon(6년) 등은 단지 숙성 기간을 말할 뿐이지 품질을 증명하지 않는다. 코냑은 아르마냑과 달리 다른 밀레짐과 다른 숙성 기간을 가진 원주를 블렌딩하기 때문에, 밀레짐이 있는 상품이 드물다. 샴페인을 연상하면 쉽다.

드의 트레이드 마크인 테린을 무제한으로 맛볼 수 있다는 점은 변하지 않았으니 그 넉넉함은 충분히 즐길 수 있다.

가을이 되면 그의 특기인 야생 버섯과 지비에로 가득한 메뉴판이 손님들을 유혹한다. 사실 대부분의 가스트로-비스트로는 대놓고, 혹은 넌지시 남서부를 표방한다. 그렇게 된 가장 큰 이유가 바로 캉드보르드와 라 레갈라드 때문이다. 그런데 아이러니하게도 지금의 이 식당은 탈脫 남서부를 표방하고 있다. 왜 그 권리금을 냈는지 의심스러울 정도다. 남서부 음식이 좀 물릴 때, 색다른 느낌의 가스트로-비스트로 음식을 맛보고 싶을 때, 파리 시 경계까지 전철을 타고 오는 것도 좋다고 생각한다. 거기에 라 레갈라드가 있기 때문에.

2010년 셰프 두세는 파리 중심부인 생 토노레에 두 번째 라 레갈라드를 열었다. 14구에 비해 루브르 박물관 바로 옆에 있어 접근성 면에서 훌륭하다. 루브르나 레알, 퐁피두 센터에 들렸다 식사하기에 안성맞춤이다. 게다가 셰프 두세의 전식/본식/후식의 메뉴를 35유로에 맛볼 수 있다는 점도 매력적이다. 1구에 자리 잡은 만큼 상큼하고 현대적인 감각으로 내부를 꾸몄고, 음식도 라 레갈라드의 전통을 유지하면서도 보다 가볍고 트렌디하게 구성하였다

La Régalade

○ 49 Avenue Jean Moulin 75014 paris

☎ +33 1 45 45 68 58

La Régalade Saint Honoré

○ 123 Rue Saint_honore 75001 paris

☎ +33 1 42 21 92 40

르 트로케

Le Troquet

〈그〉를 닮은 비스트로

남편에게 그가 제일 좋아하는 가스트로-비스트로를 꼽으라고 하면 잠시 고민하다 르 콩투아 Le Comptoir du Relais와 셰 라미 장 Chez l'Ami Jean 그리고 르 트로케 Le Troquet를 꼽을 것이다. 그가 남서부 음식의 마니아이기 때문이 아니라 이들이 다른 가스트로-비스트로와는 음식의 레벨 자체가 조금 다르기 때문이다. 르 콩투아야 셰프 캉드보르드니깐 당연하고, 라미 장은 그의 오른팔이니 그렇다고 치자. 그럼 르 트로케엔 도대체 무엇이 있길래 그럴까?

셰프 에츄베스트 Christian Etchebest를 보면 전성기 때의 이만기 선수가 생각난다. 물론 근육질의 씨름 선수 같은 몸은 아니지만, 가뭇가뭇한 얼굴에, 면도한지 30분도 채 안 되어 다시 난 수염 자국하며 다부진 몸에서 뿜어나는 기운이 꼭 이만기 선수를 닮았다. 선한 표정에 귀여운 미소를 가졌지만, 사람을 압도하는 힘은 내가 만났던 셰프 중 최고였다.

르 트로케의 음식을 한 입 맛보면 "이 사람 음식 할 줄 아네." 하는 생각이 절로 든다. 남편에게 있어 이곳은 어떤 면에서 '스승과도 같은 식당'이라고 한다. 르꼬르동블루에 다니던 시절, 이 식당과 3분 거리에 집이 있어서 여윳돈이 생기면 종종 먹으러 가곤 했었다고 한다. 생각해 보면 한참 열심히 배워야 할 학창시절에 이런 스승을 만났으니 남편도 참 운이 좋았다. 포Pau에서 태어나서 직장을 구하기 위해 파리에 올라온 셰프 에츄베스트는 페르 클로드 Père Claude에서 일하면서 셰프 콩스탕Christian Constant을 만나기 위하여 삼고초려 한다. 그 결과 크리옹 호텔hôtel de Crillon(❀❀)에 들어갈 수 있었고 이후, 미라마 호텔hôtel Miramar과 마르티네즈 호텔 hôtel Martinez (Christian Willer, ❀❀)을 거쳐 26세에 생 장 드 뤼즈Saint Jean de Luz의 그랑 호텔Grand Hôtel의 총주방장이 된다. (괄호 안의 미쉐린 별의 개수는 그가 일했던 당시를 반영한다.) 프랑스 고급 호텔 사상 최연소 총주방장이 탄생하는 순간이었다.

Le Troquet 르 트로께

그는 어떻게 하면 별을 받는지도 알고 나이도 어렸기 때문에 많은 투자자의 전화가 빗발쳤지만, 그의 꿈은 언제나 '자신을 닮은 비스트로'를 하는 것이었다. 그의 가족들이 모두 노동자/농부였기 때문에 가스트로에서 밥을 먹을 수 있는 형편이 아니었다. 그래서 그는 예전 가스트로에서 가지고 있던 자만을 버리고 편안한 분위기에서, 마음에서 우러나오는 음식을 하기 위해 호텔을 떠나 식당을 차렸다. 바로 〈단순하고simple, 활기차면서convivial, 맛있는bon♪〉이라는 3개의 단어로 대표되는 곳이다.

그의 음식에서는 바스크 지방의 냄새가 난다. 하지만, 전국을 다니면서 일하였기 때문에 프랑스 요리를 종합적으로 표현할 줄 알았고, 거기에 적절하게 고춧가루를 써서 바스크식 터치를 가미하였다. 그는 메뉴판에 무엇이 있느냐가 중요한 것이 아니라 어떻게 조

리하느냐를 중시하기 때문에 결코 보여주기 위한 메뉴판을 만들지 않는다. 가령 산비둘기 palombe는 베이컨 ventrèche과 함께 먹는 것이 전통적인 조리 방식인데, 사람들이 그렇게 하면 맛있다 하였고, 셰프도 그렇게 먹어보니 맛있었단다. 그런데 무엇 때문에 '현대식으로 재해석'을 해야 하느냐는 것이 그의 생각이다. 셰프 에츄베스트는 이런 것들이 단지 '가스트로식 뽐내기'에 지나지 않는다고 생각한다.

그는 단호하게 말한다.

"식자재 원가 절감만큼 쓸데없는 일도 없어. 음식이란 간단하잖아. 식자재가 좋으면 맛있고, 안 좋으면 맛없지. 이건 두말하면 잔소리 아냐? 나한테 재료를 대 주는 사람도 나와 똑같아. 컴퓨터 앞에 앉아서 원가 계산하고, 매출액 신장방법 연구하는 사람들이 아니라구. 매일 새벽에 일어나서 모든 햄들이 잘 숙성되나 하나하나 검사하고, 뭔가 마음에 안 들면 자리도 바꿔주는 등 그렇게 땀과 함께 사는 사람들이야."

르 트로케를 연 지는 10년이 되었고, 이제 그 부속으로 트로케 캉틴 La Cantine du Troquet l 을 오픈하였다. 캉틴은 말 그대로 더 대중적이다. 이곳의 〈삶은 계란과 마요네즈〉는 집에서 어머니가 해 주시던 그런 맛이다. 〈비트와 햄〉같은 가장 단순한 음식을 하지만, 그가 구할 수 있는 최고 품질의 빨간 무(비트)와 바스크 지방 최고의 햄 생산자 에릭 오스피탈

Eric Ospital의 최고급 햄을 쓰는 것 등이 여느 집들과 이 식당의 차이라고 할 수 있다. 이 식당이 문을 연 목적은 이 지역 회사원들이 쉽게 점심식사를 할 수 있도록 하기 위해서였다. 파리에는 학생들을 위한 몇몇 캉틴이 있어 누구나 쉽게 찾아가서 맛볼 수 있지만 조금 남다른 캉틴을 체험해 보고 싶다면 트로케의 캉틴이 좋을 것 같다. 또 이런 마음을 가진 가게 주인이 캉틴을 운영한다니 왠지 이 동네 회사원들이 좀 부러워진다.

Le Troquet

○ 21 Rue François Bonvin, 75015 Paris
☎ +33 1 45 66 89 00

주 1) 캉틴Cantine이란 학교나 회사의 구내식당이다. 주로 저렴한 가격에 뷔페식 식당으로 차려진 바에서 샐러드와 본식, 후식 중 마음에 드는 것을 한 가지씩 골라 셀프 서비스 형식으로 먹는다.

르 뵈르 누아제트
Le Beurre Noisette

올리브냐, 빠다냐!

식당 이름 중에는 상당히 기발하고 재미있는 것이 많다. 서울에도 '서울서 둘째로 잘하는 집', '전처의 비밀 요리법 My ex-wife's secret recipe', '순대렐라' 등 상호만으로도 호기심을 자극하는 곳이 있다. 파리에도 이런 재미있는 이름의 가게가 두 곳 있다. 바로 '헤이즐넛 버터'와 '골수집'이다. 누아제트는 영어로 헤이즐넛, 우리말로는 개암이다. 물론 다른 사람들에게도 모두 재미있을진 모르겠지만 적어도 내게는 이들 이름이 좀 독특하게 다가왔고, 게다가 이 두 식당은 같은 거리 위에 있다.

　도대체 '헤이즐넛 버터'가 무엇일까 하고 잠시 생각에 빠졌다. 헤이즐넛도 고소하고,

버터도 기름지니 이 두 개를 합치면 되게 고소하겠다는 생각이 들기는 하였다. 그래서 남편에게 물어보니, 이 '헤이즐넛 버터'란 흔히 쓰는 조리 용어란다. 버터를 가열하면 맨 처음에는 녹고, 그다음에는 버터 속의 수분이 끓기 시작하여 거품이 난다. 그 단계가 끝나고 더 이상의 수분이 없으면 버터의 카세인 단백질 내의 당분이 캐러멜화되면서 점점 버터가 갈색으로 변하는데 대략 140도 정도가 되면 '헤이즐넛 커피'의 향이 나기 시작한다. 그 순간이 바로 '뵈르 누아제트'[1]라고 한다.

    셰프 블랑키 Thierry Blanqui는 식당을 열면서 음식과 관련된 무언가로 상호를 짓고 싶었단다. 이름만으로도 군침이 돌고, 유머가 있으면서 남들이 잘 안 쓰는 이름을 찾다가 바로 이 뵈르 누아제트로 하기로 하였다고 한다. 과연 듣는 것만으로 흥미가 생긴다!

    셰프 블랑키는 오베르뉴 출신이지만 음식에서는 오베르뉴의 냄새가 그리 강하게 느껴지지 않는다. 오베르뉴의 음식들은 일반적으로 한식으로 치면 강원도 시골 밥상 같은 투

주 1) 헤이즐넛 버터를 프랑스 어 발음으로 음역

박하고 토속적인 음식들이다. 그러나 라 투르 다르장 La Tour d'Argent(Manuel Martinez, ***)과 리츠 호텔 Hôtel Ritz(Guy Legay, **), 타이유방 Taillevent(Philippe Legendre, ***), 인터컨티넨탈 호텔 Le Grand Hôtel Intercontinental (Christian le Squer, **), 르두아양 Ledoyen(Christian le Squer, **)을 거치면서 세련되고 도회지 느낌이 나는 음식들을 배울 수 있었다고 한다. (괄호 안의 미쉐린 별의 개수는 그가 일했던 당시를 반영한다.) 게다가 손님의 대다수가 '요즘 입맛'을 가진 사람들이다 보니, 그도 기존의 음식에 최근 스타일을 가미하여 그 기대에 부응하기 위해 노력한다. 간간히 무스 mousse나 거품소스 émulsion 같은 최신 테크닉도 이용하면서 말이다.

또 재미난 것은, 가게 이름이 '뵈르 누아제트'면서 아이러니하게도 정작 셰프는 올리브 오일을 주로 사용하여 좋은 식자재, 적합한 조리법, 정확한 간을 잊지 않은 요리를 한다. 복잡하지 않고 최고로 단순화시켜, '갈팡질팡' 하지 않는 확실한 맛의 음식을 만들어 사람들로부터 인기가 높다. 아마 이런 점은 어쩔 수 없이 느껴지는 오베르뉴 향토 음식의 영향 때문이 아닐까 싶다. 오베르뉴는 그다지 많은 식자재가 나오는 곳이 아니기 때문에, 2~3가지 재료로 뭔가 확실한 맛이 나는 음식을 만든다. 반면에 산악 지대답게 지비에의 베리에이션이 풍성하다.

"내가 지비에는 좀 할 줄 알지, 흐흐흐." 하면서 미소를 짓는 셰프 블랑키. 하지만, 지비에 말고도 〈바질 향의 바삭한 새우튀김〉과 〈돼지족 카르파치오〉 등의 단순하지만 맛깔스런 음식들도 많으니 겁내지 말고 찾아보길 바란다. 특히 돼지

족 카르파치오가 독특했던 점은 일반적으로 카르파치오 하면 날 것을 떠올리게 되지만 셰프 블랑키는 신기하게도 익힌 돼지 족을 아주 얇게 썰어 카르파치오를 만들었다. 한 번 익힌 것이라 식감이 부드러웠고 크루통, 렌즈 콩lentilles과도 아주 잘 어울렸다.

　장소가 시내에서 좀 멀어 외지다고 생각할 수도 있겠지만, 파리 최대의 전시장인 포르트 드 베르사유porte de Versaille에서 걸어서 5분도 안 걸리는 곳에 있다.

　혹 이곳에 전시가 있어 왔다면 전시를 보고 출출해진 배를 기분 좋은 '헤이즐넛 버터' 향으로 달래보는 것은 어떨까.

Le Beurre Noisette

◎ 68 Rue Vasco de Gama, 75015 Paris
☎ +33 1 48 56 82 49

로스 아 모엘
L'Os à Moelle

원조 뼈다귀 프렌치?

요리사 중에는 재미있는 사람들이 많다. 다들 개성이 강하지만, 그 중에서도 별난 몇몇 코미디언이 있다. 내가 아는 요리사 중 셰프 포셰 Thierry Faucher만큼 털털하면서 유쾌한 전형적인 '변강쇠' 스타일의 요리사는 없었다.

일단 식당 이름부터 로스 아 모엘 L'Os à Moelle이다. 영어로는 bone marrow, 한글로는 골수骨髓다. 뼈다귀 식당인 셈이다. 앞에서 이야기하였지만, 이곳은 어처구니없는 상호 1위로 꼽고 싶은 곳이다. 왜 그렇게 지었느냐고 하니깐 그냥 '웃겨서'라고 한다. 이름 자체가 이러니 분위기가 엄숙해질 수 없고, 본인도 이런 밝은 분위기가 좋단다.

그렇다고 그가 실없는 사람은 아니다. 브리스톨 호텔 Hôtel Bristol(✱), 타이유방 Taillevent (Philippe Legendre, ✱✱✱)을 거쳐 크리옹 호텔 Hôtel de Crillon(Christian Constant, ✱✱)을 경험한 실력자다. 셰프 캉드보르드가 오픈한 후, 셰프 포셰에게도 가게를 열라고 유혹했는데, 그때 그의 나이가 겨우 25살이었던지라, 돈이 없어서 망설였다고 한다. 그러던 중, 캉드보르드와 셰프 콩스탕이 자금을 빌려줘서 문을 열 수 있었다.

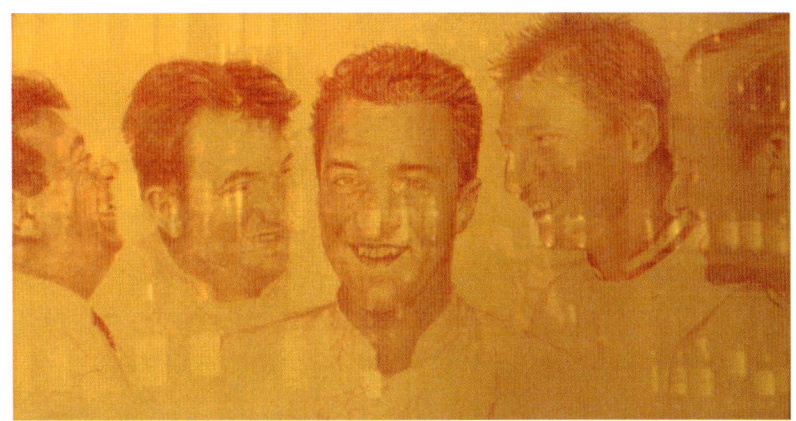

좌로부터

① 크리스티앙 콩스탕 (108페이지 참조)

② 르 콩투아 - 캉드보르드 (82페이지 참조)

③ 뼈다귀 식당 주인장 티에리 포세

④ 호텔 브리스톨 - 에릭 프레숑[1]

⑤ 세 미셸 - 티에리 브르통 (180페이지 참조)

94년에 개업했으니, 그 역시도 가스트로-비스트로의 서막을 알린 인물 중의 하나이다. 뼈다귀 식당 안에는 그의 이런 존재감을 표현하는 그림이 떡 하니 걸려 있다. 한 작가가 그림 속의 다섯 주인공이 각자 중앙에 있는 다섯 개의 서로 다른 그림을 그려 주었는데, 이들이 모두 현재 파리 가스트로-비스트로 움직임의 주역들이다.

뼈다귀 식당을 오픈 하고, 4년이 지나서 식당 바로 앞에 카브 cave를 열었는데 카브에는 한가운데 커다란 탁자가 있어 여러 사람이 함께 식사를 하도록 되어 있다. 그때나 지금

주 1) 에릭 프레숑 Eric Frechon : MOF이며, 미쉐린 3스타인 브리스톨 호텔의 총주방장이다. 캉드보르드, 루케트, 쇼벨 등과 함께 콩스탕 휘하의 크리옹 호텔의 수 셰프 Sous chef를 지냈다.

이나 타블 도트 table d'hôte2 가 그리 흔하지는 않다. 셰프는 이렇게 모르는 사람들이 함께 둘러앉아 밥을 먹는 것 자체가 참 재미있어서 마음에 들었단다.

그러다 보니 재미있는 일화도 많다. 그의 가족은 식당 위층에 살기 때문에 일요일에는 가족과 함께 이 큰 테이블에 앉아서 브런치를 즐기곤 한다. 그러다 보면 옆에 앉은 손님이 "이 테린 되게 맛있어요, 맛 좀 보세요!" 하면서 테린을 권하는 경우도 종종 생긴다고. 문제는 그 자신은 14년 동안 매일 맛을 보고 있기 때문에, 쉬는 날만큼은 그다지 먹고 싶지 않다는 것이다. 그래서 그냥 그러시냐구 하고 무심하게 대꾸하고 앉아 있으면 이번엔 동네 사람들이 밥 먹으러 와서 "안녕하세요, 셰프님!" 하고 인사를 한다고.

"그러면 되~게 웃겨진다구! 테린 권하던 양반은 얼마나 쑥스럽겠어. 하지만, 웃기니까 좋잖아!?"

하며 호탕하게 웃는 포셰 셰프. 함께 이야기하다 보니 어느덧 내 머릿속에도 '웃긴 것이 좋은 것'이란 등식이 성립되었다. 음식 사진을 찍는다고 한다고 하니, 생선 위에다가도 엄청 큰 골수 덩어리를 얹어 준다. 아니, 생선 위에 골수는 이상하잖아요! 했더니 껄껄 웃

으며 "골수 집이니까 이렇게 하는 게 재밌잖아! 웃기니깐 좋은 거야!" 란다.

그는 어려서부터 요리사가 되고 싶었다고 한다. 부모님께 음식을 해 드리고 자신의 음식을 먹으며 행복해 하는 모습을 보면서, 식탁이야말로 행복을 주는 공간이란 생각이 들었다. 그래서 자기의 식당을 내게 된 것이다. 그의 음식도 그를 닮아서 매우 유쾌하다. 크리옹 호텔의 음식과는 또 다른, 어깨에 힘을 뺀 '즐기기 위한' 음식이다. 뼈다귀 식당에서는 좀 창의적인 음식을

주 2) 직역하면 주인장 식탁이 되지만 그런 뜻이 아니라, 큰 테이블 하나에 모르는 사람 여럿이 함께 하는 식탁을 말한다.

한다면, 카브에서는 전통적인 음식을 한다. 음식을 한 입 베어 물고 나서 머리를 굴리고 고민할 필요 없이 눈 감고 먹어도 무엇인지 알 수 있는 심플한 요리다.

와인에 관한 그의 태도도 명료한데, 카브를 하기 때문에 '좀 아는 사람'이라고 오해하지 말란다. 그냥 좋아하면 되는 거지 왜들 그리 골머리를 앓는지 모르겠단다. 오크 향이 나는, 보디빌딩을 한 와인은 영 맞지 않아 보르도 와인은 별로 안 좋아한다고.

"와인은 숙성시켜 간직하기 위해 만드는 게 아니라, 마시기 위해서 만드는 거야, 몰랐지?"

그는 시종일관 농담을 멈추지 않는다. 하지만, 언제나 그 속에 진정한 삶이 있고, 메시지가 있다.

L'Os à Moelle

📍 3 Rue Vasco de Gama, 75015 Paris

☎ +33 1 45 57 27 27

르 벨리제르
Le Bélisaire

프랑스 식당에선 프랑스 음식을 먹고 싶다.

르꼬르동블루 학생 중, 셰프들에게 한 번이라도 "맛있는 식당 소개해 달라"고 부탁해 본 적이 있는 사람이라면, 어김없이 르 벨리제르 Le Bélisaire란 이름을 들어봤을 것이다. 남편의 르 벨리제르 첫 방문도 이렇게 이루어졌다. 사실 아직 파리를 잘 모르던 시절이라 외식을 하려면 몇 달을 아껴서 가스트로에 가거나 카페/브라스리에서 감자튀김과 립아이 entrecôte frites를 먹는 정도가 다였다.

그런 와중에 이런 사랑스러운 가격의 감동적인 음식을 만났으니 그때의 감흥이 어땠을지 짐작이 간다. 남편의 가스트로-비스트로에 대한 사랑은 이렇게 시작되었다. 때는 2001년, 바야흐로 이 식당이 막 오픈한 해였다. 벨리제르에서 식사를 하고는 음식이 마음에 들어 셰프가 궁금해졌고, 사전에도 안 나오는 식당 이름이 무엇을 의미하는지도 알고 싶었다.

벨리제르는 기원전 6세기 비잔틴 제국의 장군이었는데, 이 식당이 있는 길 이름인 마르몽텔 Marmontel이 역사상 유일하게 그에 대해 기록을 남긴 사람이란다. 로마식으로 읽으면 벨리사리우스 Flavius Belisarius. 그래서 셰프는 마르몽텔 길 위에 벨리제르를 세우고 싶었나 보다. 내부에 들어서면 하부의 붉은색과 상부의 크림색 벽체가 안정적이면서 따뜻한 분위기를 만든다. 또 안쪽 벽체엔 크림색 바탕에 선명하고 반듯한 녹색 줄무늬가 있어 작은 활력을 준다.

영국의 아스턴 클린턴 Aston Clinton(◉◉)과 프랑스의 르 플랑코엣 Le Plancoët(Jean-Pierre Crouzil, ◉◉), 제라 베송 Gérard Besson(◉◉), 포텔 에 샤보 Potel et Chabot(Jean-Pierre Biffi) 등을 거친 셰프 가렐 Matthieu Garrel. 그를 인터뷰하면서 상당히 인상적이었던 것은 매우 명료한 그의 말투였다. 그는 프랑스인 요리사를 직원으로 두기 싫다고 한다. 이유인즉슨, 프랑스인들의 노동 마인드가 외국인, 특히 아시아인들과 상대가 안 될 정도로 나태하기 때문이란다. 그는 노동허가증이 있는 외국인들이 훨씬 더 열심히 일하고, 특유의 섬세함으로 더 맛있는 음식을 만든다고 생각한다. "*일은 가르칠 수 있는 것이지만, 열정이나 일에 대한 자세는 전수해 줄 수 없잖아요?*" 하고 말하는 셰프 가렐.

브르타뉴 태생이기 때문에 그의 주특기는 해산물 요리다. 다른 식재료보다 해산물을 만질 때 더 마음이 쓰여서 종류별로 브르타뉴의 특정 지역에서 매일 배달시킨다. 그러다 보니 이곳에서는 생피에르 Saint-Pierre, 연어, 민물 농어 등 다양한 생선 메뉴를 만날 수 있다. 나도 해산물을 매우 좋아하기 때문에 셰프의 전공이 살아나는 요리를 꼭 한번 맛보고

싶어 〈게살+아보카도+토마토〉를 부탁하였다. 과연! 아주 새롭거나 특별한 요리는 아니었지만 모든 재료의 신선함이 전해져 오는 기분 좋은 음식이었다. 게살에서는 신선한 녀석에서만 느낄 수 있는 바닷내음이 그득하였고 육즙을 그대로 머금
고 있어 씹을 때마다 입 안 가득 바다를 머금고 있는 듯하였다. 아보카도 부드럽고 단맛이 나는 최상의 상태였고 토마토와의 궁합도 마음에 들었다.

언젠가 한 번 기회가 되어 최신 테크닉과 요즘 음식에 대해서 이야기를 나눈 적이 있었는데, 그는 이렇게 말하였다.

> "최근의 스타 셰프들이 문제야. 왜 프랑스가 '식도락의 나라' 였는지 알아? 간단하고 사소한 것들로 전혀 다른, 색다른 맛있는 것을 만들어 냈기 때문이라구! 반대로 최근의 분자조리니 하는 것들은 이런 최고의 재료를 하찮게 만들어 버리잖아!"

요리사라면 적어도 한 번쯤은 이런 문제를 깊이 있게 생각해 봐야 한다. 아니, 모든 가정의 요리사들 역시 이런 기본적인 생각을 갖고 있어야 한다. 간단하고 사소한 일상적인 것의 소중함과 그 속에서 색다른 즐거움과 매력을 찾아내는 능력! 이게 바로 우리의 삶을 더 풍요롭게 해 주는 작은 지혜가 아닐까 하는 생각을 해 본다.

Le Bélisaire

- 2 Rue Marmontel, 75015 Paris
- +33 1 48 28 62 24

르 그랑 팡
Le Grand Pan

보기 위한 음식 VS 먹기 위한 음식

솔직히 고백하건대, 셰프를 만나보기 전까지는 이 식당 역시 뵈르 누아제트 Beurre Noisette와 로스 아 모엘 L'Os à Moelle 1 의 뒤를 잇는 '이름으로 승부하는 집 삼총사' 인 줄 알았다. "15구는 시내에서 멀기 때문에 이런 수법으로 손님을 꼬시는군." 하고 멋대로 생각하기도 하였다. 아무리 그래도 '큰 프라이팬' 이 뭐냐고…. 하지만 식당을 들어서면서 이 의문은 풀렸다. 머리 위로 보이는 문구.

"Du temps que régnait le Grand Pan, les dieux protégeaient les ivrognes"
"술꾼들을 보호하는 신, 르 그랑 팡이 지배하던 시절…. 1964"

20세기 프랑스의 가장 위대한 가수로 손꼽히는 조르지 브라성스 Georges Brassens의 곡 Le

주 1) 244페이지 참조, 248페이지 참조

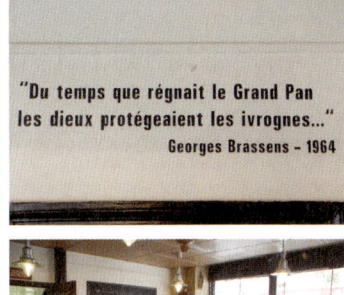

Grand Pan의 시작 부분이다. 아, 큰 프라이팬이 아니라 신神의 이름이었구나. 바카스와는 경쟁 관계려나? 식당 옆에는 브라성스 공원이 있고, 식당 안에는 양조장에서 직접 배달 오는 오크통이 놓여져 있었다. 언제나 활기찬 분위기 속에서 식사하는 장소가 되라는 의미에서 이 이름을 지었다고 한다. 역시 에츄베스트의 스공다운 얘기다.

   셰프 고티에 Benoît Gauthier의 이력을 보면 좀 의아해진다. 그는 오베르뉴 Auvergne의 예하 지역인 코레즈 Corrèzo 태생으로, 오 트루 가스콩 Au Trou Gascon(Jacques Faussat, ✸)과 바스티드 드 무스티에르 Bastide de Moustière(Alain Ducasse, ✸), 르 그랑 베푸르 Le Grand Véfour(Guy Martin, ✸✸✸)을 거친 후에 르 트로케 Le Troquet(Christian Etchebest) 2에 들어갔다. 미쉐린 3스타 레스토랑의 셰프 드 파티 chef de partie 3까지 한 양반이 갑자기 비스트로에 들어가다니?

주 2) 242페이지 참조
주 3) 넘버3. 총주방장(셰프), 스공(두 번째라는 뜻), 그다음이 셰프 드 파티다. 물론, 조직이 커지고 직원 수가 100여 명 정도 되면 보다 구조가 복잡해지기도 한다.

"가스트로에서 많은 것을 배웠지만, 계속 뭔가 부족하다고 느꼈어요. 그래서 최고의 비스트로 셰프인 에츄베스트에게 배우기 위하여 르 트로케로 가게 되었고, 그곳에서 진짜 프랑스 요리의 맛이 무엇인지 A부터 Z까지 새로 배웠지요. 최근 들어 가스트로의 음식은 너무 비주얼visual을 중시한 나머지 입에서 느껴지는 맛보다 눈으로 보는 것들이 우선시 되는 경향이 있는 것 같아요."

이렇듯 그는 비스트로의 음식이 더 좋아서 여기에 이 식당을 오픈하였다. 그에게는 이 음식들이야말로 가슴에서 만들어진 음식이기 때문이다. 냉동된 식재료를 사용하지 않고 제철 재료를 제대로 익혀서 가격 대비 만족도가 매우 높다.

심지어 그는 오베르뉴 출신이지만 돈육가공품은 바스크 지방의 것을 쓴다. 프랑스에서 돈육가공품으로 가장 유명한 두 지방이 오베르뉴와 바스크인데, 업계에선 바스크 제품을 더 알아주기 때문이다. 3년 반을 르 트로케에서 일하면서 바스크 지방의 최고 생산자들을 알게 되어 친하게 지낸 것도 도움이 되었다고.

"음식이 너무 단순하기 때문에 내가 생각해도 식재료가 안 좋으면 티가 날 것 같아서 재료에 많은 신경을 쓰지요."

점심에는 세트메뉴가 있고, 저녁에는 소 & 송아지 & 돼지 갈비 삼총사, 그리고 오늘의 생선, 셰프의 기분에 따라 한두 가지 본식이 추가되는 정도다. 전식을 시키지 않고, 본식인 갈비만 시키는 손님에게는 고기 익는 데 시간이 걸리기 때문에 아뮤즈부슈를 제공한다[4].

Le Grand Pan 르그랑팡

가재가 제철인 여름에는 파리에서 가장 저렴하게 브르타뉴산 바닷가재homard bleu de Bretagne를 맛볼 수 있는데, 하루에 다섯 마리밖에 팔지 않는다. 이 진미를 꼭 맛보고 싶다면 전화로 예약해야 한다. 단지 즐거움과 퀄리티quality를 위해서 일하는 것이지, 많이 팔아서 돈을 벌기 위해서 일하는 것이 아니라고 한다.

금요일에는 적은 양의 생선을 준비하여 밤 10시도 되기 전에 생선이 다 떨어지는데, 남은 생선을 주말 동안 냉장고에서 묵히기 싫어서라고. 마찬가지로 금요일 저녁에는 점심 메뉴의 전식이 아뮈즈부슈로 무료 제공된다.

와인도 마찬가지로 이윤 추구가 목적이 아니라 철저히 즐거움을 주기 위한 것이다. 이미 병입된 비싼 와인보다 직접 와이너리에서 오크통째로 사와서 이것을 잔으로 판다. 단골 중에 새로운 맛을 원하는 손님에게 병 와인도 판매한다. 고티에 셰프도 비싸고 좋은 장기숙성용 와인의 가치를 알지만, 그의 음식에는 갈증 해소용 와인vin de soif이 잘 어울려서 음미하는 즐거움이 있는 와인보다 쭉 들이키는 즐거움을 주는 와인을 고른다고 한다.

주 4) 미국식 템퍼링의 미디움/프랑스식 퀴송의 아푸앙/비엥퀴à point/bien cuit를 위해서 소는 15분 이상, 송아지는 10-15분, 돼지는 10분 정도가 필요하다.

우리나라에서 대중적인 식사가 〈불고기+된장찌개+김치〉라고 한다면 프랑스 사람의 그것은 〈스테이크+감자 튀김 또는 퓌레+샐러드+빵〉이다. 여행하다가 패스트푸드의 냉동 감자튀김이 질릴 때, 여정으로 2% 원기가 부족하다고 느낄 때, 프랑스에 와서 와인 마시면서 제대로 '칼질' 해 보고 싶을 때는 '큰 프라이팬'에 오길 바란다.

많은 사람이 셰 라미 장의 셰프 제고 Stéphane Jégo와 종종 비교를 하는데, 한 명은 캉드보르드의 오른팔이었고, 다른 한 명은 에츄베스트의 오른팔이었기 때문이다. 이 두 명의 큰 스승은 가스트로-비스트로 계의 큰 획이고 다른 누구보다 개성이 강한 음식을 한다. 브르타뉴 출신이면서 바스크 음식을 하는 셰프 제고, 오베르뉴 출신이면서 남서부의 음식을 하는 셰프 고티에. 이 남쪽 동네의 음식에는 '요리사'들을 홀리는 어떤 힘이 있는 것일까?

Le Grand Pan

○ 20 Rue Rosenwald, 75015 Paris
☎ +33 1 42 50 02 50

아파리아
Afaria

45

"맛있는 건 같이 드세요!"

가스트로-비스트로에 대한 이야기를 하다 보니 남서부 음식이 자주 등장하였다. 남서부 sud-ouest 음식에는 바스크 Basque 지방의 음식이 포함되는 것이 일반적이지만 사실 자세히 보면 이 두 지방은 상당히 큰 차이가 있다. 남서부 요리에는 오리, 거위, 소 등의 육고기와 야생 버섯이 중심이 된다면, 바스크 요리에서는 해산물과 고추의 사용이 두드러진다. 식자재의 보존 방법에 있어서는 바스크는 대서양을 마주한 해안이기 때문에 양질의 소금을 얻을 수 있어 염장법1 이 발달하였지만, 오리/거위 지방이 풍부한 남서부는 콩피 confit 2 가 이 자리를 대신한다.

바스크와 랑드 Landes 3 의 중간 지점인 페로라드 Peyrehorade 태생인 셰프 드부에 Julien Deboué의 음식은 이 두 지방의 색깔을 모두 지니고 있다. 랑드 지방은 푸아그라로 유명한

주 1) 염장 멸치 anchois/anchovy, 말린 염장 대구 morue
주 2) 콩피란 모든 형태의 조림을 말하는데, 오리콩피는 주로 기름에 오랫동안 익히는 조리법을 이용한다. 오리다리 콩피 cuisse de canard confite, 오리근위(똥집)콩피 gesier de canard confit 등이 있다.
주 3) 남서부는 가스코뉴(랑드), 바스크, 툴루즈, 페리고르, 케르시 Quercy로 세분할 수 있다.

동네라 그런지 역시 오리 요리가 유명하다. 이 지역에서는 주로 오리 다리를 콩피해서 먹거나 가슴살 magret de canard 을 먹는다. 셰프 드부에의 주특기가 오리 가슴살 요리인데, 매일 아침 랑드에서 푸아그라를 '만든' 오리 canard gavé 를 공수받는다. 사실 파리에서는 진공 포장된 오리 가슴살밖에 볼 수 없다. 하지만, 셰프의 이런 노력 덕에 아파리아는 파리에서 유일하게 '가슴뼈째 구운' 오리 통구이를 맛볼 수 있는 곳이다.

통째로 익히면 육즙이 밖으로 빠지지 않고 그 속에 그대로 남아 있어 매우 깊고 진한 맛을 즐길 수 있다. 완성된 통구이를 붉은 기왓장 위에 내어 한 번 보여 준 뒤, 다시 주방에서 먹기 좋게 고기를 떠 주는 가스트로 수준의 서비스까지 즐길 수 있다. 가슴 한쪽을 통으로 굽기 때문에 2인분씩 주문하여야 한다. 하지만, 진한 고기 맛을 좋아하는 사람이라면 이 통가슴 한쪽도 부족하지 않을까! 뜨거운 감자 그라탱과 맛보는 오리 통구이는 졸인 발사믹 식초의 새콤달콤한 맛과 어울리면서도 정말 고소하고 맛있었다.

소고기도 동네 친구에게서 3주 숙성한 블롱드 다키텐 blonde d'Aquitaine 이나 샬로스 Chalosse 만을 공급받아, 셰프가 자신의 워크인 냉장고에서 다시 1주일에서 2주일 더 건식 숙성을 하여 판매한다. 이건 말로 설명하기보다는 직접 맛을 봐야 한다. 입 안에서 살살

녹으면서 고소한 견과류의 풍미가 감도는 스테이크는 14구의 르 세베로Le Sévéro에 비할 수준이다.

남서부 음식은 식재료나 그것을 최상의 맛으로 바꾸는 테크닉도 뛰어나지만, 남부 사람 특유의 활발한 분위기가 한 부분을 차지한다. 그들의 삶 자체가 매일 한 집씩 돌아가면서 저녁을 먹고 와인을 마시고, 그 다음 날 함께 일하는 공동체적 삶이기 때문이다. 셰프 드부에는 자기 동네의 모습을 그대로 살리기 위하여 주변 사람들이 퇴근 후 저녁 식사 전에 '딱 한 잔' 마시고 갈 수 있도록 타파스tapas 풍의 단순한 음식들을 바 앞의 단체 테이블table d'hôte에서 즐기도록 하였고, 스페인을 포함한 남쪽 지방의 저렴한 와인들로 손님들에게 즐거움을 주고 있다.

를레 드 라 포스트 Relais de la Poste(Jean Cousseau, **), 카레 데 푀이앙 Carré des Feuillants (Alain Dutournier, **), 조르주상크George V(Philipe Legendre, ***), 다니엘 불뤼Daniel Boulud(**), 르 드루앙Le Drouant(Antoine Westermann) 등을 거치면서 테크닉을 연마한 그는 비록 젊은 나이지만 완성도 높고, 맛있고 즐거운 음식을 만든다. 음식이 너무 맛있어서 고맙다고 했더니 그는 매우 겸손하게 다음과 같이 대답한다.

"음식을 맛있게 먹기 위해서는 반드시 좋아하는 사람과 함께 해야 해요. 요즘은 음식 평론가와 블로거들이 혼자 밥 먹으러 와서 사진 찍고 인터넷 블로그에 글을 올리는 경우가 많아졌어요. 정말 맛있는 음식이라도 혼자 먹으면 맛이 없다는 것을 꼭 말해 주고 싶어요. 음식은 접시 위에 놓인 물체가 주는 맛뿐 아니라 분위기를 함께 먹는 것이거든요. 그리고 음식이란 절대 혼자 먹으면서 평을 할 수 있는 것이 아니에요."

바스크 지방 언어로 아파리아 afaria는 "식사하세요! à table"를 의미한다고 한다. 그의 말대로 음식은 본래 감사하는 마음으로 즐겁게 먹어야 하는데 요즘엔 모두가 미식평론가인 양 진지한 태도로 혼잣말하면서 식사하는 사람들이 너무 늘어나고 있는 게 아닌가 하는 생각이 든다.

Afaria

○ 15 Rue Desnouettes, 75015 Paris
☎ +33 1 48 42 95 90

카페 뷔를로
Caffé Burlot

샹 젤리제 뒷골목의 이탈리안 빈티지

크리용호텔 Hôtel de Crillon(Jean-Paul Bonin,(※)과 포텔 에 샤보 Potel & Chabot(Jean-Pierre Biffi) 바카라 크리스탈룸 Cristal Room Baccarat 등을 거친 실력가 셰프 티에리 뷔를로가 유명해 진 것은 이탈리아의 패션 디자이너 조르지오 아르마니 Giorgio Armani의 러브콜 때문이었다. 그와의 인연으로 생 제르멩 데 프레 Saint Germain des Prés의 엠포리오 아르마니 카페 Emporio Armani Caffe를 비롯하여 수년간 전 세계에 있는 아르마니의 6개 식당의 메뉴를 총괄 관리했다. 그래서 아르마니 카페는 단지 쇼비즈니스 Show-biz와 패션 피플 들을 위한 장소인 것만이 아니라 웬만한 레스토랑보다 음식이 훌륭한 것으로 유명했었다. 또 15구에 자리잡았던 뷔를로의 가스트로 식당도 우아하면서도 합리적인 가격대로 많은 사랑을 받았었다. 이렇게 경력과 실력을 갖춘 셰프다 보니 움직일 때마다 화제가 된다.

2011년 10월, 그런 티에리 뷔를로가 코스트 형제와 함께 샹 젤리제로 돌아왔다. 샹 젤리제 대부분의 건물이 그러하듯 카페 뷔를로도 문을 열고 들어서면, 밖에서는 상상할 수

도 없는 화려한 1950~60년대 빈티지 이탈리안 스타일로 새롭게 구성된 그린 계열의 실내가 펼쳐진다.

  큰 거울과 익살맞은 도자기 인형들, 채도와 질감이 다른 그린이 만들어 내는 실내는 초현실주의 그림 속에 들어 온 듯한 느낌까지 준다. 비 내리는 평일 점심임에도 주변 사무실의 직장인들로 만석을 이루었고 수트 차림의 멋진 파리지앵들이 만들어내는 수다가 식당에 활기를 더해 주었다. 능숙한 서버들이 경쾌하게 움직이는 모습이 산뜻하고 기분 좋다.

  이전 분위기 속에서 만나게 되는 음식은 이탈리아와 코르시카의 특성을 드러내는 우아하고 컨템포러리한 메뉴들이다. 점심에는 셰프 추천 메뉴로 엉트레/플라 혹은 플라/데세르에 29유로, 3메뉴에 40유로로 진행된다. 알라카르트에는 펜네, 링귀니, 감베로, 티라미수 등 보다 친근한 이탈리안 메뉴가 많이 보인다.

셰프 뷔를로와 함께 이탈리아 요리와 프랑스 요리에 대한 이야기를 나누었다.

"프랑스 요리는 전문가(요리사)의 요리고, 이탈리아 요리는 가정식 요리라 생각합니다. 프랑스는 식당과 집에서 먹는 요리가 다르지만, 이탈리아는 크게 차이가 나지 않기 때문입니다. 또, 프랑스 요리는 많은 테크닉을 요하며 이런 테크닉을 연마한 요리사들 중에는 '나 요리 좀 하거든' 하며 으스대는 사람들도 종종 볼 수 있습니다. 하지만 중요한 것은 요리란 행위는 바로 이 〈가정식 백반〉의 정신을 필요로 한다는 것입니다. 우리 가족에게 맛있고 몸에 좋은 것을 만들어 줘야지 하는 어머니의 마음 자세를 가져야 한다는 것입니다. 요리의 국적이나 테크닉이 더 중요한 건 아닙니다. 마찬가지로 요리사는 손님들에게 즐거움을 주고자 하는 마음을 가져야 합니다. 그러기 위해서는 맛뿐 아니라 아름다움도 동시에 표현할 수 있어야 하는데, 요즘 프랑스 음식들은 너무 미美적인 측면만 강조하여 미味를 잃고 있는 느낌을 받습니다. 모두가 훼란 아드리아 Ferran Adria 1 는 아니니깐 다들 관두고 다시 제대로 된 음식이나 만들었으면 좋겠습니다."

실로 정곡을 찌른 이야기다. 내가 이 문장을 그대로 옮기는 이유는 최근엔 어느 곳을 막론

하고 전 세계의 식당들이 서로가 서로를 베끼면서 정확한 맛은 못 잡으면서 잡지와 인터넷 화면을 통해 본 음식의 비쥬얼만 모방하고 있다는 느낌을 많이 받았기 때문이다. 그래도 아직까지 이런 진짜 요리사들이 움직여 주니 반가운 일이 아닐 수 없다.

이렇게 자신 있게 얘기할 수 있는 양반답게 그의 닭가슴살 요리도 모양은 평범했지만 계절 야채들과 어우러지며 훌륭한 맛을 선사했다. 접시 위는 강열하게 단순했다. 닭가슴살과 피스투 pistou 2, 파 한 뿌리, 당근 한 뿌리, 약간의 쥐 jus 3로 끝! 하지만 제대로 익힌 각각의 재료가 단순하면서도 충분한 풍미를 보여주는 완성도 있는 하나의 플라를 보여주었다. 저녁 메뉴는 75유로로 가격이 오르고 분위기도 보다 섹시해진다.

Café Burlot Thierry Costes

- 9 Rue du Colisee, 75008 Paris
- +33 1 53 75 42 00

주 1) 스페인 레스토랑 el bulli의 셰프
주 2) 바질, 마늘, 잣, 올리브 오일을 베이스로 만든 소스의 일종
주 3) 쥬스, 육즙

랑트레주
L'Entredgeu

손맛이 음식을 결정한다!

"아… 또 남서부 음식점인가!" 우리나라도 전라도 음식이 맛있다고 많이 얘기하고, 실제로 전라도 출신 요리사가 많은 것과는 단순히 우연의 일치일까? 하지만, 생각해 보니 음식이란 게 원래 그렇다. 셰프의 경력이 다르고, 나이에 따라 선호하는 재료가 다르고, 손맛이 다르다 보니 같은 동네 음식이라고 하기엔 너무나 다른 접시들을 만나게 될 때가 많다. 뭐가 더 맛있고, 뭐가 덜 맛있고가 아니라 개인의 취향과 경험의 차이일 뿐이다. 같은 부대찌개라고 해도 식당마다 다르고, 같은 안심 스테이크라고 해도 주방장마다 맛이 다른 것과 같다.

셰프 트레주 Philippe Tredgeu는 베아른 Béarn 태생이지만, 그의 음식이 무조건 남서부 스타일은 아니다. 이력을 보면 알 수 있듯이 뉴욕, 스위스 등지에서 일하고, 파리로 돌아와 라페루즈 Lapérouse (Gabriel Biscay, ✻✻✻)를 거쳐 프랑스 대사의 요리사로 다시 네덜란드로 가는 등 대부분의 시간을 외국에서 보낸 탓에, 남서부의 음식보다는 프랑스를 대표하는 음식들을 주로 해 왔다.

사실 그의 이런 면이 내게는 더 쉽고 친숙하게 다가왔다. 언제나 수프 한 가지는 메뉴에 포함되어 있는데, 뜨끈한 '국물'을 좋아하는 나에게는 여간 반가운 일이 아닐 수 없다. 날씨가 추워지면 우리나라의 부글부글 끓인 탕 요리의 온도가 그리워지는데 프랑스 요리에선 이런 100도에 근접한 뜨거움을 만나기 어렵다. 하지만, 랑트레주는 사시사철 계속 종류를 바꿔가면서 적어도 한 가지의 수프를 메뉴판에 가지고 있다는 것만으로 가산점 획득!

또 랑트레주의 식탁엔 신선한 채소가 많아서 좋다. 채소는 손이 많이 가고, 날이 갈수록 가격도 많이 오르고 있지만, 소비자들이 알아주지 않은 식자재 중 하나다. 정말 영화에서처럼 미래에는 신선한 과일이나 채소를 먹기 위해 전쟁을 벌여야 하는 일이 생길지도 모르겠다. 점점 식당들이 사용하는 가니시가 구태의연해지는 것도 이런 이유에서일지도 모른다.

47

In the Real Life of Les Parisiens

이번 식당 인터뷰를 하면서, 남서부 요리를 전문으로 하는 수많은 셰프를 만났는데, 대다수가 이 집의 음식을 맛있다고 평하였다. 도대체 이 사람은 무슨 능력을 가졌길래 너도 나도 이구동성으로 맛있다 평하는지 궁금하였다. 하지만, 그와 이야기하면서 음식도 음식이지만 그의 '겸손' 때문이 아닐까 생각이 들었다. 인터뷰를 할 때에 이것저것 맛을 보게 해 주었는데, 모두 다 하나같이 빼어난 맛이었는데도 불구하고 정작 본인은,

"사실 이 테린은 나보다 셰프 캉드보르드[1] 게 더 맛있어.", "이 삼겹살 찜은 나보다 셰프 제고[2]의 것이 더 부드럽지.", "하긴 나도 오스피탈의 장봉[3]을 받아쓰지만, 이상하게도 아파리아[4]에 가서 먹으면 더 맛있더라고, 분위기 때문일까?"

라며 연신 타인을 칭찬하였다.

이렇게 맛있는 음식마다 다 보통이라는 이 셰프는 뭘 잘 만들까 궁금하여 물어보니, 그의 주특기는 돼지고기라고 한다. 〈돼지 족과 푸아그라를 채운 뿔닭 다리구이〉는 그가 종종 만드는 주특기라고 하니 다음 번에 꼭 맛보아야겠다.

L'Entredgeu

📍 83 Rue Laugier, 75017 Paris
☎ +33 1 40 54 97 24

주 1) 80페이지 참조
주 2) 122페이지 참조
주 3) 320페이지 참조
주 4) 262페이지 참조

라 브레지에르
La Braisière

요리사, 평생 단 한 번뿐인
결혼식 피로연을 그에게 맡기다!

사실 이곳은 우리 부부가 파리에서 결혼식을 올린 뒤 피로연을 했던 장소이다. 프랑스의 결혼식은 우선 '형식적'으로 구청에서 이루어진다. 그리고 나서 교회를 다니는 사람은 교회에서, 성당에 가는 사람은 성당에서, 혹은 야외에서, 성에서, 배에서 원하는 대로 식을 올리고 피로연을 한다. 넓고 큰 시골집이 있는 사람은 집에서 피로연을 하기도 하고, 별장에서 하기도 한다. 그러나 시내에서는 일반적으로 식당에서 피로연을 하곤 한다. 요리사인 남편은 일생일대의 〈만찬〉을 위해 고민하고 또 고민하였다.

그러다가 많은 요리사의 조언을 듣고 선택한 곳이 바로 라 브레지에르였다. 모든 준비를 남편이 하였기 때문에, 나도 결혼식 당일 피로연 때 처음 가 보았다. 화려한 꽃 장식이 중앙에 놓여 있고 차분한 벽체, 품위 있는 식기와 테이블보가 안정적이면서 편안한 분위기를 자아냈다. 무엇보다도 능숙한 서비스와 음식에 모두가 수긍하며 고개를 끄덕이고 즐거워했는데, 그중에서도 이날의 메인 요리였던 양고기찜은 정말 최고였다.

양고기 하면 고개를 설레설레 흔드는 사람도 있는데, 그건 정말 좋은 양고기를 맛보지 못하였기 때문인 것 같다. 사실 고백하자면, 나도 양고기를 그리 좋아하지 않았다. 양고기의 냄새부터 싫었다. 그런데 고급 레스토랑에서 쓰는 양고기에는 아뇨 드 레Agneau de lait, 즉 '젖먹이'라는 뜻의 호칭이 하나 더 붙는다. 이 젖먹이de lait는 아직 풀을 먹기 전의 생후 6개월 미만의 양을 말하는 것으로, 이날 우리가 맛보았던 양고기 찜도 피레네 산맥에서 자란 젖먹이 양이었다.

이런 어린 양고기의 특징은 동물적인 누린내가 전혀 나지 않고 고기의 식감도 소고기나 돼지고기 등 다른 고기들에 비해 훨씬 부드럽고 촉촉하다는 것이다. 메뉴판에서 '아뇨 드 레'라는 대목을 발견하면 꼭 한 번 시도해 보길 바란다. 이렇게 우리의 결혼식 피로연은 최고의 음식과 그에 걸맞은 와인과의 마리아주로 즐겁고 행복하게 치를 수 있었다.

셰프 포사Jacques Faussat는 시골 깡촌 출신이라 좋은 식자재가 무엇인지 직접 보면서 자란 사람이다. 그래서 그는 '요리 스타일'보다는 재료를 우선으로 여긴다. 그는 좋은 식자재를 이용하여 전통적인 조리법을 쓰면서 요즘 입맛에 맞춘 음식을 선보인다. 그는 시골에서 진짜 맛있는 토마토가 무엇인지 맛보며 자랐다. 그래서 도시에서 자라 요리사가 된 사람들의 레시피를 보면, 토마토를 사용하긴 했는데 거기에 왜 그 토마토를 사용하였는지 이해할 수 없는 경우가 종종 있다고 한다. 왜냐하면 그들은 정말로 좋은 토마토가 무엇인지 모르고, 밭에서 따라고 해도 무엇을 따야 좋은 건지 모르기 때문이라고.

"나와 직거래하는, 블루아Blois에서 매주 2번 올라오는 농부가 있어요. 금년에는 날씨가 영 안 좋아서 토마토를 안 가지고 오다가, 최근에 다시 배달해주어 토마토 타르트tarte de tomates 1 를 엉트레로 메뉴판에 올렸죠. 그런데 사실 이런 양질의 토마토는 육고기는 말할 것도 없고, 웬만한 해산물 가격만큼 비싸기 때문에 판매에 어려움이 많아요. 손님들이 종종 왜 토마토 타르트가 그 값을 받아야 하는지 궁금해해요. 하지만, 정말 최고의 토마토 1kg은 소고기 안심 1kg에 필적할 값이거든요.

이제 오일 머니의 시대는 끝났고 어쩌면 양질의, 특히 유기농을 하는 사람들이 돈을 버는 시대가 오지 않을까 해요. 모든 사람이 좋은 식자재를 먹고 싶어하기 때문이죠."

여기에 그가 태어나서 자란 제르스Gers의 지방색이 가미되었는데, 이 지역은 원래부터 프랑스 요리에서 중요한 위치를 차지하는 곳이다. 파리지앵들에겐 남서부 음식이 축제 분위기를 연상시키며 잘 먹고, 잘 마시고, 잘 즐기는 사람의 음식을 의미한다. 남서부 지역은 중앙산맥Massif Central과 피레네 산맥Les Pyrénées 사이에 있어, 바스크 지역을 시작으로 대서양을 마주하고 있으며 주변에는 보르도, 베르주락Bergerac, 쥐랑송Jurançon 등을 포함한 광대한 와인 산지가 있다.

영국인들에게 지배를 받던 시절도 있었고, 스페인 사람들에게 침략을 받은 적도 있어 역사적, 지리적으로 여러 문화가 만나기 때문에 단지 몇 km만 가도 음식의 이름이 바뀌는 등 가장 많은 지역 특산 음식이 존재하는 매우 넓은 지역이다. 실제로 이 지역 출신 요리사가 무척 많다. 셰프 포사의 조부모님과 부모님 모두 손님 초대하는

주 1) 토마토 파이

것을 좋아하셨고, 동네 사람들도 모이고 즐기는 것을 좋아하다 보니, 친구를 초대하여 먹고 마시고 하는 것이 너무나 당연한 삶의 방식이 되었다고 한다.

"그래서 이 직업을 선택하게 됐죠. 누구든 이 지역에서 살아 보면 '사는 즐거움'이 뭔지 알게 될 거예요. 이곳에서는 먹고 마시고 즐기는 것 자체가 삶이죠. 맛있는 음식이란 사랑을 담아 조리한 것이에요. 우리 어머니는 호텔학교를 나오지도 않았고, 미쉐린 스타 레스토랑에서 한 번도 일한 적이 없지만, 매우 맛있는 음식을 만들지요. 왜냐하면 우리를 즐겁게 해 주고 싶어하는 마음으로 음식을 하기 때문이에요. 그래서 나도 식당에 가서 음식을 먹으면, 이 음식을 만든 셰프가 '먹는 사람이 즐겁길 바라는 마음으로 만든 음식'인지 아닌지 대번에 알 수 있지요. 티가 나거든요. 이건 음식이 복잡하다고 해서 감춰질 수 있는 것이 아니에요. 음식을 먹으면서 뭔가를 이해하고 수긍하게 하려고 해서는 안 돼요. 음식은 논리도 수학도 아니니까요!"

매스컴을 이용하는 능력을 가진 요리사도 있지만, 언제나 주방을 지키면서 음식을 만드는 요리사도 있다. 셰프 포사는 프랑스 요리를 풍요롭게 만드는 착실하고 능력 있는 주방의 파수꾼 중 하나이다.

La Braisière

◉ 54 Rue Cardinet, 75017 Paris 17e
☎ +33 1 47 63 40 37

French Restaurants in Korea
내가 사랑하는 한국의 프렌치 레스토랑

APPENDIX 1

French Restaurants in Korea

L'Espoir du Hibou 레스쁘아 뒤 이부

MERCIEL 메르씨엘

레스쁘아

1 Lespoir du Hibou

서울 속 파리를 만나다.

APPENDEX 1.

한국의 프렌치 레스토랑

프랑스에도 프랑스적 예스러움을 잘 표현한 공간은 그리 흔하지 않다. 자칫 잘못 클래식을 흉내 냈다가는 국적불명의 이상한 공간이 되어버리기 십상이다. 그래서 내게도 메르씨엘의 공간 연출이 무척이나 큰 숙제였다. 그런데 서울에서 레스쁘아를 가보곤 한 방 얻어맞은 듯한 기분이 들었다. 어쩌면 이토록 파리 뒷골목에서도 보기 어려운 파리다움을 표현했을까! 나중에 셰프 임기학으로부터 그 비결을 들어보니, 파리의 브라스리와 비스트로

인테리어에 관한 책을 아주 많이 보고 연구했다고 한다.

청담동으로 옮겨 오면서 상호도 레스쁘아 뒤 이부로 바뀌고 더 섹시해졌다. 처음 들어서는 순간부터, 이런 감각은 대체 어디서 나오는지 감탄이 터져 나왔다. 목재와 각 요소를 감각적으로 잘 사용해서 대단히 남성적이면서도 장식적이고 세련된 느낌으로 채워져 있었다. 개인적으로 배우 류승룡 씨 같은 마초적이면서도 섬세한 남성의 매력이 느껴지는 공간이라 생각한다. 또 청담동의 멋진 고객들이 만들어 내는 공간의 색채와 소리도 이곳을 매력적이게 하는 훌륭한 요소다.

임기학 셰프를 만나다

알고 보니 임 셰프는 할아버지 대부터 요식업을 해오던 집안에서 자라났다. 할아버지는

1946년, 일본 최초의 한국식 구잇집인 식도원食道園의 창시자이시다. 일본 최초의 구잇집에는 여러 설이 있다고 하는데, 이 식도원은 오사카를 배경으로 성장한 요식업체로, 여러 기록 중에도 가장 먼저 창업한 가게라 한다. 이후 아버지는 한국으로 들어와 건축 관련 일을 하셨지만, 할아버지의 염원으로 서울의 한 백화점과 압구정 등지에 식당을 운영한 적이 있다.

외가의 이모들 역시 음식에 일가견이 있으셔서, 임 셰프가 돼지족 테린을 만들었다고 맛을 봐주십사 하면, 모두 요리사가 만든 눈앞의 테린은 오간 데 없고 자신들의 레시피가 더 낫다고 자랑하시기 바쁠 정도라고 한다.

"언니는 무슨 부위로 만들었수?" "에이, 그건 아니지, 소로 만드는 게 제대로야!" "기학아, 넌 뭘로 굳혔어? 젤라틴? 그거보다는, 푹~ 고아서 본연의 끈기가 나오게 해야 정석이야! 담 번엔 내 걸 맛보자구!" 이런 환경이니, 어려서부터 요리와 음식에 관심이 없을 수가 없다.

임 셰프는 성악을 전공하고 도미하여 존스 앤 웨일즈 Johnson & Wales 대학에서 요리를 공부했다. 이후, 뉴욕의 DB bistro modern chef Daniel Boulud, 서울 그랜드하얏트호텔의 파리스 그릴, 파크하얏트의 코너스톤, 뉴욕의 카페 그레이 Café Gray에서 경험을 쌓고, 드디어 자신의 이름을 걸고 레스쁘아 L'Espoir라는 프렌치 비스트로를 오픈 한다.

임 셰프는 미국에서 프렌치를 공부하고, 프랑스 셰프들 아래에서 수학했는데, 이때 만난 셰프들의 열정과 무서운 기본기가 지금까지도 마음 깊이 큰 초석이 되어주고 있다고 한다. 또, 미국에서 배운 프렌치를 한국에 이식했기 때문에 오리지널에 더 가까이 다가가고자 하는 강한 욕망과 의지가 있었던 것이 사실이고 이것이 오늘날, 서울에서 가장 프랑스적인 비스트로 '레스쁘아 뒤 이부'를 탄생시킨 원동력이 되었다고 한다. 파리지앵 스타일의 깊이 있는 '맛'에 미국적인 세련미가 더해져 오늘날의 서울 사람들과 더욱 경쾌하게 대화하고 있는 식당이다.

2008년 5월에 오픈한 레스쁘아는 아직도 끝없이 성장하고 연구하는 공간이다. 70년 전, 조부께서 일본에 한국식 고기구이를 소개하셨듯이, 이 매력적이고 멋진 프랑스 식문화와 비스트로 문화를 한국에 소개하고 싶다는 것이 임 셰프의 바람이다.

L'Espoir du Hibou

📍 서울특별시 강남구 청담동 90-20
☎ 02-517-6034

메르씨엘
MERCIEL

바다와 하늘이 만나는 곳,
프랑스 식당

APPENDEX 1.

한국의 프렌치 레스토랑

꽤 오랜 시간이 걸려 이 책의 교정 1쇄를 손에 받고 책을 읽어나가면서 이루 말할 수 없는 감정의 물결이 밀려옴을 느꼈다. 우리가 마음에 품었으면 하는 불씨 하나, 그리고 용기. 셰프들의 메세지는 우리에게 있어 '초심初心' 그 자체였다. 그래서 메르씨엘 이야기도 하기로 했다. 사실, 메르씨엘을 소개하는 것은 조금 망설여지는 일이었다. 객관적으로 소개하는 것이 불가능하기 때문이다.

하지만, 지금에 와서 감히 말할 수 있을 것 같다. 이렇게 사소하고도 당연한 '기본'을 지키기 위해 온 몸을 불사르며 부들부들 떨고 있는 우리는, 우리들이 만난 이 위대한 셰프들과 당당히 '함께'라고!

다른 여느 셰프들이 그러했듯이, 셰프 윤화영에게도 크게 영향을 끼친 스승들이 있다. 그중에서도 가장 큰 영향을 미친 이가 크리옹 호텔 Hôtel de Crillon, 레 정바사되르에서 만난 장 크리스토프 피에주 Jean-François Piège다. 지금은 투미유 호텔과 식당들의 주인장이 되었지만, 윤화영이 만났을 당시에는 20대에 별 세 개를 받는 것이 가능할까 하며 세간의 이목이 쏠리던 천재였다. 위생과 청결에 대한 강박적인 자세에서부터 디테일과 완성도를 중시하는 레시피, 마니악한 프레젠테이션 등이 셰프 피에주의 그림자다.

스타주 당시 ESCF학생이던 윤화영을 전격 채용하여, 한국인 최초 팔라스급 호텔이자 미쉐린 스타 레스토랑의 정직원 요리사로 일할 수 있게 해 준 이도 바로 셰프 피에주다. 이때, 크리옹에서 윤화영의 사수였던 크리스토프 상텐은 이제 알랭 뒤카스 사단을 대표하는 오텔 뫼리스의 총주방장이 되었고, 올리비에 Olivier Arlot는 고향 투르에서 오픈하여 1년 만에 미쉐린 별 하나를 거머쥐었다. 분발하지 않을 수 없는 분위기다.

1층, 레스토랑 Restaurant Merciel

메르씨엘 레스토랑은 최근 젊은 셰프들이 오픈하는 미쉐린 1스타~2스타 레스토랑들의 실내 분위기를 열심히 공부하여 만들어 내었다. 우리 책에서는 비올롱 댕그라던가, 라

APPENDEX 1.

한국의 프렌치 레스토랑

비가라드, 즈 키친 갈르리, 시스 뉴욕 등이 그 대상이 되겠다. 컬러는 제각각이지만, 미니멀한 벽체와 따뜻한 느낌의 목재 바닥, 분위기에 맞는 부드러운 소재들, 적절한 그림, 이런 요소들이 요즈음 파리를 대변하는 인테리어적 소재들인 것 같다.

프랑스 본국에서도 클래식을 재현하는 것은 불가능에 가까운 비용을 필요로 한다. 메르씨엘 레스토랑은 셰프 윤화영이 추구하는 음식에 어울리면서도 바닷가 도시 부산에서 다양한 대화가 가능한 공간이 되었으면 하는 바람으로 내부를 구성했다. 모래 빛깔의 벽체

와 목재 바닥, 그리고 우아한 푸른 색의 가구와 리넨이 경쾌하면서도 품위 있는 식사의 배경을 만들어 준다.

주방은 '센터 주방'으로 파리의 팔라스 호텔들, 투미유, 성드랑스 등이 그 모델이 되었다. 한국의 호텔에는 한식당, 중식당, 양식당 등 장르가 다른 식당들이 여기저기 입점해 있기 때문에 각 매장에 필요한 각각의 주방이 별도로 존재하고, 대부분의 경우 중식당 조리사가 양식당으로 옮기는 경우도 잘 없다. 하지만, 파리의 호텔들은 그 규모도 작지만, 그렇게 많은 다국적 식당을 갖추고 있는 곳도 드물고 대체로 가스트로노미 식당과 그 세컨드 식당, 바-라운지, 룸서비스 정도의 단출한 팀을 구성해 있다. 그리고 장르가 프렌치로 통일되니 효율적인 관리를 위해 센터식 주방을 꾸리는 경우가 많다.

설계 단계에서부터 메르씨엘은 하나의 건물에 '두 개의 식당, 하나의 주방'이라는 콘셉트로 만들어졌다. 메르씨엘의 주방은 수직 3층으로 이어져 있는데, 워크인 냉장/냉동고, 건식자재 창고, 전처리실 등의 부속공간과 탈의실이 하부 구조를 이루고 센터주방, 그리고 피자/빵 디저트를 담당하는 부주방으로 이루어져 있다.

레스토랑의 메뉴는 엉트레-플라-데세르를 기본으로 확장성을 가지도록 구성되어 있

고, 각 메뉴에 어울리는 와인 마리아주도 준비되어 있다. 코스 요리만을 선보이고 있는 것은 프랑스식 식사의 형식을 어느 정도 유지하기 위해서이다. 프랑스 사람들은 누가 뭐라 하지 않아도 엉트레-플라-데세르의 규칙을 지키고자 하는 DNA를 타고났지만, 대부분의 한국 사람에게 그저 나열된 메뉴판을 주면 대부분 당황스러워 한다. 나의 한 끼 식사를 어떻게 성공적으로 디자인 하느냐 하는 선택의 권리를 부여받는 것이 여간 피곤하고 불편한 것이 아니다. 그래서 가능한 편안하면서도 기분 좋은 식사를 가능하게 하는 '레퍼런스'를 여러 가지 만들어 놓기로 했다. 대부분의 한국 양식당들이 이러한 이유에서 세트 메뉴를 만들어 둔 게 아닌가 싶다.

독자들은 이미 파악했겠지만, 프랑스 요리의 핵심은 계절성과 지역성이다. 한국에서 이 두 가지를 실현하기가 생각보다 쉽지 않았다. 하지만, 될 수 있으면 한국에서 재배한 그 계절의 재료에 요리사의 기술을 보태어 다채로운 프렌치를 선보이고자 노력하고 있다.

프랑스 파리 생선가게에 나가 보면, '작은 배로 당일 잡은 물고기'라는 뜻의 프티 바토petit Bateaux라는 표시가 붙은 생선을 발견할 수 있다. 큰 배들은 며칠씩 걸리는 장거리 조업을 나갈 수 있어 한 번에 많은 양을 잡아들일 수 있지만, 그 속에는 배에서 며칠을 묵은 생선들도 함께 있다. 메르씨엘은 기장에서 작은 배를 타고 어업을 하는 어부로부터 해질 녘이나 늦은 저녁에 도착한 '그날 잡은 신선한 생선'을 받아 직접 손질하고 숙성시켜 계절에 가장 맛있는 계절 생선을 사용하여 프랑스식 조리법으로 음식을 만든다.

2층, 브라스리 Brasserie Merciel

파리 시내에서는 CAFE/BAR/BRASSERIE 라고 쓰인 간판을 흔히 발견할 수 있다. 브라스리는 오전부터 새벽까지 시간대에 따라 정체성을 바꿔가며 고객을 맞아들이는 매력적인 장소이다. 몽마르트르에 이사한 지 얼마 안 되어 아직 집에 인터넷 설치가 되지 않았을 때, 근처의 한 카페/브라스리에서 와이파이를 사용하려고 바bar에서 커피 한 잔을 시켜두고 앉아 있었던 적이 있었다. 그것이 딱 저녁 직전부터 저녁으로 바뀌는 시간대였는지라, 눈 깜짝할 사이에 내가 어디에 있었는지 혼미할 정도로 분위기가 바뀌어 있어 놀랐던 적이 있다. 낮 동안에는 그저 평범한 카페였는데, 해가 지니 손님은 모두 맥주 마시는 젊은 남자들로, 바텐더는 등이 훤히 보이는 드레스로 갈아입은 섹시한 아가씨로 바뀌어 있었고 음악도 밤에 어울리는 소리로 바뀌어 있었다. 이 정도 되면 노트북 접고 자리를 비키지 않으면 안 되는 분위기!

이렇듯 브라스리에서는 프티 데죄네 perir déjeuner 부터 야간의 맥주와 술안주까지 시간대에 따라 그 지역에 따라, 주인장에 따라 판매하는 품목과 분위기가 다양한 장소다. 맥주에서 그 어원이 온 만큼, 맥주를 마실 수 있는 것은 보장되어 있다. 미국이나 일본 등의 영향을 거치면서 지역마다 스타일이 조금씩 변화하기도 하는데, 메르씨엘 브라스리는 바다와 하늘이 만들어내는 아름다운 배경과 고객들이 만들어내는 조화로 자신만의 정체성을 서서히 확립해 가는 중이다.

메르씨엘의 브라스리는 이런 브라스리 파리지앵의 모습을 간직하면서도 레스토랑의 세컨드 식당의 역할도 수행해 내고 달맞이의 지역성을 만끽할 수 있는 공간이다. 메르씨엘에서 고객들과 가장 많은 이야기를 주고받는 장소이기도 하다. 음식에 있어서는 아직 부산과 대화 중이다. 하지만, 푸아그라, 테린, 카술레, 콩피, 등 우리 책의 많은 셰프들이 사랑하여 마지않는 프렌치 대표주자들을 조금씩 조금씩 늘려 가고 있다.

MERCIEL

- 부산광역시 해운대구 중동 달맞이길 65-154
- 1F Restaurant 051 747 9846
  2F Brasserie 051 747 9845

Apprêt
부록 2. 식재료

Foie Gras 푸아그라
황제의 음식? No! 촌부의 진미!

Truffe 송로버섯
향을 즐기는 버섯

Caviar 캐비아
천상천하 유아독존의 풍미

Huile d' Olive 올리브 오일
맛과 효능을 한 번에 잡았다

Jambon 장봉
잠봉? 짬뽕? 장봉!

Poissons 생선
생선요리를 즐기는 방법

Viandes 고기
이제, 고기를 먹어볼까?

Épices 향신료
메뉴판을 읽는 마지막 마무리!

Fromages 프로마주
디저트 전의 입가심!

푸아그라
Foie Gras

황제의 음식? NO! 촌부의 진미!

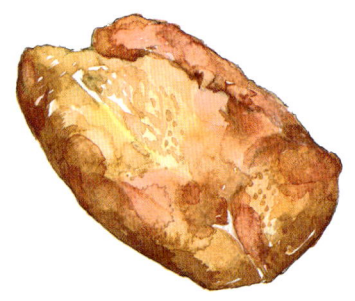

피에르 가니에르Pierre Gagnaire가 을지로 입구에 들어오고, 전국 곳곳에 프렌치 요리를 표방하는 식당들이 많이 생겨났다. 이런 프랑스 요리 붐과 함께 덩달아 유명해진 식자재들이 있으니, 바로 세계 3대 진미라 불리는 푸아그라foie gras, 캐비아caviar1, 트뤼프truffe2다. 어떤 후보 중 이 세 가지가 선발되었는지는 모르겠지만, 푸아그라와 나머지 두 가지에는 큰 차이가 있다.

바로 가격이다. 캐비아도 인간에 의해서 '만들어' 지지만, 그 희소가치 덕분에 고가의 식재료로 통한다. 하지만, 푸아그라는 흔히 생각하는 것처럼 고급의 식재료도, 고가의

주 1) 염장한 철갑상어 알
주 2) 송로버섯

식재료도 아니다. 일반적으로 슈퍼에서 손쉽게 구할 수 있는 푸아그라의 소매가가 1kg에 27.95유로[3] 정도다. 동일 매장에서 소고기 안심이 1kg에 35유로인 것을 감안하면 그리 높은 가격은 아니다. 게다가 안심은 힘줄과 지방을 제거하면 먹는 부분이 얼마 안 되지만, 푸아그라는 그러한 제거 없이 100% 입으로 들어가기 때문에 더더욱 가격이 저렴하다고 할 수 있다.

푸아그라에 대한 이야기라면 대부분은 고대 이집트인이 철새의 습성을 통해 발견하였고, 로마인들이 거위에 무화과를 먹여서 푸아그라를 만드는 제조법을 고안했다는 등의 이야기로 전개된다. 하지만, 음식에 대한 이야기를 할 때는 역사와 전래보다 무엇을, 언제, 어떻게 먹는지 등이 더 궁금할 것 같다.

사실 푸아그라가 유명한 지역은 프랑스 남서부와 알자스이다. 남서부 지역은 오리 기름을 이용하여 조리하는 요리가 많으니 푸아그라를 사용하는 것도 이해된다. 하지만, 알자스에서는 어떻게 푸아그라를 먹게 되었을까? 지도를 보면 알 수 있듯이 알자스 지방은 과거 독일의 영토였고 벨기에, 스위스와도 접하고 있어 여러 민족의 문화가 섞여 있는 곳이다. 돼지비계를 주로 쓰는 것도 아리아계 독일인들의 식문화에서 온 것이다.

알자스의 푸아그라 문화는 동유럽에 거주하던 유대인 때문에 생겨난 것이다. 유대인은 예나 지금이나 종교상의 이유로 버터나 돼지비계를 조리용 지방으로 사용할 수 없다. 그런데 동유럽은 극심한 대륙성 기후로 참깨나 올리브가 자라지 않아 '기름'의 대체물은 조류의 동물성 지방뿐이었다. 이렇게 오리의 기름을 요리에 사용한 전통이 지금의 알자스의 푸아그라를 만들었다. 기름 대용으로 사용하기 위해 오리를 사육하게 되었고 그 부산물로 푸아그라를 얻게 된 것이다. 오늘날에도 많은 이들이 버터나 올리브유 대신에 거위나 오리의 지방을 한 술씩 사용한다.

주 3) 약 50,300원

반면, 19세기까지 *남서부지방*[4] 은 다른 이유에서 푸아그라를 만들었는데, 바로 오리 고기를 먹기 위해서였다. 프랑스 클래식 요리에는 오리고기로 만든 요리들이 많이 있다. 오리는 비교적 크기가 크기 때문에, 통구이를 할 경우 오랜 시간 동안 오븐에서 익혀야 하는데 그러다 보면 어쩔 수 없이 고기가 질겨진다. 질기지 않고 기름진 고기를 만들기 위해서는 오리를 억지로 살찌게 해야 했고, 그렇게 살찌운 오리의 배를 갈랐더니 푸아그라가 나왔다. 푸아그라는 '부산물'에 해당하였다. 주산물이었으면 그대로 먹었겠지만 그게 아니다 보니 이런저런 궁리 끝에 나온 것이 병조림이다. 일장일단一長一短이 있는 이 방법은 냉장시설이 없던 당시에도 장기보존이 가능했을 뿐만 아니라, 와인처럼 장기숙성 했을 때에 병 속에서 맛도 숙성된다는 이점이 있다. 특히 트뤼프가 한 조각이라도 들어간 병조림이면, 그 맛은 아주 기가 막힐 정도로 좋아진다. 하지만, 이 방식으로 익혀서 바로 먹는 경우엔 맛이 많이 떨어진다. 여하튼 집집마다 매번 오리를 잡고 거기서 나온 푸아그라 병조림이 찬장 가득히 차 있고, 한국의 젓갈이나 장조림 또는 〈묵은지〉처럼 여기저기 섞어 먹다 보니 지금의 수많은 조리법과 먹는 방법이 생긴 것이다. 실제로 학창 시절에 시골에서 올라온 친구들의 집에 가 보면 꼭 우리나라에서 참기름이나 김치 보내듯 시골집에서 보내온 병조림이 가득한 것을 볼 수 있었다.

그럼 푸아그라는 어떻게 먹어야 할까.

자주 받게 되는 질문 중에 정말 대답하기가 난감한 것이 있다. 바로 *"푸아그라 잘하는 식당을 소개해 달라."*는 것이다. 푸아그라가 익숙하지 않은 사람들에게는 으레 있을 수 있는 의문이겠지만, 이것은 마치 딸기나 감자, 올리브 혹은 버터가 맛있는 식당이 어디냐고 묻

주 4) 남서부(南西部) 지방(Sud-ouest) : 대서양에 인접한 보르도에서부터 스페인과의 국경인 피레네 산맥까지 이른다. 남서부 지역의 동쪽 끝을 일반적으로 툴루즈Toulouse 로 보는데, 여기서부터는 지중해 기후가 시작되어서, 이 주변에서는 대서양 기후(서안 해양성), 산악 기후(중앙 산맥Massif central), 지중해성 기후, 대륙성 기후 등의 4가지 기후의 특성이 모두 나타난다.

는 것과 같다. 실제로 위키피디아 한국어판에서도 '푸아그라' 를 검색하면 "푸아그라의 재료로 사용되는 거위의 간"이라 설명하고 있다. 이것은 "치킨의 재료로 사용되는 닭"이라는 말과 같다.

프랑스의 식당들은 일반적으로 계절마다 레시피[5] 를 새로 만든다. 그런데 무슨 수로 모든 식당의 레시피를 알고 맛을 볼 수 있을까. 이것은 불가능하다. 푸아그라는 모든 조리법을 다 이용할 수 있다. 삶고[6], 로스트하고[7], 팬 프라이하고[8], 테린을 만들고[9], 증기로 찌고[10], 콩피하고[11], 레드 와인에 졸이고[12], 수플레로도 먹고[13], 면보에 싸서 삶고[14], 따뜻한 푸딩[15]으로, 혹은 크렘 브륄레[16] 로 먹는 등 푸아그라의 다양한 조리법은 끝이 없다. 그리고 계절별로 곁들여 먹는 재료도 바뀌기 때문에, 파리 최고의 푸아그라 식당 〈The best foie gras of Paris〉는 존재할 수 없다. 무엇이 가장 맛있다고 말할 수 없이 철저히 개인 입맛에 달렸다.

주 5) recipe레시피 : 조리법. 프랑스어로는 르세트 recette라고 한다.
주 6) Poché포셰 : 끓는 물(육수)에 삶는 조리법
주 7) Rôti로티 : 오븐에 넣어 고열로 통째로 굽는 조리법
주 8) poêlé푸알레 : 프라이팬에 굽는 조리법
주 9) en terrine엉 테린 : 사기나 주철로 된 틀에 넣어서 오븐에 익힌 후, 식혀서 차게 먹는 조리법. 본래 테린은 유약을 발라 구운 높이가 있는 용기를 말하는데, 이 용기를 이용하여 만든 클래식 음식도 테린이라고 부른다. 고기의 질긴 부위를 잘게 다져서 테린에 넣고 오븐에 익혀 식힌 후, 먹기 좋게 잘라서 빵과 코르니숑을 곁들여 먹는 에피타이저의 일종이다.
주 10) à la vapeur알 라 바푀르 : 찜통에 넣어서 뚜껑을 덮고, 고온 고압의 수증기로 익히는 조리법
주 11) confit à la graisse de canard콩피 알 라 그래스 드 카나르 : 저온의 오리 기름에 장시간 삶는 조리법
주 12) au vin rouge오 뱅 루주 : 끓는 레드 와인에 여러 가지 향신료를 넣어서 삶은 뒤 식혀서 먹는 조리법
주 13) soufflé수플레 : 계란을 섞어서 사기그릇에 담아 오븐에 구워서 뜨겁게 먹는 조리법
주 14) au torchon오 토르숑 : 면보에 싸서 육수에 삶는 조리법으로, 〈포셰〉와 비슷하지만, 김밥처럼 모양을 만들 수 있다.
주 15) royale루아얄 : 크림, 계란 등을 섞어 저온의 오븐에 익혀 계란찜 비슷하게 먹는 조리법
주 16) crème brûlée크렘 브륄레 : 루아얄로 익힌 후, 식혀서 위에서 흑설탕을 뿌려 토치에 그을려 먹는 조리법

푸아그라가 가장 어울리는 자리는 있으니 바로 연말의 식탁이다. 프랑스에서는 연말이 되면 각종 푸아그라 회사들이 조리하지 않아도 맛있게 바로 먹을 수 있다며 푸아그라 상품들을 광고한다. 축제 분위기에 가장 어울리는 주인공인 샴페인도 광고 시장에서 중요한 역할을 하며 거리마다 가게마다 샴페인과 푸아그라의 이미지가 눈에 띈다.

많은 사람이 연상하는 푸아그라와 샴페인의 궁합도 이런 연말 축제 분위기에서 온 것 같다. 사람마다 취향이 다르겠지만, 일반적으로 소테른Sauternes같이 달콤한 화이트 와인을 함께 곁들인다. 차가운 푸아그라를 입에 넣으면 혀를 지방이 둘러싼다. 거기에서 느껴지는 무거움과 간에서 오는 특유의 씁쓰름한 맛이 느껴진다. 그래서 차갑고 산도와 당도가 좋은 화이트 와인으로 혀 전체를 감싸 주면 두 가지 맛을 극대화시킬 수 있다.

나는 개인적으로 뜨거운 푸아그라를 샴페인과 함께 맛보는 것을 더 좋아한다. 뜨거운 푸아그라는 열 때문에 지방이 활성화되어 샴페인과 함께 했을 때 톡 쏘는 탄산과 산도가 입 안을 상쾌하게 만들어, 입맛을 돋우어 주어 더욱 즐겁다. 조리법에 따라서 레드 와인과도 잘 어울린다. 실제 남서부지방에서는 마디랑Madiran이나 카오르Cahor같이 타닌이 강하게 느껴지는 레드 와인과 함께 하기도 한다. 체리잼을 곁들인 테린과 부르고뉴의 레드 와인이 멋지게 어울렸던 경험도 있다.

프랑스에서는 전통적으로 크리스마스는 가족과 함께, 제야除夜는 친구들과 함께 보낸다. 이런 축제 분위기의 연말에는 3대 진미와 함께 굴, 훈제 연어 그리고 샤퐁chapon17과 지비에를 먹는다.

냉장기술의 발달로 굴과 연어는 이젠 사시사철 저렴하게 먹을 수 있게 되었다. 캐비아와 트뤼프는 가격이 비쌀 뿐 아니라 전문 가게에서만 취급하기 때문에 아직도 대중들이 쉽게 접하기 힘들다. 심지어 고급 레스토랑도 캐비아와 트뤼프를 위한 자물쇠 있는 냉장고를 따로 구비할 정도다. 지비에도 그것만을 다루는 업자가 따로 있고, 먹을 수 있도록 가공하는 데에 시간과 노력, 기술이 필요한 식자재다. 그러나 푸아그라는 가장 '대중적'으로 인기 있는 먹거리가 되어 어느 슈퍼마켓에 가도 쉽게 만날 수 있다.

Foie Gras 푸아그라

주 17) chapon 샤퐁 : 거세한 수탉

트뤼프
Truffe

향을 즐기는 버섯

친정집 아래에는 유명한 빵집이 있는데, 이곳은 1년 365일 손님이 넘친다. 팥빵이나 카스테라도 있지만, 크루아상과 쇼송 오 폼[1], 팽 오 쇼콜라[2] 같은 프랑스 빵들도 제대로 구워낸다. 언젠가 이 빵집에서 크루아상을 사 와서 가족들과 먹었는데, 엄마가 갑자기 웃으면서 말씀하신다. "요즘엔 피자도 쉽게 시켜 먹고 이런 빵도 자연스럽게 먹게 되었지."

엄마는 프랑스 문학을 전공했다. 엄마가 학교를 다니던 70년대, '크루아상과 카페 오

주 1) chausson aux pommes쇼송 오 폼 : 패스트리 반죽에 사과를 넣고 오븐에 구운 것. 쇼송은 불어로 슬리퍼라는 뜻인데, 이 빵의 앞 부분이 슬리퍼 모양처럼 생겼다고 하여 이렇게 이름 붙여졌다. 겉은 바삭하고 속은 새콤달콤하여 아이들에게 인기가 많은 간식이다.
주 2) pain au chocolat팽 오 쇼콜라 : 패스트리 반죽에 초콜릿을 넣고 말아서 오븐에 구운 것.

레'를 아침식사로 먹고, 점심에는 '피자에 로제 와인'을 곁들였다는 텍스트를 읽고, 도대체 저것들이 뭔가 하셨다고 한다. "대체 피자는 무슨 맛일까? 크루아상은 진짜 초승달 모양일까?" 했었다고…. 요즈음엔 직접 먹어보지 못해도 영화나 인터넷을 통해 알아볼 수 있지만, 당시에는 상상할 방법조차 없었을 것이다.

남편에게는 트뤼프가 그랬다. 프랑스 미식에 대한 책을 보면 캐비아, 푸아그라, 그리고 트뤼프를 세계 3대 진미라고 한다는데, 캐비아는 한국에서 맛을 본 적이 있으니 알겠고 거위간이야 뭐가 되었건 '간'의 맛이겠지. 그런데 도대체 이 버섯은 무슨 맛이기에 다들 진미라 하는 걸까? 하며 궁금했단다. 시간이 흘러, 남편이 처음으로 트뤼프를 만난 곳은 생캉트뇌프 푸앙카레59 Poincaré 3 라는 식당이었다. 요리에 관심이 많았던 일본인 친구 토모하루 아와노 군君의 강력한 추천으로 이곳에 가게 되었다. 그때, '아스파라거스와 트뤼프'의 맛을 보고, 도대체 이 간장, 된장 섞인 맛의 정체는 뭘까 했단다. 우리나라의 느타리버섯이나 새송이버섯처럼 육질 자체를 즐기는 버섯을 기대했다가 종잇장같이 얇은 시커먼 슬라이스 몇 장을 보고는 솔직히 실망하였다고 한다. 하지만, 무엇인가의 맛을 알기 위해서는 학습과 반복이 필요한 법이다. 그도 직장에서 계속 맛을 보다 보니 어느덧 트뤼프의 팬이 되었다. 나도 마찬가지다. 르꼬르동블루에서 처음 맛보았을 때, 난생처음 맡아보는 깊은 흙 냄새가 흥미로웠다. 송이버섯의 흙내음이 섬세함finesse이라면, 트뤼프의 그것은 힘puissance이었다. 시냇물이 졸졸 흐르는 깊은 계곡이 송이버섯이라면, 그 계곡에서 일어난 산사태를 트뤼프에 비유할 수 있을까.

우선, 트뤼프는 다른 버섯들처럼 육질 자체를 즐기기 위해 먹는 버섯이 아니다. 그래서 차라리 '향신료'에 가까운 버섯이라 소개하고 싶다. 얇게 저며서 음식에 얹으면 아름다울지는 모르지만, 향을 더 잘 즐기기 위해서는 잘게 다지는 것이 낫다. 트뤼프를 즐기기 위해서는 계절도 맞아야 한다. 물론 냉동 트뤼프도 있지만, 어찌 생生 트뤼프와 비교를 하겠는가! 트뤼프는 전 세계에 약 70여 종류가 있는데, 그 중 상품적 가치가 있는 것은 열 종류 미만이고, 고급 식당에서는 그중에서도 네 가지 정도만 쓴다.

주 3) 생캉트뇌프 푸앙카레59Poincare는 알랭 뒤카스의 예전 식당으로, 플라자 아테네Alain Ducasse au Hôtel Plaza Athènée 의 전신이다.

▌투베르 멜라노스포룸 tuber melanosporum는 가장 대표적인 트뤼프로, 흔히 페리고르의 검은 트뤼프 truffe noire du Périgord라 불리는 것이다. '검은 다이아몬드'라는 별명에 걸맞게 숯덩이처럼 새까맣고 향이 강하며 씁쓰름한 맛이 난다. 검은 트뤼프 중에서 최상품이다. (11월 말~5월 말)

▌투베르 브루말레 tuber brumale는 마늘같은 향과 매우 강한 후추 향이 나며 옅은 감미 甘味가 느껴진다. 가격이 조금 저렴하기 때문에 비스트로에서 주로 쓰인다. (11월 말~5월 말)

▌투베르 메센테리쿰 tuber mesentericum은 감초 향을 닮은 살짝 달콤하고 쌉싸름한 맛이 감돈다. 혹자는 아몬드의 향이 난다고도 한다. (9월 중순~12월 말)

▌투베르 운티나툼 tuber uncinatum은 언뜻 보면 여름 트뤼프와 비슷하지만, 향이나 맛이 조금 더 진하다. 부르고뉴의 트뤼프라고도 불리는 이 품종은 전 유럽에 많이 퍼져 있고, 토질이나 기생하는 나무에 별로 까탈을 부리지 않아서, 양식으로도 성공 중이다. 덕분에 가격도 저렴하다. 반면에 맛은 겨울 트뤼프 중에서 가장 희미하다. (9월 중순-1월 말)

▌투베르 에스티움 tuber aestivum은 '여름 트뤼프'라 불리기도 한다. 모양은 트뤼프지만 맛과 향은 일반 버섯과 차이가 없어서 접시에 장식용으로만 사용한다. 종종 '비양심적인' 식당 주인들은 이것도 트뤼프라고 비싸게 받으려고 할 때가 있는데, 녀석은 트뤼프의 맛을 내지 못하는 트뤼프다. (5월 초~9월 말)

▌투베르 마그나툼 tuber magnatum이 바로 그 유명한 〈이탈리아 알바의 하얀 트뤼프 truffe blanche d'Alba〉로, 1킬로에 1,300만 원 정도 한다. 한국 사람들에게는 이 향이 검은 트뤼

프보다 차라리 더 익숙할 것 같다. 국내의 수많은 양식당이 트러플 뭐시기라고 붙여서 파는 것들 중에는 이 하얀 트뤼프 오일을 넣은 것이 대부분이다. 가격이 저렴하고 메뉴판에 트뤼프란 글자를 쓸 수 있다는 면에서 대용품 역할을 할지는 모르지만, 검은 트뤼프와 하얀 트뤼프의 향은 아무런 연관성이 없다. 하얀 트뤼프는 마늘 삭힌 향과 휘발유의 향이 난다. 하얀 트뤼프는 검은 트뤼프와 달리 조리(열을 가하는 과정)를 하지 않고, 전용 대패 mandoline를 이용해서 음식 위에 직접 슬라이스 해서 맛을 본다. 물론 검은 트뤼프도 이렇게 맛을 볼 수 있다.

이 외에 투베르 인디쿰tuber indicum, 투베르 마크로스포룸tuber macrosporum, 투베르 알비눔tuber albinum, 투베르 바그놀리tuber bagnoli 등이 있다.

트뤼프가 들어가는 음식을 소개할 필요가 있을지에 대해서 많은 고민을 했다. 이 책에 등장하는 식당 중 미쉐린 1스타 다섯 곳4을 빼고는 트뤼프를 쓰는 곳이 거의 없을 것이기 때문이다. 트뤼프를 사용하면 음식값은 접시 하나당 100유로에 육박한다.

개인적으로 검은 트뤼프를 가장 제대로 음미하는 방법은 오믈렛이라고 생각한다. 단순히 계란과 트뤼프, 약간의 소금과 버터가 만들어 내는 앙상블은 그 어떤 유명한 메인 디시보다 완벽하다. 다른 좋은 방법은 트뤼프 파스타인데 삶은 파스타와 트뤼프뿐이지만 최고의 궁합을 자랑한다. 감자 퓌레와 트뤼프의 조합도 환상적이다. 기회가 된다면, '완벽'이란 단어를 감히 쓰고 깊은 페리고르 소스5를 꼭 맛보기 바란다. 리조토 역시 인기있는

주 4) Ze Kitchen Galerie 72페이지 참조, Violon d'Ingres 107페이지 참조, Auguste 118페이지 참조, L'Arome 156페이지 참조, La Braisiere 274페이지 참조
주 5) 페리고르 소스는 두 가지가 있다. 소스 페리고Sauce Périgueux는 화이트 와인이나 마데이라 와인과 트뤼프로 만들고, 소스 페리구르딘Sauce Périgourdine은 포트 와인, 트뤼프, 크림으로 만든다.

마리아주 중의 하나이다. 개인적으로 하얀 트뤼프 리조토보다 검은 트뤼프 리조토를 선호한다. 하얀 트뤼프 오일 범벅에 슬라이스 몇 장 얹어주는 하얀 트뤼프 리조토보다는, 밥알 가득 검은 알갱이가 숨 쉬는 검은 트뤼프 리조토가 훨씬 더 따뜻한 맛이다. 트뤼프는 자기만의 색깔이 매우 강한 고가의 식재료이기 때문에, 쓸데없는 '창작성'은 이 귀한 식재료를 기요틴으로 보낸다. 예를 들어 마요네즈는 그 자체로 이미 완벽한 소스인데 왜 트뤼프 마요네즈 같은 짓을 하는 것일까?

이렇게 고급 식재료를 즐기는데 와인과의 궁합(마리아주)가 빠질 수는 없는 일. 완벽한 궁합이나 최고의 와인이란 존재하지 않지만, 그래도 기본 룰은 있다.

검은 트뤼프의 가슴을 가득 채우는 진한 흙냄새는 '익은' 와인을 좋아한다. 기껏해야 3~4년 된 메독의 그랑 크뤼를 맛보면서 "음~ 이건 죽음이야!" 하는 분들을 보면 답답할 때가 있다. 최소한 오크통의 나무 비린내는 빠져나간 술과 이야기하자. 포도주가 '제대로' 익으려면 10~15년은 지나야 한다. 그렇기 때문에 신선한 과일 향이 가득한 보졸레 스타일과 트뤼프는 단지 충돌할 뿐이다.

버섯 곰팡이, 흙 등의 향이 있는 포므롤 Pomerol, 오 메독 Haut-Médoc, 생 테밀리옹 Saint Emilion, 주브레 샹베르탱 Gevrey-Chambertin, 코트 로티 Côte-Rôtie, 에르미타주 Hermitage, 샤토뇌프 뒤 파프 Châteauneuf du Pape 등이 트뤼프와 잘 어울리는 와인들이다. 화이트 와인을 곁들이고 싶다면 산도가 낮고 오크 숙성을 시키는 것들을 추천하고 싶은데 페삭 레오냥 Pessac-Léognan, 뫼르소 Meursault 스타일의 코트 드 본 Côtes de Beaune, 샤토뇌프 뒤 파프, 에르미타주, 소테른 Sauternes 등이 좋을 것 같다.

캐비아
Caviar

천상천하 유아독존의 풍미

세계 3대 진미의 수장으로 꼽고 싶은 것이 바로 캐비아다. 푸아그라는 스위스아미의 주머니칼처럼 다용도로 여기저기에 사용할 수 있어 주연뿐만 아니라 소스나 만두 속 같은 보이지 않는 조연으로도 훌륭하다. 트뤼프는 홀로 있으면 영 잼병이다. 하지만, 트뤼프는 세상에 둘도 없는 최고의 조연으로, 생선, 야채, 고기, 유제품 심지어 와인까지 모든 동료들을 최고로 만들어 준다. 모든 식재료와 만나 상상하기 어려운 시너지 효과를 발생시키는 재주꾼이다.

반면 캐비아는 천상천하 유아독존 天上天下唯我獨尊 스타일이다. 캐비아에 곁들여 먹는 모든 것은 "어떻게 하면 캐비아를 더 돋보이고 맛있게 할 수 있을까?" 가 주된 관심사다. 기름지지만 산도가 있고, 미끈하지만 뼈대가 있다. 세상의 모든 술이 그의 친구가 되어 보려

카스피 해의 지도

고 노력했지만, 다들 하염없이 무너졌다. 가장 재미있는 것은 '거지의 술'인 보드카와 '빈민의 음식'인 삶은 감자가 캐비아에 가장 어울리는 벗이란 점이다. 참 아이러니한 일이다.

페니키아인, 이집트인, 로마인, 페르시아인들이 주름잡던 시대까지만 해도 캐비아는 황실의 음식이었다가 로마제국이 멸망하면서 잠시 고개를 숙인다. 13세기 프랑스의 부르봉 왕가의 사랑을 받았다는 흔적이 발견되지만 19세기 말에 이르러서야 미국인들에 의해 캐비아는 대중의 사랑을 받게 된다. 허드슨 강에 넘쳐나던 철갑상어 덕에 품질은 둘째치고 물량공세가 이어졌다. 그러나 지금처럼 고급 음식이 된 것은 1917년 볼셰비키 혁명 때 프랑스로 망명 온 러시아의 왕족과 부호들에 의해서였다. 지금도 파리 7구에 있는 미쉐린 원스타 레스토랑 페트로시안Petrossian[1] 이 바로 그 발원지다.

익히 알려진 대로 캐비아는 철갑상어의 알이다. 기가 막히게 비싼 캐비아의 가격을 보고는 입이 다물어지지 않는 한편, "왜 그렇게 비쌀까?"라는 의문이 든다. 생각해 보면 명란젓도 상당히 비싸다. 일단 염장한 생선알은 값이 나간다는 것은 알고 시작하자. 여기에 더해, 남획으로 급감한 철갑상어의 개체 수와 카스피 해 북부지역의 심각한 수질오염으로 인해 카스피 해 남부지역에서만 상품을 만들 수 있게 되자, *지난 10년간 캐비아의 가격은 20배(!)나 상승했다.*[2]

또, 아무 철갑상어로나 캐비아를 만들 수 있는 것은 아니다. 현재 전 세계에는 24종의 철갑상어가 있는데 그 중 8개의 어종만으로 캐비아를 만들 수 있고, 실제로는 다음 5종 정도만이 상품화가 가능한 수준이다.

| 벨루가 beluga, Huso Huso : 길이가 최장 6m에 달하고, 무게 역시 1톤까지 하는 지구 상의 가장 큰 물고기 중 하나로, 개체 수가 매우 적다. 난폭한 육식 생선이어서 낚시 역시 쉽지 않다. 짙은 회색에서 검은색을 띠는 큰 알갱이는 입에서 살살 녹을 만큼 부드럽고 차지고 살짝 단맛이 도는 듯한 느낌이 든다. 아몬드의 향이나 버터의 향이 은은히 느껴지고, 쓴맛이나 신맛이 조금도 없다. 모든 캐비아 중 최상품이며 1kg에 8,500유로 1600만 원 정도다.

| 오시에트르 oscietre, acipenser gueldenstaedtii & acipenser persicus : 길이 2미터, 체중 200kg 정도의 잡식성 물고기다. 현재 이스라엘, 중국, 불가리아 등에서 양식이 이루어지고 있다. 황토색 빛이 도는 갈색의 중간 크기의 알로, 터지는 것 같은 촉감이 특징이다. 특유의 강력한 요오드 향과 바다 내음, 쌉쌀한 오렌지의 맛, 캐슈넛류의 견과류 맛으로 요리사들의

주 1) 페트로시안 Petrossian은 2010년 미쉐린 스타를 잃었다.
주 2) 1997년 1kg에 3,000 프랑(450유로)하던 벨루가 캐비아가, 2009년 현재 8,500유로에 거래된다. 대략 매년 70%의 가격이 상승하였다.

사랑을 받고 있다. 1kg에 6,500유로 1200만원 정도다.

❙세브루가 Sevruga, acipenser stellatus : 길이 1.5m 미만, 체중 30Kg 정도의 상대적으로 작은 물고기다. 짙은 회색의 작은 알은 혀 위에서 스며들듯 녹는다. 신선한 해산물의 향, 그 레이프프루트 비슷한 느낌의 향 때문에 섬세하지만 농축된 맛이 있다. 1kg에 5,800유로 1100만원 정도이다.

❙알베르타 Alverta, Acipenser transmontanus : 생선의 크기는 오시에트르와 비슷하지만, 몸의 색깔은 하얗기 때문에 캐비아 블랑 caviar blanc3 이라고 불리기도 한다. 미국의 대표적인 양식산으로, 현재 이탈리아에서도 활발히 진행 중이다. 캐비아의 맛 자체는 오시에트르와 유사하다. 1kg에 2,500유로 470만원 정도다.

❙바에리 Baeri, Acipenser baerii : 세브루가와 비슷한 크기이지만, 알 크기는 세브루가와 오시에트르의 중간 정도 된다. 텍스처는 세브루가와 비슷하고 회갈색을 띠면서, 염도가 낮고, 오크향 같은 여운이 있다. 1kg에 2500유로 470만원 정도다.

철갑상어가 없다면, 철갑상어 알도 있을 수 없다. 여기에 인간의 노하우가 빛을 발할 때에, 비로소 캐비아도 찬란하게 데뷔할 수 있다. 그만큼 캐비아를 만들어 내는 데는 사람의 손과 경험이 필수적이다.

    살아 있는 상태에서 알을 꺼내고, 알 끈을 제거하여 세척/염장하는 일련의 작업은 최고의 선도를 유지하기 위하여 눈 깜짝할 사이에 이루어지는데, 염장할 때의 알의 상태에 따

주 3) caviar blanc 캐비아 블랑 : 화이트 캐비아

라 들어갈 소금의 양을 결정하는 전문가인 캐비아 마스터는 현재 전 세계에 20명 정도뿐이다. 포장에 'malossol'이라고 적힌 것은 "소금이 적게 들어간"이라는 의미인데, 상품 上品의 캐비아일수록 소금의 양이 적게 들어간다. 그리고 이 전문가들은 얼마 동안 섞는 작업을 할 것이며, 어느 정도의 기간 동안 숙성할 것인지를 단지 육감으로 그 자리에서 결정한다. 그 어떤 과학이나 기술도 이것을 대체해 줄 수 없기 때문에, 이들의 몸값 역시 캐비아 가격 안에 고스란히 포함된다.

앞서 말했듯이, 캐비아를 보좌하기 위해 수많은 요리들이 그를 알현하였지만 모두 고배를 마셨다. 거의 '전통'으로 자리 잡은 것이 따뜻한 블리니 blinis[4], 구운 식빵, 삶은 감자, 파슬리, 삶은 계란, 휘핑 크림, 레몬, 케이퍼, 다진 양파, 아보카도 등이 있는데, 나는 찜통에서 갓 꺼낸 팥죽색 찰감자[5]를 가장 좋아한다.

많은 사람이 샴페인과 캐비아를 좋아하는데, 개인적으로는 보드카를 선호한다. 솔직히 말해서 별로 좋아하지 않는 술이 보드카인데, 캐비아를 맛볼 때만큼은 깔끔하게 입을 헹궈 주는 보드카를 찾는다. 드라이한 알자스산 리슬링[6]과 함께 하는 것도 매우 좋아한다.

중성에 무향의 보드카와 달리 레몬, 복숭아, 아카시아 같은 하얀 꽃 향 뒤에 예리하게 숨겨진 미네랄의 느낌은, 다른 모든 화이트 와인이 자멸의 길을 걸었던 것을 비웃는 듯 당당히, 아니 찬란하게 비상하는 느낌이다. 좋은 리슬링은 캐비아와 충돌하지 않고 호화찬란한 화학 반응을 일으켜 마치 사랑에 빠지는 느낌을 준다.

주 4) blinis 블리니 : 한 입 크기의 작은 팬케이크로 작고 동그란 모양이 특징이다.
주 5) pommes de terre roseval à la vapeur 폼 드 테르 로즈발 알 라 바푀르
주 6) riesling d'Alsace 리슬링그 달자스

추신

2003년 서울의 한 식당의 세트 메뉴에 캐비아가 있길래 설마 했는데, 아니나 다를까 *아브루가avruga*를 주는 것이었다. 조용히 종업원을 불러서, 이건 캐비아가 아니고 아브루가라고 말했더니, 그건 손님께서 캐비아 맛을 모르셔서 그렇다며 이것이 진짜 캐비아라고 친절히 교육시켜 준 적이 있다. 이건 명백한 거짓말이고, 사기라고 했더니 표정이 일그러져 주방에 물어보겠다고 하더니 감감무소식이었다. 접시에 그냥 남겨 두었는데, 끝내 주방장은 거기에 대해 아무런 코멘트를 하지 않아 크게 실망했던 적이 있다. 아브루가는 오징어 먹물로 염색한 훈제 염장 청어알이다.

올리브 오일
Huile d' Olive

맛과 효능을 한 번에 잡았다

2002년 월드컵이 끝나고 나서부터 한국의 신문만 보면 매일 등장하던 단어가 웰빙이고, 그 뒤를 이어 블랙푸드, 폴리페놀, 항산화물질, 오메가3(불포화지방산), 항암효과, 노화방지 등의 문구가 크게 유행했다.

유럽, 특히 지중해 연안 지역 사람들의 삶이 집중 조명되면서 와인 같은 식품과 건강에 대한 수많은 연구 결과들이 연일 지면을 채웠다. 그러면서 이 사회적인 '운동'에 발맞추어 '올리브 오일'이 유행하기 시작하였다. 그러나 올리브 오일은 항상 있어 왔다. "노아는 비둘기가 물고 온 올리브 나뭇가지를 보고 홍수가 끝났음을 알았다."라는 성경

구절에서와 같이 올리브는 그 시절에도 있었고, 훨씬 오래전인 BC 3000년부터 재배해 왔다는 기록이 있다. 올리브는 지중해와 북아프리카에서 많이 재배되는데, 프랑스도 우리나라처럼 상당히 최근에 들어서 건강과 올리브의 관계에 주목하기 시작했다.

1840년 2천6백만 그루이던 프랑스의 올리브 나무는 1차 세계대전 후 포도나무로 바뀌는 바람에, 1960년에 이르러서 3백만 그루로 줄었다. 하지만, 1970년대 누벨 퀴진 nouvelle cuisine의 영향으로 보다 가벼운 음식이 각광을 받게 되자, 80년대에 이르러서는 집집마다 올리브 오일을 한 병씩 가지게 되었다. 하지만, 그때까지만 해도 사용법이 그리 다채롭지 않았다. 이 기름에 불을 지른 것은 바로 올리브 오일의 '약효' 다. 콜레스테롤 조절, 심혈관 계통 질병 예방, 항암 효과 등이 그것으로 1990년 프랑스의 연간 올리브오일 총 소비량 28,000톤이 2001년에는 85,000톤으로 증가하였다. 같은 해 이탈리아에서는 705,000톤이 소비되었다.[1]

슈퍼마켓에 가면 정말로 수백 가지의 올리브 오일이 존재하고, 당연히 가격도 천차만별이다. 이 앞에서 무엇을 살지 고민해 보지 않은 사람이 누가 있을까. 하지만, 결국은 가격으로 결정하게 되어 버린다.

올리브 오일은 식품이다. 맛에 의해 결정되어야 한다!

처음 와인을 맛보면 시고 떫은 맛에 여간 곤혹스러운 것이 아니다. 물론 첫 잔을 샤토 디켐 Château d'Yquem[2] 으로 맛본 것이 아닐 때 이야기다. 모든 첫 경험은 그리 쉽지만은 않은 것 같다.

2000년 도쿄에서 수업을 듣고 있던 어느 날, 수업 시간 동안 아이들이 무엇인가 맛있

주 1) 이것은 일 인당 연간 소비량이 프랑스는 1.3kg, 이탈리아는 12kg이 된다는 것을 의미한다.
주 2) 프랑스 보르도의 소테른 Sauternes 지방의 귀부와인으로, 황금액체라는 별명을 가질 만큼 깊고 달콤한 맛을 자랑한다.

어 보이는 알사탕 같은 걸 입속에 홀짝홀짝 집어넣곤 오물거렸다. 대체 저게 뭔데 저렇게 '참지 못할 정도'로 맛있어서 수업 중에 먹는 걸까 싶었다. 나중에 물어보니 '우메보시'라며 내게도 하나를 권했다. 너무나 궁금한 나머지 입에 넣었으나 그 달콤찝찌름 시큼한 맛은 정말 토할 정도로 이상했다. 뱉어 버리고 싶었지만, 너무나 소중한 하나를 얻어먹은지라 뱉지도 못하고 힘들었던 적이 있다. 모두들 나의 표정을 보며 "처음엔 그래~" 하며 까르르 웃어댔다. 이제는 우메보시를 너무나 사랑하게 되어, 식사할 때도 김치 먹듯 한 알씩 먹는 것을 즐기게 되었다.

사실, 와인도 처음부터 사랑에 빠지긴 어려운 면이 있지만 한두 번 맛보다 보면 관심이 생기고, 그러다 보면 이놈의 술의 마력에 휩싸여 드디어는 '공부'를 하게 된다. 다 같은 포도로 만들지만 동네마다 집집마다 김치 맛이 다르듯 와인 맛이 다르기 때문이다.

사과에도 부사, 국광, 아오리, 홍옥, 스타킹 등 여러 품종이 있는 것과 같이 올리브 오일도 포도나무의 세파주 cépage 처럼 품종이란 것이 있다. 그리고 테루아 terroir 가 있다. 전 세계 여러 지역에서 생산되고 있지만, 프랑스, 이탈리아, 스페인, 포르투갈, 그리스의 5개국이 여러 면에서 중요성을 가진다. 그리고 밭에서 올리브를 키워 기름을 짜내는 '사람'이 있다. 이렇게 올리브유는 천지인 天地人 의 조화가 만들어 내는 작품이지, 몇백 톤씩 공장에서 기계로 짜내는 기름이 아니다. 당연히 그랑 크뤼 grand cru 도 존재한다. 모든 올리브 오일은 색깔, 맛, 질감 등이 다르다. 물론 이렇게 종류가 많다 보니 각자의 마리아주도 있다.

어렵게 느낄 수 있겠지만, 어느 정도는 반드시 설명하고 싶다. 그래야지 올리브 오일의 '맛'에 대한 이해가 가능하기 때문이다. 너무 긴장하진 마시라, 그래도 올리브 오일엔 밀레짐 차트는 없으니! 와인도 그렇지만 테루아를 설명하기 전에 반드시 세파주(품종)을 먼저 설명해야 한다. 어떤 지역이 특정 품종을 고르게 된 데는 반드시 이유가 있기 때문이다.

품종

초록 올리브

| 뤼크 Lucques : 랑그도크 Languedoc에서 주로 재배. 프랑스가 원산지로서, 우리가 아는 올리브 그린의 컬러를 그대로 가지고 있는 매우 아름다운 올리브로, 과육이 풍부하고, 짠맛이 별로 없다. 버터와 견과류의 맛이 강하다. 섬세하고 깔끔한 올리브 오일을 만든다.

| 피촐린 picholine : 님 Nîmes에서 주로 재배. 프랑스가 원산지로, 프랑스뿐만 아니라 전 세계에 가장 널리 퍼져 있다. 와인 세파주로 치면 카베르네 소비뇽 cabernet sauvignon에 비하고 싶은데, 어떤 기후에도 잘 적응하고, 올리브 중에서 가장 스태미나 넘치는 맛을 자랑한다. 그래서 맛이 중성인 올리브 오일에 '펩스'를 주기 위해 첨가하기도 한다.

| 살로넝크 salonenque : 보 드 프로방스 Baux de Provence에서 주로 재배한다. 이 품종을 세파주로 치면 메를로 merlot에 비교하고 싶다. 둥근 맛과 특유의 섬세함은 아글랑도나 피촐린 등의 강하고 쌉싸름한 올리브에서 얻은 오일의 블렌딩을 위하여 특히 사랑받는다. 일찍 수확했을 때만 약간의 쌉싸름함이 있지만, 일반적으로 식용유 같은 느낌이 들 정도로 둥글다.

| 아글랑도 aglandau : 보 드 프로방스 Baux de Provence에서 주로 재배한다. '오일'이란 이름 때문에, 왠지 올리브 오일도 맛이 둥글둥글하다고 생각하는 사람이 이 품종의 기름을 맛보면 충격을 받을 것이다. 힘이 좋고, 불에 타는 것 같은 강렬함, 혀끝과 구강 전체를 찌르는 듯한 매콤 쌉싸름한 맛은 입 안을 침으로 가득 차게 만든다. 아티초크와 허브의 향이 느껴진다. 검은 단계에서 짠 기름에서는 카카오의 향이 난다.

| 부테이앙 Bouteillan : 바르 Var에서 주로 재배하는데, 질보다 양이라 말하고 싶을 정도로 별 특징이 없다. 단지 기름을 뽑기 위한 올리브로, 수확하는 시기에 따라 맛의 변화가 크다. 녹색 단계에서는 씁쓰름하고 잔디 씹은 기분이지만 제대로 까맣게 익었을 때는 잘 익은 배 비슷한 맛이 난다.

검은 올리브

| 탕슈 tanche : 니옹 Nyons에서 주로 재배. 프랑스 올리브계의 스타라 부르고 싶은데, 이 품종은 피노누아 pinot noir에 비하고 싶다. 가장 큰 이유는 이 지역을 떠나면 그 어떤 기후나 토양에도 잘 적응하지 못하기 때문이다. 두 번째 이유는 맛이다. 부르고뉴의 적포도주는 특유의 산도와 이색적인 두께로 다른 유명한 와인들과 구분된다. 그래서 명성만 듣고 처음 맛을 보면 의아해하는 경우도 종종 있다. 단순히 더 뛰어나다기보다 '다른' 맛이기

때문이다. 탕슈에서 추출한 오일 역시 일반적인 올리브 오일과는 달리 허브나 아티초크의 향 같은 쌉쓰름한 향이 조금도 없어 처음 맛을 보면 이게 뭘까 궁금해하기도 한다. 물론 녹색 단계에서 수확하여 추출할 경우는 그래도 약간의 쌉쓰름함이 있지만, 이 품종은 이 맛을 즐기기 위해 값을 지불하는 품종이 아니다. 가장 적합한 때 수확한 올리브에서 추출하면 딸기잼 같은 익은 과일의 달큰함이 느껴지기도 한다.

카이에티에 cailletier : 니스 Nice에서 주로 재배. 타기아스크 taggiasche라는 이탈리아 이름으로 더 유명하다. 남편이 요리에 쓰기 좋아하는 올리브로, 가장 맛이 부드럽고 '구수'하다. (한 번은 타기아스크를 사 왔다고 해서 딸기 아이스크림을 사온 줄 알고 기뻐했다가 크게 웃었던 적이 있다.) 씹으면 씹을수록 아몬드와 헤이즐넛 같은 견과류의 향과 익은 아티초크의 맛이 두드러진다. '녹색의 향'이 강한 올리브 오일을 좋아하는 사람에게는 그다지 환영받지 못할 수도 있다. 반면 아직 색이 변하기 전에 짠 기름은 그래도 어느 정도의 쌉싸름한 맛이 있다.

그로산 grossane : 보 드 프로방스 Baux de Provence에서 주로 재배. 다른 검은 올리브에서 추출한 오일과 동일하게, 이것 역시 쓴맛이나 쌉싸름한 기분 없이 매우 둥글고 부드럽다. 아몬드와 비슷한 견과류의 향도 느껴진다. 제대로 익어 기술적으로 추출한 오일에서는 트뤼프와 바닐라의 향마저 느껴진다.

테루아

어떤 테루아에서 어떤 품종으로 만드는지를 알면 프랑스의 올리브 오일을 보다 잘 이해할 수 있을 것이다. 가장 정확한 묘사를 위하여 원산지 명칭 관할 기구 INAO Institut National des Appellations d'Origine의 품질 규정을 인용한다. 그리고 각 지역의 유명한 생산자 grand cru들을 소개한다.

▮AOC Aix-en-Provence 아오세 엑성 프로방스

마르세유와 엑성 프로방스의 주변 지역으로, 풋사과, 토마토 줄기, 아티초크, 민트, 갓 벤 건초더미의 향들이 강하고, 목으로 넘길 때 버터나 아몬드 같은 견과류의 향이 올라오는 올리브 오일이다.

제 1품종 : aglandau, cayanne, salonenque(이 중 2가지를 합쳐서 80% 이상이 되어야 AOC Aix-en-Provence라고 할 수 있다.)

제 2품종 : bouteillan, grossane, picholine, verdale, etc.

        Domaine de la Michelle*****, Château de Calissanne-l'Olivaie****(*), La Fare-les-Oliviers****, Mas des Bories****, Oliveraie du Mas Merici***(*), Domaine de Camaïssette***(*), Coudoux***(*), Château Virant***(*)

▮AOC Corse 아오세 코르스

코르시카 섬에서 나오는 초록빛 감도는 노란색의 올리브 오일로, 맵싸한 맛이나 씁싸름한 맛이 없어야 하고, 섬세하면서 견과류, 달콤한 버터 섞인 향, 마키 꽃 fleur de maquis 내음 등이 난다.

315

품종 : sabine, ghjermana, capannace, raspulada, zinzala, aliva nera, curtinese
Terra Rossa*****, Moulin de Prunete*****,Domaine de Marquiliani*****, Oru di Balagna****(*), Les Oliviers de Rogliano****, Santa Lucia****, Domaine de Torraccia***(*), Popoff***, Morati***

|AOC Les Alpes de Haute Provence 아오세 레잘프 드 오트 프로방스

모노스크 Monosque 이북의 지역에서 생산된 초록빛이 감도는 올리브 오일로, 잘 익은 풋사과, 아티초크, 갓 벤 건초더미의 향과 함께 섬세하고, 부드러우면서 쌉쌀한 느낌이 오래 지속된다. 목 넘김에서 느껴지는 버터, 헤이즐넛의 향이 특징이다.

제 1품종 : aglandau (적어도 80%가 되어야 한다.)

제 2품종 : bouteillan, picholine, tanche
Moulin des Pénitents*****, Moulin de l'Olivette*****, Château de Rousset***(*), T erroir des Pénitents****, Cuvée Mistral****

• *Moulin des Pénitents- bouteillan*****은 AOC 규정에서 요구하는 제1품종 항목에 부합하지 않는 *bouteillan* 품종 100%이기 때문에 올리브 오일의 품질은 매우 뛰어나지만, AOC가 아닌 일반 올리브 오일로 판매된다.

|AOC La Vallée des Baux de Provence 아오세 라발레 데 보 드 프로방스

보 드 프로방스 주변 지역에서 생산되는 올리브 오일로, 건초와 아티초크 같은 식물성 향과 잘 익은 사과, 딸기 같은 과일의 향, 그리고 콩피 confit3 한 토마토, 카카오의 향 등이

주 3) 콩피confit : 풍미를 살리면서 보존성을 높이는 조리방법의 일종. 일반적으로 토마토 콩피는 오일에 담궈 저온 드라이 하는 방식을 사용하며 과일류는 당장糖藏 하는 경우가 많다.

섞인 매우 복합적인 향이 특징이다.

제 1품종 : salonenque, aglandau, verdale (세 가지를 합쳐서 미니멈 85%가 되어야 한다.)

제 2품종 : picholine, etc

  Château d'Estoublon*****, Mas de la Dame*****, Moulin du Calanquet*****, Mas des Barres*****, Huile Primeur du Moulin Jean-Marie Cornille*****, Moulin du Mas Saint-Jean*****, Mas de Fléchon*****, Terre d'Olivier****(*), Domaine de Hauvette****, Moulin du Mas de Vaudoret****, Cathala-Branchardell****, Moulin de Bédarrides***(*), Cravenco***(*), Castelas***, Moulin Saint Michel***, Mas de Gourgonnier***, Domaine de Fray***

▎AOC Nice 아오세 니스

니스를 중심으로 한 코트 다쥐르Côte d'Azur에서 생산되는 올리브 오일로, 조금의 쌉쌀함 없이 부드럽고 걸쭉하지만 섬세한 맛과 잘 익은 사과와 헤이즐넛, 아몬드 등의 견과류 향이 특징이다.

품종 : cailletier 100%

  Domaine Costa d'Or*****, L'Olivaie des Fons de Bourdouos*****, La Campagne du Virat****(*), Le Moulin du Bastidon****, L'Oliveraie de la Sirole***(*), Concept Vert***, Les Bancao***, Champsoleil – Lou Premié Rai Dòu Coumpaire***

• *Sainte-Catherine*****에서 생산하는 올리브 오일은 품질이 매우 뛰어나지만, AOC 규정에서 요구하는 *cailletier* 품종 100% 항목에 부합되지 않아서 AOC가 아닌 일반 올리브 오일로 판매된다.

|AOC Nîmes 아오세 님

님 주변 지역에서 생산되는 노란빛이 도는 녹색의 올리브 오일로, 색깔만큼이나 녹색의 맛이 강하다. 블렌딩 비율에서 알 수 있듯이 자극적이고 씁쌀한 맛, 종종 쓴맛이 강하게 느껴지고, 아티초크, 허브 등의 초록빛 향이 물씬 풍긴다.

제 1품종 : picholine(최소70%), negrette, noirette (3가지 합쳐서 최소 85%)
제 2품종 : etc

> Château de la Tuilerie-Larme de Lune*****, Moulin Paradis*****
> Moulin de Villevieille*****, Coopérative de Beaucaire***

|AOC Nyons 아오세 니옹

니옹 주변 지역에서 생산되는 황금빛 올리브 오일로, 프랑스 올리브 오일의 대명사라고 해도 과언이 아니다. 매우 섬세하고, 여러 가지 견과류의 복합적인 향 뒤로 살며시 피어오르는 옅은 건초더미와 사과의 향, 가장 산도가 낮은 올리브 오일이 주는 부드러움 등 여러 면에서 뛰어나다.

품종 : Tanche

> Nyonsolive*****, Moulin Autrand-Dozol****(*), Moulin J. Ramade***(*)

|기타

비록 지리적으로 AOC에 해당하지 않았지만, 매우 뛰어난 품질을 자랑하는 올리브 오일들을 소개한다.

VAR(83) : Olivier Thierry*****, La Solidarité****, Moulin de la Combette****,
> Moulin du Flayosquet***, Moulin de Callas***, Moulin de Saint-

Côme***, Domaine de Souviou***

Vaucluse(84) : Moulin du Vieux Château*****, Domaine les Vadons****, Moulin du Comtat****, La Balméenne****, Moulin Mathieu***, Moulin à huile Jullien***, Domaine les Conques-Soulière***, Bastide Galon***

Bouches du Rhône(13) : La Fare les Oliviers*****, Domaine de Bournissac***(*)

Hérault(34) : Huilerie Coopérative de Clerment-l'Hérault***(*)

Aude(11) : L'Oulibo – Cuvée Olivière*****

Pyrénées-Orientale(66) : Henri Lacassagne***

올리브 오일 안의 풍부한 불포화 지방산 덕분에 심혈관 계통의 질환을 예방할 수 있다며 올리브 오일이 주목을 받긴 하지만, 명심해야 할 것은, 비타민E 함유량이 해바라기나 옥수수 기름의 1/3 수준이고 유채, 콩, 호두 기름 등에는 풍부한 필수 지방산이 전무하기 때문에, 건강에 좋다는 이유로 올리브 오일만 섭취하는 것은 좋지 않다는 점이다.

장봉
Jambon

잠봉? 짬뽕? 장봉!

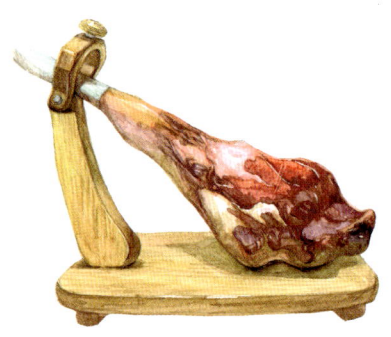

어느 날, 퇴근을 하고 무심코 TV를 틀었는데, 일본 후지TV의 '스타의 사랑'이란 일본 드라마를 케이블 TV에서 방영하고 있었다. 평범한 햄 공장 사원과 톱스타가 사랑에 빠진다는 흔히 접하는 테마였지만, 등장인물의 햄에 대한 애정만은 보통이 아니었다. 스타의 초대를 받아 어느 파티에 가게 된 햄 공장 총각은 손님들에 끼지 못하고 방황하다 정원에 나오게 되고 마침 바람 쐬러 나온 한 유명 영화감독과 세계의 생햄들에 관한 이야기로 불타오른다. "세상에…. 무슨 햄이 저렇게 많담? 게다가 생햄이 무엇이기에 저렇게 두 남자를 흥분하게 만든단 말이지?"라고 생각했었다. 또, 일본에서는 연말이 되면 어김없이 TV에서 생햄선물세트 광고를 했다. "저 뻘건 덩어리는 무슨 맛이기에 연말에 선물할까?" 하며 궁금했었다.

파리에 와서, 우연히 라파예트 백화점 Galerie Lafayette 생활관에 갔다가 와인 코너에서 태어나서 처음으로 이 생햄이란 녀석을 직접 보게 되었다. 유리로 만들어진 별실에 주렁주렁 매달려 있는 돼지 뒷다리들. 그 중 두세 개는 화려한 거치대에 몸을 뉘이고 손님을 기다리고 있었다. 뭔지 모를 상표 딱지도 화려하게 붙어 있고, 자르는 칼이며 방법도 특별해 보였다.

시간이 흘러 르꼬르동블루에 다니던 중, 수업의 일부인 시장 견학을 통해 이 생햄을 처음 맛볼 수 있었다. 여태껏 먹어보지 못한 느낌의 돼지고기, 약간 스모키한 냄새는 좋았지만, 지방이 씹히고 뭔가 살아 있는 동물의 살 같은 식감이 영 마음에 안 들었다. 하지만, 앞에서 썰어주는 모습은 멋졌다.

한국에서는 이탈리안 레스토랑에서 생햄과 멜론 요리를 쉽게 만날 수 있다. 개인적으로 단맛이 강한 멜론을 짠맛의 돼지고기로 싸서 먹는 게 그리 즐겁지만은 않다. 그게 전통이라니 그냥 그렇게 먹을 수밖에 없다. 남편도 도대체 왜 이렇게 먹어야 하는지 모르겠단다. 하여간 생햄은 내게 그냥 그런 먹거리였다. 이러다 보니 내가 생햄을 살 턱이 없었다.

근데 결혼을 하고 남편과 장을 보러 가면 익힌 햄 jambon cuit과 생햄 jambon cru 중 꼭 한 가지는 사는 것이었다. 항상 입에 침이 고인 상태로 내게 각 햄의 차이와 만드는 법을 설명하지만 나는 여전히 구미가 당기지 않았다. 하지만, 프랑스에 살다 보니 원하든 원하지 않든 간에 먹게 되는 게 바로 이 햄이다. 샌드위치를 사 먹게 되면 어떤 형태로든 안에 들어 있기 마련이기 때문이다.

그럼 이왕 먹을 거, 알고 먹어볼까? 함 즐겨 볼까?

익힌 햄 Jambon cuit

슈퍼마켓에 가면 여러 가지 회사 제품이 쭉 늘어서 있다. 껍질을 보면 우선 어떻게 조리했나 쓰여 있는데 브레제[1] , 오 토르숑[2] , 오 부이용[3] 등이 그것이다. 세심하게 신경 써서 맛보지 않으면 이 세 가지 방법 모두 그다지 맛에 차이가 없다. 굳이 차이를 표현하자면 첫 번째 방법이 가장 그윽한 맛이라 할 수 있겠다.

그다음 구분은 뼈와 함께 삶은 것avec os 혹은 뼈 없이 삶은 것sans os인데, 일반적으로 뼈와 함께 삶은 것이 더 부드럽다. 혹은 껍질과 함께 삶은 것avec couenne과 껍질 없이 삶은 것sans couenne으로 구분하기도 한다. 돼지를 껍질째 익혔는지, 아니면 껍질과 지방 다 벗겨 내고 살만 익혔는지를 말해 주는데, 난 껍질 없이 익힌 것이 좋다. 입 안에서 껍데기와 지방이 주는 끈끈한 기분이 그다지 마음에 들지 않기 때문이다. 슈퍼마켓마다 자사의 상품을 만들어 파는데, 가격이 좋아서 빵에 끼워서 간단히 샌드위치를 만들 땐엔 이것들이 최상의 선택이다.

익힌 햄은 어느 메이커의 물건을 사도 그렇게 큰 차이가 나지는 않는다. 하지만, 생햄은 고르기가 더 까다로운 것 같다. 한 번은 남편을 위해 생햄을 사고 싶어서 생햄 코너 앞에 섰는데 너무 종류가 많아서 곤혹스러웠던 적이 있다.

이베리아 반도 생햄jambon ibérique(스페인)은 집에서 자주 먹으니까 이번에는 색다른 것을 맛보고 싶어서 '검은 숲의 생햄jambon de la Fôret Noire(독일)'이란 녀석을 사갔다. 하지만, 잘못된 선택이었다. 한 입 맛본 남편의 표정이 좋지 않아 나도 냄새를 맡아 보았더니 과연 독특했다. 결국, 검은 숲의 녀석은 다 먹지 못하고 쓰레기통으로 향하는 운명을 맞이했는데, 나의 생햄 공부는 이렇게 시작부터 어려웠다. 그래서 남편에게 뭘 사야 하느냐고 물었더니 그가 해줬던 '수업'의 내용은 다음과 같다.

주 1) braisé브레제 : 색을 내서 뚜껑을 덮고 야채와 함께 찐 것
주 2) au torchon오 토르숑 : 수건으로 싸서 삶은 것
주 3) au bouillon오 부이옹 : 육수에 끓인 것

프랑스 생햄 jambons français

| 바욘 생햄 jambon de Bayonnes : 프랑스를 대표하는 생햄으로, 남서부 지방에서 11개월 동안 곡물과 콩을 먹인 백돼지의 뒷다리를 염장한 후, 고추 piment d'Esplette를 넣은 돼지기름에 재웠다가 최소 7개월(Label Rouge는 9~12개월) 동안 자연 건조시킨다. 극소수의 그랑 크뤼 grand cru가 있는데, 바로 이바이오나 생햄 jambon Ibaïona이다. 바스크 지방의 얼룩돼지에게 도토리, 밤, 너도밤나무 열매를 18개월 동안 먹여 도축한 후, 동일한 과정을 거쳐 최소 15개월간 숙성시킨다. 이바이오나 생햄은 루이 오스피탈 Louis Ospital의 독무대라 할 수 있는데, 바로 르 트로케 48의 에츄베스트 셰프의 친구다.[4]

| 아오스트 생햄 jambon d'Aoste : '일반적으로' 옥수수, 콩, 탈지유 등을 먹고 자란 돼지의 뒷다리를 이제르 Isère의 아오스트 지방에서 12~18개월 숙성시켜 만든 생햄으로, 대부분의 슈퍼마켓에서 쉽게 구할 수 있다. 이것은 생산 지역의 이름이 아니라 메이커 명으로, 전국의 돼지를 사서 만든다. 가격이 살짝 비싸지만, 대중적으로 매우 사랑받는 맛이다.

| 코르시카 생햄 jambon de Corse : 겨, 호박, 도토리, 밤 등을 스스로 주워 먹으며 자란 코르시카의 방목 사육 흑돼지로, 18개월이 되면 도축하고 12~18개월 동안 숙성한다. 종종 양질의 스페인산 생햄에 버금가는 품질의 것도 있다. 생산량이 적어서 귀하다.

| 오베르뉴 생햄 jambon d'Auvergne : 파리의 카페와 브라스리를 점령한 최소 9개월 숙성

주 4) 파리에서는 르 트로케(242페이지 참조), 아파리아(264페이지 참조), 랑트레주(272페이지 참조) 등에서 이바이오나 생햄을 맛 볼 수 있다. 또, 르 그랑 팡(258페이지 참조)에 가면 이 돼지의 갈비를 맛볼 수 있다.

한 생햄으로, 짜게 느껴지는 경우도 많고, 다른 생햄보다 덜 숙성되어 염장한 돼지고기 느낌의 맛이 강하다.

| 아르덴 생햄 jambon des Ardennes : 타임, 월계수잎, 마늘, 정향, 주니퍼베리에 재운 후, 최소 9개월 숙성한 생햄으로, 강한 맛 때문에 마니아가 많다. 오베르뉴 생햄과 비슷한 텍스처에 특유의 냄새까지 난다고 보면 된다.

| 비고르 생햄 jambon de Bigorre : 잡곡, 밤, 도토리를 18개월 동안 먹여 키운 가스코뉴 Gascogne의 흑돼지를 도축 후, 18개월 숙성한 생햄으로, 깊은맛이 있다. 스페인산 생햄과 비슷하다.

스페인 생햄 jambons espagnols

| 세라노 생햄 jamón serrano : 스페인 산속에서 숙성한 모든 생햄에 붙일 수 있는 명칭으로, 안데스 산, 록키 산, 북한산, 히말라야 등 사육 지역에 관계없이 전 세계 어느 나라의 돼지로 만들어도 된다. 단 6개월의 삶 중 반 이상은 잡곡(아무런 곡물)을 먹여서 키워야 한다. 최소 7개월 숙성을 시켜야 하는데, 품질은 1부터 100까지 있다.

| 이베리아반도 생햄 jamón ibérico : 전 세계 최고 품질의 생햄으로 인정받는데, 발이 까만 흑돼지 파타 네그라 pata negra를 18개월 사육 후 도축한다. 소처럼 마블링이 뛰어난 품종으로, 총 24~36개월의 건조 및 숙성을 시킨다. 키후엘로 Cuijuelo, 데에사 데 엑스트레마두라 dehesa de Extremadura, 우엘바 Huelva의 3개의 지역이 있지만, 정작 중요한 등급은

사육기간 동안 무엇을 먹고 자랐느냐. 그중에서도 가장 중요한 것이 총 먹은 도토리의 양으로, 45% 이상이면 베요타bellota 등급(上), 30% 이상은 레세보 recebo(中) 이하는 피엔소pienso, 세보 cebo, 캄포campo(下) 등으로 분류된다.

* 이베리코 생햄을 흔히들 하부고Jabugo라 부르는데, 하부고는 우엘바의 하부고 지역에서 생산된 생햄일 뿐 품질을 말해주는 것은 아니다. 도토리를 먹지 않은 돼지로 만든 생햄이라면 아무리 하부고 산産일지라도 저급인 피엔소가 된다. 짐작했겠지만, 도토리가 햄 가격을 결정짓는 큰 요인 중 하나이다!

이탈리아 생햄 jambons italiens

파르마 생햄 prosciutto di Parma : 한국 사람들에게는 '생햄의 대명사'로 알려진 프로슈토 디 파르마는 10~12개월 동안 탈지유, 잡곡, 밀가루, 분쇄 곡물로 사육된 백돼지를 단기 염장 후, 최소 4개월 건조하여 적어도 3개월간 숙성한다. 그래서 일반적으로 총 생산 공정이 12개월 정도 걸린다. 생햄에서 품질을 좌우하는 가장 중요한 것이 뭘 먹여서 사육하였느냐에 대한 것인데, 파르마 생햄은 느슨한 규정 때문에 품질이 들쭉날쭉하다. 어마어마한 생산량 덕분에 얻게 된 명성에 비해 전반적인 품질은 보통 수준이다.

쿨라텔로 디 파르마 culatello di Parma : 파르마 생햄의 진수를 맛보고 싶다면 쿨라텔로를 권한다. 지방도 적고, 염도도 높지만, 훨씬 더 진한 '숙성 고기' 맛이다.

다니엘레 생햄 prosciutto di San Daniele : 잡곡을 먹여 사육한 돼지의 뒷다리를 12~15개월 숙성시킨 생햄으로, 이탈리아 최상품이라 할 수 있으며 그만큼 가격도 비싸다. 파르마 생햄과 비교했을 때, 맛이 훨씬 섬세하고 은은하다. 그래서 파르마 생햄은 가열해서 먹을 수도 있지만(가령 피자의 토핑 등으로), 산 다니엘레는 내추럴한 상태로 맛보는 것이 가장 좋다.

기타

스펙speck은 독일어권 이탈리아 지역과 오스트리아의 생햄이고, 독일은 쉥켄Schinken, 포르투갈에서는 프레준토presunto라고 불린다. 이 외에도 동일한 방법으로 *삼겹살*을 가공한 프랑스의 벙트레슈ventrèche, 이탈리아의 판체타pancetta, *안심*을 가공한 스페인의 로모lomo, *목심*을 가공한 이탈리아의 코파coppa, 어깨를 가공한 스페인의 팔레트palette 등이 있다. 참고로 비앙드 드 그리종viande de Grison과 브레사올라bresaola는 소고기를 가공한 것이다.

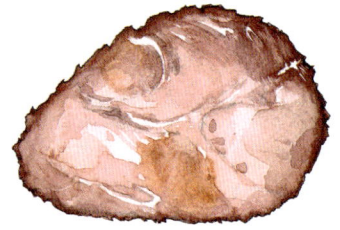

생선
Poissons

생선요리를 즐기는 방법

바닷가 출신이라 그런지 나는 생선, 조개 등 해산물이라면 사족을 못 쓰고 좋아한다. 파리에 와서 얼마 되지 않았을 때, 동네 카페에서 끼니를 해결하려고 앉아 메뉴를 보면서 생선 요리는 무엇이 있는지 물었다. 서툰 불어로 겨우 정체불명의 흰살생선 요리가 있음을 확인하고 그것을 주문했다. 뜨뜻미지근 식어가는 생선 위의 누런 화이트소스는 정말 다 먹기 어려운 느끼함을 자랑했다. 허기를 반찬으로 겨우 다 먹고 다시는 카페에서 생선 요리를 먹지 않게 되었다.

그 후, 르꼬르동블루에서 흰살생선과 화이트소스 클래식 레시피를 배우게 되었다. 포를 뜨고 남은 생선 뼈와 머리를 다듬어 각종 야채와 향신료, 화이트 와인을 넣어 육수를 만들고 다시 체에 거르고 나면 정말 한 국자 남짓한 엑기스가 나온다. 여기에 250g짜리 버터를 하나 통째로 넣고 소스를 만드는 것이다! 느끼하면서도 진한 생선 엑기스의 향이 느껴졌고 거기에 더해 레몬주스의 상큼함이 기분 좋았다. "아, 이렇게 만들어야 하는 것이군!" 하고 무릎을 쳤다.

사실, 르꼬르동블루의 레시피들은 프랑스 전통 요리를 학습하기 위한 것들이기 때문에 아무런 현대적 변형이 시도되지 않은 교과서적 '재현'에 가깝다. 그래서 대부분의 것들은 내 입맛에 맞는 것이 아니었다. 기절할 만큼의 버터가 들어가서, 맛보는 것만으로도 살이 찌는 음식들이다. 하지만, 클래식을 제대로 배운다는 점에서는 크게 공부가 된다. 학교의 목적도 그것인 듯 보였다.

다시 카페의 생선요리로 돌아가서, 일반적으로 카페엔 점심때 손님이 몰리고 빨리 음식을 제공해야 하기 때문에 이런 식의 육수 빼기는 불가능에 가깝다. 그때 먹은 생선은 냉동 생선에 MSG를 사용한 것이 맞을 것이다.

프랑스는 지중해와 대서양의 풍부한 수산 자원을 가진 나라다. 게다가 따뜻한 대서양과 차가운 영불해협의 바닷물이 만나는 브르타뉴 Bretagne 반도에는 천혜의 어장이 만들어지며, 프랑스에서도 가장 맛있는 갑각류의 생산지가 된다. 그뿐만 아니라 루아르 강의 민물고기들도 너무나 매력적인 해물 요리를 만들어 내는 자원이다. 이런 프랑스에 와서 생선 이름을 몰라서, 혹은 제대로 생선 요리를 하는 곳이 어디인지 몰라서 이 풍부한 해산물의 향연을 즐기지 못한다면 슬픈 일이 아닐 수 없다. 그래서 지금부터, 자기가 좋아하는 생선이나 요리법을 찾아낼 수 있도록 생선 이름과 요리를 간단히 설명해 보겠다.

그러나 한 가지 미리 말해두고 싶은 것은, 모든 생선이 우리나라에서 먹는 생선들과 1:1 대응이 되는 것은 아니란 점이다. 유사하고 비슷한 종류를 묶어 설명하기는 하였으나 그대로 동일한 생물이라고 말하기 어려운 것도 많다. 똑같이 '배'라고 번역하지만, 서양 배에 수십 가지의 종류가 있고, 그것이 우리가 먹는 배와는 모양과 색부터 시작하여 식감과 풍미, 향 모두 다르다. 똑같이 '사람'이지만 키, 체격, 헤어 컬러, 쓰는 언어가 모두 다른 인간을 떠올려 봐도 쉽게 이해할 수 있을 것이다.

일례로, 프랑스에서 갈치를 사다가 조림을 해 보았더니 한국에서와 같은 시원한 맛이 나지 않았다. 그러니 조금 상상력을 가지고, 식당의 메뉴판들을 비교해 보면서 참고하면 더 즐겁고 신나는 발견을 할 수 있게 될지 모르겠다.

불어	읽기	한국어
생선 설명		
대표적인 요리와 설명		

| **Anguille (lamproie)** | 앙기유(랑프루아) | 민물 장어 |

– **마틀로트 당기유** Matelote d'anguille : 마틀로트는 부야베스 bouillabaisse1 같은 생선수프의 일종인데, 다만 물이 아니라 포도주를 사용하여 만드는 적포도주 생선찜이다. 잘 만든 마틀로트는 무척 맛있지만, 잘못 만들면 정말 먹기 싫은 맛이 되어 버린다.
– **랑프루아 알 라 보르들레즈** Lamproie à la bordelaise : 마틀로트와 거의 동일하지만, 훨씬 맛이 강하다. 베이컨이 들어가 약간 스모키한 맛이 난다.

| **Brochet** | 브로셰 | 민물 곤들매기, 노잔파이크 |

씹는 맛이 좋은 생선이지만, 껍질에서 나는 특유의 '민물내' 때문에 싫어하는 사람도 많다. 가시가 많기 때문에 다른 생선처럼 포를 떠서 먹기보다는 주로 크넬로 먹는다.
– **크넬 드 브로쉐** Quenelles de brochet : 생선살, 크림, 계란을 믹서에 갈아서 슈 반죽과 비슷한 파나드와 섞어서 삶아 먹는다. 공기 감이 느껴지는 어묵 같은 맛으로, 일본의 한펜 ハンペン과 비슷한 느낌이다.

| **Sandre, Perche** | 상드르, 페르슈 | 민물 농어 |

민물고기지만 바다 물고기와 비슷한 식감이다. 민물고기 특유의 향도 없기 때문에 고급식당에서도 쉽게 만나볼 수 있다.
– **상드르 오 뱅 루주** Sandre au vin rouge : 레드 와인 버터소스를 곁들인 민물 농어구이. 베르나르 루아조 Bernard Loiseau의 유작.

| **Écrevisse** | 에크르비스 | 민물 가재 |

– **에크르비스 알 라 나주** Écrevisse à la nage : 여러 가지 채소를 넣은 옅은 식촛물에 삶은 민물 가재

주 1) 부야베스Bouillabaisse : 생선과 조개류에 향료를 넣어 찐 마르세유Marseille의 명물

| 불어 | 읽기 | 한국어 |

생선 설명
대표적인 요리와 설명

| Truite   트뤼트   민물송어

송어는 여러 면에서 연어와 비슷하지만, 연어보다 살이 부드럽고 크기가 작다.
- **트뤼트 오 블뢰** Truite au bleu : 낚시에 잡히자마자 산 채로 식촛물에 데친 송어

| Saumon   소몽   연어

이젠 전 세계 공통으로 가장 저렴한 생선이 되어버린 연어는, 많은 요리사에게 상상의 나래를 펴게 해준다. 우리 부부 모두 익힌 연어의 '질식사를 유도하는' 퍽퍽함이 싫어서 그리 즐겨 먹진 않지만, 가격이 좋아서 가끔 사게 되면 그냥 생으로 먹는다. 게다가 양식 연어는 느끼하기까지 하다.
- **소몽 퓌메** saumon fumé : 훈제연어
- **타르타르 드 소몽** tartare de saumon : 연어 타르타르(生)
- **소몽 아 로죄유** saumon à l'oseille : 미슐랭 3스타 레스토랑인 트루아그로 Troigros를 세계에 알린 레시피로, 매우 시큼한 풀인 승아로 크림을 만들어 구운 연어에 곁들여 내는 요리

| Cabillaud, lieu jaune, merlu,   카비오, 리우죤, 메를뤼,   대구
  colin, merluchon, colinot   콜랭, 메를뤼숑, 콜리노

대구도 예전에는 싸구려 생선으로 치부되었으나 요즈음엔 지방이 적은 대구가 다이어트 붐과 함께 건강식으로 인식되면서 고가의 생선으로 대접받게 되기에 이르렀다. 그러나 재미있는 것은, 과거에는 주로 스팀 조리를 했다면, 요즘엔 두꺼운 살의 맛을 잘 느낄 수 있는 푸알레 poêlée2 형식으로 많이 서비스된다는 점! 리우죤을 먹게 된 것은 대구 값이 너무 올라 그 대안으로 찾기 시작한 것이었다. 그러자 양식 대구가 많아졌지만, 값은 떨어지지 않았다. 그러나 리우죤은 아직 100% 자연산으로, 조리방법에 따라서는 대구보다 더 훌륭한 맛을 내기도 한다. 참고적으로 모뤼 morue는, 마치 명태를 말리면 북어가 되듯이 카비오를 염장해서 말린 것이다.
- **브랑다드 드 모뤼** Brandade de morue : 염분을 제거한 모뤼와 감자 퓌레를 섞어 오븐에 다시 구운 요리.

| Merlan   메를랑   명태

메를랑은 살이 너무 연약해서 다듬기 쉽지 않은 단점이 있지만, 매우 '생선 맛'이 강하고, 그래서 마니아들이 좋아하는 생선 중의 하나다. 그러다 보니 클래식 레시피도 많이 전해 내려오고 있다.
- **메를랑 베르시** Merlan Bercy : 샬롯, 생선육수, 화이트 와인에 삶은 명태로, 파슬리를 뿌려 먹는다.
- **메를랑 콜베르** Merlan Colbert : 클래식 레시피로, 생선의 포를 뜨지 않고 뼈를 제거하여, 밀가루를 입혀서 통으로 튀긴 명태.

| 불어 | 읽기 | 한국어 |

생선 설명
대표적인 요리와 설명

Saint-Pierre 생피에르 달고기(John Dory)

생피에르는 비록 우습게 생겼지만, 버리는 부위도 많을뿐더러 가격 자체도 비싼 생선이다. 과거에는 부야베스 용으로 쓰일 정도로 하대 받았으나, 누벨 퀴진의 영향으로 요리사들이 소스보다는 식자재의 참맛, 진가에 대한 발견을 시도하면서 생피에르는 가치를 인정받기 시작했다. 편형 물고기(sole, turbot)와 비슷한 살의 조직이면서, 맛은 메를랑 merlan같이 강한 양날의 검이라고나 할까.
- **생피에르 알 라 프로벙살** Saint-Pierre à la provençale : 프레시 토마토와 올리브를 곁들인 달고기 구이.

Bar, loup de mer 바르, 루 드 메르 농어

농어란 이름은 주변에서 언제나 쉽게 들을 수 있지만, 막상 모양을 본 사람이 드문 것 같다. 그냥 조기와 별다를 바 없이 생겼다는 인상을 받을지 모르지만, 살결의 섬세함이 각별한 반면 조기보다 생선살의 맛은 깊이가 떨어진다. 부드러운 생선 살을 좋아하는 분께 권한다.
- **바르 오 프누이** Bar au fenouil : 어린 농어를 말린 회향풀 줄기와 함께 오븐에 구운 것으로, 가장 인공적 가미가 덜 된 생선요리
- **바르 오 코키야쥬** Bar aux coquillages : 모시조개, 피조개, 키조개, 왕조개, 홍합 등 여러 가지 조개류와 함께 맛보는 농어구이

Dorade, daurade royale 도라드, 도라드 루아얄 도미

도미를 이용한 레시피는 너무나 많지만, 의외로 클래식 레시피는 없다. 도라드와 도라드 루아얄은 철도 다르고 맛도 다르다. 마치 우리나라에 감성돔, 돌돔, 옥돔, 참돔, 자리돔이 있듯이 말이다. 도라드 루아얄은 도미 중에서도 가장 맛있는 고급 생선으로, 살결도 다르고 자연의 단맛이 살아 있다. 한국에서 도미는 최고급 어종으로 고가지만, 프랑스에서는 대중적인 생선 중의 하나다.
- **도라드 루아얄 엉 크루트 드 셀** Daurade royale en croûte de sel : 내장과 아가미 등을 제거한 도미 한 마리를 통째로 소금집으로 싸서 오븐에 구운 요리.

Turbot, barbue 튀르보, 바르뷔 광어

옛날부터 튀르보는 〈황제의 생선〉이었다. 지금처럼 레스토랑이 아니라 〈성〉에서 집사와 하녀들의 서비스로 음식을 먹던 왕들이었기에, 당시의 레시피들은 큰 광어를 통으로 조리하는 것을 원칙으로 삼았다. 그래서 지금은 다른 생선 레시피와 많은 부분을 공유하고 있지만, 쫀쫀하고 깊은 살 맛은 가히 생선의 제

주 2) 푸알레 poêlée : 프라이팬에 굽는 조리법. 발음은 "뿌왈레"에 가깝다.

Poisson 생선

| 불어 | 읽기 | 한국어 |

생선 설명
대표적인 요리와 설명

왕이 되기에 조금도 부족함이 없다. 작은 크기는 튀르보탱 turbotin이라고 불린다. 〈좌광우도〉로 봤을 때, 우리나라의 광어와 가장 흡사할 것 같다. 어떤 책에는 turbot를 도다리, barbue는 광어라고 하는데 둘 다 광어다.
- 튀르보 뒤글레레 Turbot Dugléré : 양파, 토마토를 졸인 생선육수에 광어를 삶은 후, 이 육수에 버터를 넣어서 삶은 광어를 덮은 요리.

| Sole | 솔 | 서대, 납세미, 혀가자미 |

에스코피에의 요리책에 나온 생선요리의 반이 바로 이 혀가자미이다. 그만큼 프랑스 음식을 대표하는 생선이라고 하고 싶다. 특유의 촘촘한 텍스처는 그 어느 식자재도 비교하기 어렵다. (그래서 아마도 일본 만화 어시장삼대째에서 이 혀가자미를 찾기 위해 쓰키지 시장을 다 뒤지고 다니는 내용이 있는지도 모르겠다.)
- 솔 뫼니에르 Sole Meunière : 밀가루 옷을 입힌 후에 버터에 구워 레몬을 곁들여 먹는 클래식 프렌치 레시피
- 솔 알 라 디에푸아즈 Sole à la dieppoise : 화이트 와인과 홍합 삶은 물에 혀가자미를 삶아, 새우, 홍합을 곁들여 먹는다.

| Baudroie, lotte | 보드루아, 로트 | 아귀 |

프랑스에서 아구란 생선은 비싸다. 아빠 왈, 바닷가재와 가장 비슷한 텍스처를 가지고 있는 생선이기에 가재를 베이스로 한 많은 소스들과 잘 어울린단다.
- 로트 알 라메리켄느 Lotte à l'américaine : 토마토, 가재 소스를 곁들인 아귀 구이.

| Rouget barbet | 루제 바르베 | 성대 |

매우 섬세하고 요오드의 맛이 강한 지중해의 대표적인 생선으로 꼽힌다. 그래서 토마토나 바질과 어우러진 요리가 많다.
- 루제 알 라 토마트 Rouget à la tomate : 루제 역시 부야베스에 쓰이다가 최근에 각광받기 시작했는데, 지중해 지역의 생선답게 그 지방의 채소들을 곁들여 먹는 레시피가 주이다. 특히 새콤달콤한 토마토만큼 섬세한 루제의 살을 잘 살려주는 것이 없어서 이제는 이 레시피가 하나의 클래식으로 자리 잡혀가고 있다.

| 불어 | 읽기 | 한국어 |

생선 설명
대표적인 요리와 설명

▎Mulet　　　　　　　뮐레　　　　　　　숭어

민물고기와 비슷한 맛이 나는 바다생선으로, 살은 푸짐하지만 퍽퍽하다. 숭어는 살보다는 타라마 tarama 나 부타르그 boutargue 의 재료로 쓰이는 알이 더 흥미롭다.

▎Rascasse, chapon de mer　　라스카스, 샤퐁 드 메르　　감펭

도미를 포함한 다른 흰살생선과 비슷하지만, 생선 수프 등에 넣었을 때 깊은맛을 준다.
- **라스카스 브레제 알 라 부야베스** Rascasse braisée à la bouillabaisse : 우리나라의 생선조림과 비슷한 지중해식 토마토소스 생선조림

▎Raie　　　　　　　레　　　　　　　홍어, 가오리

우리나라에서는 삭혀 먹는 것이 '당연'하지만, 프랑스에서는 가능한 신선하게 구워 먹는다. 감칠맛 있고 부드러운 생선.
- **아이으 드 레 오 카프르** Aile de raie aux câpres : 케이퍼를 곁들인 가오리 버터구이

▎Sardine　　　　　　사르딘　　　　　　꽁치

- **사르딘 그리예 오 포 드 부아** Sardine grillée au feu de bois : 꽁치 숯불구이

▎Anchois　　　　　　앙슈아　　　　　　멸치

한국사람들에게는 미국 영화 영향 때문인지 '젓갈'로 생각하기 십상인데, 발효 과정 없이 단지 염장을 하고 올리브 오일에 보관을 하기 때문에 젓갈 특유의 삭힌 내가 없다. 생선 자체를 먹기보다는 조미료처럼 쓰인다.
- **앙슈아야드** Anchoïade : 마늘과 케이퍼, 멸치를 잘게 다져서 올리브 오일로 만든 마요네즈와 비슷한 소스.

▎Hareng　　　　　　아렁　　　　　　청어

- **아렁 폼 아 륄** Hareng pommes à l'huile : 화이트 와인과 올리브 오일에 절인 삶은 감자와 청어

▎Maquereau, lisette　　마크로, 리제트　　고등어

- **마크로 어 네스카베슈 오 뱅 블랑** Maquereau en escabèche au vin blanc : 화이트 와인과 향신채소에 절인 고등어

| 불어 | 읽기 | 한국어 |

생선 설명
대표적인 요리와 설명

Thon 　　　　　　　　　　통 　　　　　　　　　　　참치
지중해와 대서양 근해에서 잡히기 때문에, 프랑스에서는 생선가게에서 생참치를 쉽게 구할 수 있다.
- 통 알 라 피프라드 Thon à la piperade : 볶은 피망을 곁들인 참치 스테이크

Crevette 　　　　　　　　크르베트 　　　　　　　　새우
- 콕텔 다보카 크르베트 Cocktail d'avocat crevettes : 마요네즈와 함께 즐기는 아보카도, 새우 샐러드

Gambas 　　　　　　　　강바스 　　　　　　　　　대하
- 강바스 오 카다이프 Gambas au kadaïf : 실타래처럼 가는 면을 말아서 튀긴 대하로 셰프 성드렁스 Alain Senderens의 대표작

Langoustine 　　　　　　랑구스틴 　　　　　　　　가시배 새우
영어로는 Norway lobster, Dulin Bay prawn이라고 하는데, 몸통 길이만큼 긴 집게가 있는 새우. 일반 새우보다 덜 달지만, 깊이가 있는 은은한 맛이 매우 훌륭하다. 무엇을 해도 맛있다.
- 랑구스틴 로티 오 피멍 Langoustines rôties au piment : 고춧가루를 뿌려서 구운 새우

Homard 　　　　　　　　오마르 　　　　　　　　　바닷가재
- 오마르 알 레스트라공 Homard à l'estragon : 타라곤을 넣은 소스와 함께 맛보는 바닷가재

Crabe 　　　　　　　　　크라브 　　　　　　　　　게
(Tourteau, Etrille, Araignée de mer)
- 비스크 데트리 Bisque d'étrilles : 게 수프

Calmar 　　　　　　　　칼마르 　　　　　　　　　오징어, 한치, 꼴뚜기
(Seiche, Supion, Chipiron, Piste, Encornet, Casseron)
- 칼마르 파르시 알 라 프로벙살 Calmar farci à la provençale : 토마토 주스를 넣고 지은 밥을 채운 후 육수에 졸인 오징어

Poulpe 　　　　　　　　　풀프 　　　　　　　　　　문어, 낙지, 쭈꾸미
- 풀프 알 라 바스케즈 Poulpe à la basquaise : 피망과 양파 볶음을 얹은 삶은 문어

| 불어 | 읽기 | 한국어 |

생선 설명
대표적인 요리와 설명

| Ormeau   오르모   전복
- 오르모 푸알레 오 뵈르 누아제트 Ormeau poêlé au beurre noisette : 헤이즐넛 버터 전복구이

| Coquillage   코키아주   조개류

코크 Coque꼬막, 팔루르드 Palourde대합, 프레르, 베뉘 Praire, vénus피조개, 쿠토 Couteau가리맛조개, 뷜로, 비고르노 Bulot, Bigorneau소라(고둥,골뱅이)

- 플라토 드 프뤼 드 메르 Plateau de fruits de mer : 여러 가지 조개와 삶은 가재, 굴 등을 수북이 쌓아 놓고 먹는 애피타이저

| Coquille Saint-Jacques, Pétoncle   코키유 생-자크, 페통클   가리비

- 생-자크 알 라 트뤼프 Saint-Jacques à la truffe : 가리비에 칼집을 넣어 트뤼프를 채워 넣고 버터에 구운 맛있는 요리!

| Moule   물   홍합

- 물 알 라 마리니에르 Moules à la marinière : 샬롯, 마늘, 파슬리, 화이트 와인에 찐 홍합

| Oursin   우르생   성게

- 우르시나드 Oursinade : 생선수프에 계란, 올리브 오일, 성게를 넣어서 만드는 일종의 소스 또는 이 소스와 빵을 곁들여 먹는 생선찜.

| Huître   위트르   굴

- 위트르 오 샹파뉴 Huîtres au champagne : 샴페인 사바용을 얹어서 오븐에 구운 그라탱의 일종

고기
Viandes

이제, 고기를 먹어볼까?

우리말로 하면 소고기엔 어떤 부위가 있을까? 안심, 등심, 사태, 꼬리, 안창살, 항정살, 보섭살, 차돌박이, 홍두깨살, 도가니, 아롱사태… 등등. 하지만, 각 부위가 소의 어떤 부분인지는 그림이 잘 그려지지 않는다. 한국말로도 어려운데, 프랑스 어로 쓰여 있는 메뉴판을 받게 되면 난감해지는 것은 당연한 일이다.

다음 페이지의 사진은 스테이크 전문점 르 세베로[1]의 메뉴판 중 일부다. 이 메뉴판을 보며 과연 독자들은 주문할 수 있을까?

주 1) 228페이지 참조. 르 세베로는 정육업자를 의미한다.

미리 말해 두는 것은, 이 메뉴판의 각 요리 이름은 이 가게만의 독특한 소스나 독창적인 조리법이 표기된 것이 전혀 아니다. 프랑스 전역의 모든 '소고기'를 판매하는 곳에서 만나게 되는 아주 평범하고 일상적인 메뉴들이다. 한 번 들여다보자.

잘 모르겠으니, 그냥 제일 싼 앙두이예트나 스테이크 비슷할 것 같은 스텍 *아슈* 아님 스텍 *타르타르*로 시켜 본다?

오랜 역사를 가진 프랑스의 육식을 주로 하는 식단은, 각 고기의 특수 부위 하나하나에 다채로운 조리법을 부여했다. 많은 여행 가이드 책에 뵈프 boeuf는 소, 포르 porc는 돼지라고 설명되어 있지만, 그것만으로 식당에 들어가서 주문을 하기는 어렵다. 마치 에쿠스인지 포니인지도 모르고 단지 현대자동차라고 해서 주문하는 것과 같은 일이기 때문이다.

소고기라고 해서 시켰더니 소 혓바닥이고, 양을 주문하니 양의 콩팥이 나오지 않나, 안전하게 닭으로 가자 했더니 접시 위에 닭볏만 그득하고. 이젠 좀 아는 알파벳이 등장해서 스테이크인 줄 알고 골랐건만 시뻘건 생고기 덩어리 steak tartare(육회)가 나오고! 이러다 보니 한국 돌아갈 때는 프랑스에 증오심이 생길 정도다. 한국에서는 안 먹는 이상한 부위만 팔고 말이야! 하긴 생각해 보면 한국말로도 '가브리살'이 뭔지 잘 모르겠다. 하지만, 프랑스 요리를 유명하게 만든 주인공들이 바로 이런 특수부위다. 한국은 이런 부위를 먹는다 할지라도 '구이'로 먹는 정도이다. 그것은 찜이나 조림, 탕 등의 클래식 레시피에서는 사용하지 않았으나 최근에 와서 먹기 시작했다는 것을 의미한다. 그럼 위의 메뉴판에는 어떤 음식들이 있는지 살펴보자.

위에서부터

Andouillette 5A Duval 앙두이예트 상가뒤발 : 돼지의 귀, 내장, 꼬리 발 등을 모두 넣고 만든 일종의 소시지로, 동물성 냄새가 무척 강하므로 좋아하는 사람이 아니면 먹기 어렵다. 게다가 소시지같이 고기를 곱게 가는 것이 아니기 때문에 덩어리가 크고 귀, 코 등의 형태가 눈에 보인다. 식당에 따라서 5A를 AAAAA[2]라고 표기하기도 한다. 〈에이A〉가 많으니 뭔가 좋은 것이 아닐까 하고 시켜보다가 난처해질 수 있다.

Steak hache 스텍아슈 : 소스가 없는 함박 스테이크. 일본식 함박 스테이크에 익숙해진 우리는 '데미글라스 소스 sauce Demi-glace' 없는 이 음식을 퍽퍽하다고 느낄 수도 있으나, 프랑스 사람들은 즐겨 먹는 메뉴다.

Steak Tartare 스텍타르타르 : 프랑스식 양념 육회. 어쩌다 읽을 수 있는 스테이크여서 시

주 2) Association Amicale des Amateurs de l'Andouillette Authentique : 전통 앙두이예트 애호가들의 친목도모회

켰다가 큰코다치는 경우가 많다. 우리나라의 육회가 그렇듯, 스텍 타르타르에도 고기 외의 많은 양념이 들어간다. 받은 접시를 다시 "웰 던으로!" 하며 되돌리는 일은 없도록 하자.

|Filet de boeuf 필레드뵈프 : 안심구이

|Faux-Filet 포필레 : 등심구이

|Côte de Veau de lait 코트 드 보 드 래 : 젖먹이 송아지 갈비.

|Médaillon de Veau de lait 메다이용드보드래 : 이것은 부위가 아니라 컷팅법을 의미하는데, 일반적으로 송아지 안심을 의미하고 필레미뇽이라고도 한다.

|Bavette échalotes 바베트에샬로트 : 안창살 스테이크와 샬롯3 볶음의 클래식 레시피.

|Rognon de Veau 로뇽드보 : 송아지 콩팥

그럼, 본격적으로 주로 식당에서 만나게 되는 고기의 종류를 살펴보도록 하자.

주 3) échalote : 우리말로는 염교, 영어로는 샬롯이라 하는 마늘과 양파의 복합적인 맛을 내는 채소

소 boeuf 뵈프

소의 품종

왜 품종까지 알아야 하는지 이상할 수도 있겠다. 한국에서는 한우면 무조건 다 똑같은 한우지, 품종까지 구분하지는 않으니 말이다. 하지만, 이곳은 사람도 단일 민족이 아니듯, 소도 다양한 품종이 존재한다. 한 번은 농업 박람회에 간 적이 있는데, 우리나라의 누렁소의 서너 배 만한 소들을 보고 기겁했다. 너무 거대해서 SF 만화에나 나오는 외계 동물같이 신기했다. 그뿐만 아니라 흰 소, 검은 소, 누렁 소, 파마머리 소, 얼룩무늬 소 너무나 많은 종류에 기가 막힐 정도였다. 문제는 우리가 식당에서 받게 되는 메뉴판에는 바로 이런 품종도 적혀 있다는 점이다. 알고 보면 가까운 주변에, 심지어 슈퍼마켓에서도 품종을 구분하여 판매하고 있다. 알고 먹으면 더 맛있으니 함께 살펴보자!

▎블롱드 다키텐Blonde d'Aquitaine : 한 마리당 1톤(코끼리의 무게!)이나 나가는 거대한 흰 소로, 마블링보다는 촘촘한 고깃결로 더 사랑을 받는다.

▎샤롤레즈Charolaise : 부르고뉴의 소고기. 기름기가 적어 지방 교잡이 뛰어나지만, 겹지방은 적은, 진한 소고기의 맛이 훌륭한 최고의 육우.

▎리무진Limousine : 70개국에 500만 마리가 자라고 있고, 미국, 러시아 중국 등지에서 육고기용으로 집중 사육되고 있는 품종. 리무진은 마블링이 좋고 고기 입자가 섬세하여 씹는 식감과 고기 맛이 진하다. 블롱드 다키텐과 비슷.

▎멘-앙주Maine-Anjou : 고기의 향이 진한 것으로 특히 유명한데, 한우에 비하고 싶을 정

도로 마블링이 뛰어나다.

▎노르망드 Normande : 치즈로 유명한 노르망디의 소이기 때문에 우유에 맛을 다 줘버린 젖소일 것 같지만, 부드럽고 고소한 고기를 가지고 있다. 지방 교잡도 참 좋다.

▎파르트네즈 Parthenaise : 한때 일소로 사육했던 품종으로, 근육이 발달하여 고기가 풍부한데, 기름지지 않은 담백한 고기가 특징이다. 지방이 적지만, 믿기지 않게 고기가 부드럽다.

▎바자데즈 Bazadaise : 두툼한 고기로 인기있는데, 지방이 적어서 고기가 담백하고, 풍미가 진하다.

▎오브락 Aubrac : 황소의 한 종류로 유제품을 위해 젖도 짜고 고기로도 먹는 소. 시멍탈 simmental과 비슷하다. 황소 특유의 진한 고기 색으로 유명.

▎가스콩 Gascon : 마블링이 뛰어난 일소로, 육즙이 풍부하면서 부드러운 고기로 맛이 섬세하다.

▎살레르스 Salers : 오베르뉴 지역의 검둥이소로, 높이 1.4m에 약 750kg의 보통 크기이나, 오베르뉴 지역의 양질의 AOC 프로마주를 생산하는 품종이다.

▎샬로스 Chalosse : 소의 품종이 아니라, 가스코뉴 지역에서 자란 블롱드 다키텐, 리무진, 바자데즈 품종에서 나온 고기를 말한다. 평창거세한우, 이동소갈비처럼 지역 이름이다.

| 부위 한글 명칭　　　프랑스어 읽기⁽원어표기⁾
각 부위를 사용한 대표 요리와 설명

| 꽃등심살(립아이)　　　엉트르코트 entrecôte

엉트르코트 아 라 보르들레즈 Entrecôte à la bordelaise
레드와인 소스를 곁들인 꽃등심

| 갈비　　　코트 드 뵈프 côte de boeuf

코트 드 뵈프 그리에, 소스 베아르네즈, 폼 퐁 뇌프 Côte de boeuf grillé, sauce béarnaise, pomme pont-neuf
꽃등심(속칭 갈비) 그릴구이, 베아르네즈소스, 굵은 감자튀김

| 안창살　　　앙프 hampe

앙프 드 뵈프 알 라 무타르드 알 랑시엔 Hampe de boeuf à la moutarde à l'ancienne
씨겨자를 곁들인 안창살 스테이크

| 치마살　　　바베트 bavette à bifteck

바베트 아 레샬로트 bavette à l'échalote
샬롯조림을 곁들인 치마살 스테이크

| 토시살　　　옹글레 onglet

옹글레 드 뵈프 알 라 콩피튀르 도뇽 Onglet de boeuf à la confiture d'onignons
달달하게 볶은 양파를 곁들인 토시살

| 채끝등심　　　포-필레 faux-filet, contre-filet

콩트르-필레 로티 자르디에르 드 레 귐 Contre-filet rôti jardinière de legumes
살짝 데친 모둠 채소를 곁들인 채끝등심 통구이, 로스트비프

| 안심　　　필레 filet

투르느도 로시니 Tournedos Rossini
푸아그라 구이와 트뤼프 소스를 곁들인 안심 스테이크

| 부위 한글 명칭　　　프랑스어 읽기|원어표기
각 부위를 사용한 대표 요리와 설명

| 우둔　　　　　　럼스텍 rumsteak

오 뿌와브르 Rumsteak au poivre
녹색 후추 소스를 곁들인 우둔살 스테이크

| 볼살　　　　　　주 joue

주 드 뵈프 엉 미롱똥 Joue de boeuf en miroton
소볼찜

| 꼬리　　　　　　큐 queue

뀨 드 뵈프 브래제 오 꺄로뜨 Queue de boeuf braisé aux carottes
졸인 당근을 곁들인 소꼬리 찜

| 우설　　　　　　랑그 langue

렁그 드 뵈프 뽀쉐 소스 삐껑뜨 Langue de boeuf pochée sauce piquante
매콤한 소스를 곁들인 삶은 소 혀

| 제 1위 (양)　　　 팡스 panse

그라 두블르 아 라 리요내즈 Gras double à la lyonnaise
양파, 마늘과 함께 볶은 양구이

| 창자　　　　　　트리프 tripes

트리쁘 아 라 모드 드 깡 Tripe à la mode de Caen

Viandes　고기

송아지 veau 보

7

| 부위 한글 명칭   프랑스어 읽기^{원어표기}
각 부위를 사용한 대표 요리와 설명

| 안심   필레 filet, grenadin, médaillon, piccata

메다이옹 드 보 샤쇠르 Médaillon de veau chasseur
버섯과 염교 볶음을 곁들인 송아지 안심구이

| 갈비   카레 carré (분해하면) 코트 côte

코트 드 보 그랑-메르 Côte de veau grand-mère
갖은 야채와 베이컨 볶음을 곁들인 송아지 갈비(등심) 통구이

| 볼기살   카지,누아 quasi, noix (분해하면) 에스칼로프 escalope

에스칼로프 드 보 알 라 비에누아즈 Escalope de veau à la viennoise
송아지 커틀렛

| 삼겹살   텅드롱 tendron

텅드롱 드 브레제 오 시트롱 Tendron de braisé au citron
레몬크림소스에 졸인 송아지 삼겹살

| 정강이   자레 jarret

오소부코 Osso-buco
달달하게 볶은 양파를 곁들인 정강이살

| 콩팥   로뇽 rognon

로뇽 드 보 베르시 Rognon de veau Bercy
골수, 샬롯, 화이트 와인 버터 소스를 곁들인 콩팥구이

| 간   푸아 foie

푸아 드 보 오 비네그르 드 푸랑부아즈 Foie de veau au vinaigre de framboise
산딸기 식초 소스를 곁들인 송아지 간 구이

| **부위 한글 명칭**　　프랑스어 읽기^{원어표기}
각 부위를 사용한 대표 요리와 설명

| **흉선**　　　　리 ris

리 드 보 브레제 Ris de veau braisé
송아지 육수에 찐 송아지 흉선

| **머리**　　　　테트 tête

테트 드 보 소스 라비고트 에 소스 그리비슈 Tête de veau sauce ravigote et sauce gribiche
삶은 송아지 머리와 라비고트 그리고 그리비슈 소스

Viandes 고기

345

양agneau 아뇨

부위 한글 명칭　　프랑스어 읽기^{원어표기}
각 부위를 사용한 대표 요리와 설명

| 어깨　　　　　에폴 épaule

에폴 콩피트 오 자브리코 Epaule confite aux abricots
살구와 함께 육수에 졸인 양 어깨

| 갈비　　　　카레 carré (분해하면) 카농 (분해하면) 코트 côte, côtelette

카레 다뇨 알 라 피페라드 Carré d'agneau à la piperade
피망, 양파, 토마토 볶음을 곁들인 양갈비 통구이

| 등심(램찹)　　셀 selle (분해하면) 누아제트 noisette

셀 다뇨 파르시 드 타프나드 Selle d'agneau farcie de tapenade
올리브 퓌레로 속을 채운 양 등심 통구이

| 뒷다리　　　지고 gigot

지고 다뇨 세테르 Gigot d'agneau 7 heures

| 종아리살　　수리 souris

수리 다뇨 브레제 오 제피스 Souris d'agneau braisé aux épices
양 정강이 향신료 조림

돼지 | porc 포르 또는 cochon 코숑

| **부위 한글 명칭**　　프랑스어 읽기|원어표기
각 부위를 사용한 대표 요리와 설명

| 안심　　　　필레 filet, 메다이용 médaillon

메다이용 드 포르, 소스 로베르 Médaillon de porc, sauce Robert
매콤 새콤한 소스를 곁들인 돼지안심구이

| 삼겹살　　　푸아트린 poitrine

푸아트린 드 포르 룰레 데르브 Potrine de porc roulée d'herbes
여러 가지 허브를 말아서 오븐에 통으로 구운 삼겹살

| 갈비　　　　카레 carré (분해하면) 코트 côte

코트 드 포르 샤르퀴티에르 Côte de porc charcutière
피클과 겨자가 들어간 소스를 곁들인 돼지갈비 구이

| 갈비대　　　트라베르 travers

트라베르 드 포르 라케 드 미엘 드 로마랭 Taravers de porc laqués de miel de romarin
로즈마리 꿀에 조린 돼지갈비

| 뒷다리　　　장봉 jambon

장봉 브레제 오 시드르 Jambon braisé au cidre
애플와인 돼지 뒷다리 찜

닭 poulet

종류
푸생 poussin (병아리)
코클레 coquelet (영계)
풀레 poulet (어린 수탉)
풀 poule (어린 암탉)
코크 coq (수탉)

풀라르드 poularde (암탉)
샤퐁 chapon (거세 수탉)
젤린 géline (오골계)
팽타드 pintade (뿔닭)

부위 한글 명칭	프랑스어 읽기 원어표기
각 부위를 사용한 대표 요리와 설명	

| 가슴살　　　쉬프렘, 블랑 suprême, blanc
쉬프렘 드 풀레 알 라 바스케즈 Suprême de poulet à la basquaise

| 날개　　　알르롱 aileron
알르롱 드 볼라유 파르시 Ailerons de volaille farcies

| 다리　　　퀴스 cuisse, 필롱 pilon
장보네트 드 볼라유 Jambonnette de volaille

* 참고로 프랑스에는 닭갈비란 요리가 없습니다.

→ 갈비라는 부위는 일반인뿐만 아니라 경험이 없는 요리사들에게도 설명하기 참 어려운 부위이다. 실제로 갈비라 함은 '갈빗대 뼈에 붙어 있는 살'을 말함이지만, 돼지나 양, 송아지에서도 '등심' 부위가 '갈비'라는 이름으로 팔린다. 프랑스 어 단어를 그대로 번역으로 옮기기 때문에 우리나라에서도 동일하게 갈비라는 이름으로 팔리는데, 사실은 등심(꽃등심, 채끝등심)이다. '계륵鷄肋'이라는 속담에서 알 수 있는 것처럼, 닭의 갈비에는 살이 없기 때문에 육수를 내는 용도 외에는 딱히 쓸모가 없다. 한국의 닭갈비는 '음식명'이지 부위명이 아니다.

기타 다른 고기들

| 부위 한글 명칭　　프랑스어 읽기 원어표기
각 부위를 사용한 대표 요리와 설명

| 토끼　　　　　라팽 lapin

라팽 알 라 무타르드 Lapin à la moutarde
크림겨자 소스의 토끼찜

| 말　　　　　　슈발 cheval

스텍 드 슈발 Steak de cheval
말고기 스테이크

| 오리　　　　　카나르 canard (가슴살: 마그레 magret)

카나르 아 로랑지 Canard à l'orange
오렌지 소스를 곁들인 오리가슴 구이
콩피 드 카나르 Confit de canard
오리다리 콩피

| 메추리　　　　카유 caille

카유 로티 오 레쟁 Caille rôtie aux raisins
생포도와 함께 통으로 구운 메추리

| 비둘기　　　　피죵 pigeon, 피죠노 pigeoneau

피죵 아 롤리브 Pigeon à l'olive
검은 올리브를 넣은 육즙 소스를 곁들인 비둘기 구이

| 거위　　　　　우와 oie

쿠 두아 파르시 Cou d'oie farcie
푸아그라와 피스타치오로 속을 채운 오리 목 구이

| **부위 한글 명칭**　　프랑스어 읽기^{원어표기}
각 부위를 사용한 대표 요리와 설명

| **칠면조**　　　댕드 dinde

댕드 오 마롱 Dinde aux marrons
밤구이를 곁들인 칠면조 구이

| **타조**　　　오트리슈 autriche

스텍 도트리슈 Steak d'autriche
타조 스테이크

351

지비에 gibier

부위 한글 명칭　　프랑스어 읽기 원어표기
각 부위를 사용한 대표 요리와 설명

사슴, 노루　　세르 cerf, 뎅 daim, 슈브뢰이 chevreuil, 비슈 biche

누아제트 드 슈브뢰이 소스 그랑 브뇌르 Noisette de chevreuil sauce grand veneur
레드 와인 크림소스를 곁들인 사슴 안심

멧돼지　　마르카생 marcassin, 상글리에 sanglier

퀴소 드 마르카생 소스 푸아브라드 Cuissot de marcassin sauce poivrade
레드 와인 육즙소스를 곁들인 멧돼지 뒷다리구이

산토끼　　리에브르 lièvre, 라팽 드 가렌 lapin de Garenne

리에브르 알 라 루아얄 Lièvre à la royale
카브 구르망드 참조

꿩　　코크 페장 coq faisan(장끼), 풀 페잔 poule faisane(까투리)

페장 알 라 페리고 Faisan à la Périgueux
트뤼프와 마데이라 와인 소스를 곁들인 꿩구이

뇌조　　그루즈 grouse

그루즈 로티 오 피그 Grouse rôtie aux figues
오븐에 구운 무화과를 곁들인 뇌조구이

자고새　　페르드로 perdreau, 페르드리 perdrix

페르드로 오 슈 에 오 푸아그라 Perdreau au chou et au foie gras
양배추와 푸아그라를 곁들인 자고새 구이

산비둘기　　팔롱브 palombe

살미스 드 팔롱브 Salmis de palombe
레드 와인 산비둘기찜

퀴송 cuisson : 템퍼링

그럼 이제 프랑스의 고기 굽기 정도를 주문하는 방법을 배워 볼까? 프랑스 어로 고기의 굽기 정도를 퀴송 cuisson이라고 한다. 물론 웰던이나 미디움이라고 이야기하면 대부분의 가게에서 고개를 끄덕이며 주문을 받아가긴 하겠지만, 프랑스의 고기 익힘 정도는 미국식의 레어/미디움/웰던보다는 좀 더 복잡하고 세분화되어 있다. 서버가 "켈 퀴송 Quelle cuisson?" 하고 물으면 다음 중 원하는 퀴송과 실 부 플레 s'il vous plaît 를 덧붙이면 된다.

"세냥, 실 부 플레 Saignant, s'il vous plaît !"

▎블뢰 bleu : 겉만 익은, 거의 핏덩어리

▎세냥 saignant : 겉은 익고 속은 르포제 reposé 되어 부드러운 상태.

▎로제 rosé : 송아지, 양, 오리, 비둘기 등이 제일 맛있는 퀴송으로, 대략 세냥과 아 푸앙 사이

▎아 푸앙 à point : 먹어야 할 때라는 뜻으로 미디움 정도

▎비앙 퀴 bien cuit : 이것이 웰던이다. 그런데 시키면 혼난다.

향신료
Épices

메뉴판을 읽는 마지막 마무리!

풀레poulet는 닭이고, 보veau는 송아지, 도라드daurade는 도미라는 사실을 알고 자신감으로 충만해진 나는 이젠 맛있는 걸 먹어 보리라! 하며 식당에 들어갔으나 메뉴판을 보고 또다시 좌절에 빠질 수밖에 없었다.

타라곤에 조린 닭, 처빌 향의 도미구이, 세이지 허브에 재운 송아지 갈비찜….

그래서 이때부터 허브와 향신료에 대해 공부를 하기 시작했다. 타라곤의 향은 "쌉싸름하고, 회향과 함께 옅은 후추의 향이 난다." 라는데 도대체 뭔 말인지…. 슈퍼와 향신료 가게를 뒤지면서, 예쁘게 생긴 이 향신료 병들을 하나 둘 사 모으기 시작했다. 어느덧 우리

집은 가정용 향신료 병들로 가득 찼다.

한식에서는 김치찌개이면 김치찌개이고, 갈비찜이면 갈비찜이지, 〈마드라스 지방의 카레로 향을 살린 김치찌개나 초봄을 맞는 달래 갈비찜〉 같은 요리는 없다. 물론 누벨 퀴진 코리안으로 이런 시도를 하는 식당도 생길 수는 있겠다. 그런데 프랑스 요리는 한결같이 'A라는 재료와 θ라는 향신료에, Π라는 허브를 써서 구워 낸다.'라고 표현되어 있다. 프랑스어를 모르는 사람에게는 완전 암호다.

* 곁들임 : 프랑스 어로는 가르니튀르Garnitures, 영어로 가니시Garnish 라 하는데 주재료에 곁들여 먹는 음식. 감자 퓌레, 감자 튀김, 라타투유, 콩류, 밥, 데친 야채 등이 대표적이다.

물론 세파봉 풀의 뿌리를 말려서 곱게 빻은 향신료 푸드르 드 세파봉의 향을 "감초와 같은 옅은 단내와 더불어, 회향이 주를 이루지만 23년 숙성한 발사믹 식초의 새콤한 향에 오크향이 가미된 향으로, 음식에 형광분홍색을 띠게 한다. 주로 송아지의 내장을 조리할 때 함께 쓰인다."라고 설명하면 도대체 무슨 말인지 알 수 있을까? 그렇기 때문에 허브와 향신료는 독자 개개인이 접할 때마다 간단한 기록을 할 수 있게 메모장으로 남겼다. A란 향은 누구에게는 A일 수도 있지만, 다른 이에겐 a일 수도, B일 수도, 아니면 β일 수도 있기

주 1) poudre de c'est-pas-bon은 맛없는 가루라는 뜻으로 윤화영이 설명을 위해 만들어 낸 단어다.

때문이다. 그리고 어떤 식당에서, 누구와 함께 먹은, 어떤 음식을 통해서 접했는지 함께 적는다면 기억을 살리는 데 도움이 될 것이다. 그리고 푸드르 드 *세파봉* poudre de c'est-pas-bon1 은 가상 향신료다.

하지만, 프랑스 어로 된 향신료의 이름들은, 영어 단어에 익숙한 많은 한국 사람들에게는 익히 알고 있는 것이라 할지라도 낯설게 느껴지는 것들이 많기 때문에 프랑스어식 표기와 함께 읽는 법, 본토 발음에 가장 가깝게 한글 명칭과 영어 명칭을 함께 표시하였다. 지금은 우리도 너무나 흔히 사용하는 파슬리를 '페르시' 라 하면 아마 무슨 말인지 갸우뚱할 것이다. 커피 가게에서 '바닐라 커피 주세요!' 하면 눈 동그랗게 뜨고 쳐다보는 점원과 한동안 실랑이를 벌여야 하니 그전에 그냥 "꺄페 바니-"라고 세련되게 주문해 보자!

프랑스어	프랑스어 읽기	한글 명칭 영어
Persil	페르시	파슬리 parsley
Cerfeuil	세르페이	처빌 chervil
Romarin	로마랭	로즈마리 rosemary
Coriandre	코리앙드르	고수 coriander
Mélisse	멜리스	멜리사 또는 향수박하 lemon balm
Citronnelle	시트로넬	레몬그라스 lemongrass
Badiane	바디안	스타아니스 star anise
Baie de genièvre	베 드 주니에브르	쥬니퍼베리 juniper berry
Clou de girofle	클루 드 지로플	정향 clove
Noix de Muscade	누아 드 뮈스카드	육두구 nutmeg
Cardamome	카르다몸	소두구 cardamom
Câpre	카프르	케이퍼 caper
Carvi	카르비	캐러웨이 caraway
Graine de coriandre	그렌 드 코리앙드르	고수 씨 coriander seed
Cumin	퀴맹	커민 cumin
Chocolat	쇼콜라	초콜렛 chocolate
Curry	쿼리	카레

Epoces 향신료

APPENDIX 2. Appret식재료

프랑스어	프랑스어 읽기	한글 명칭 영어
Curcuma	퀴르퀴마	강황 tumeric
Cannelle	카넬	계피
Fenugrec	프뉘그렉	호로파 fenugreek
Moutarde	무타르드	겨자 mustard
Gingembre	쟁정브르	생강 ginger
Poivre	푸아브르	후추 pepper
Piment	피멍	고추 chili pepper
Paprika	파프리카	파프리카 paprika
Raifort	래포르	서양고추냉이 horseradish
Pavot	파보	양귀비 씨 poppy seed
Safran	사프랑	사프란 safron
Tamarin	타마랭	타마린드 tamarind
Fève de Tonka	페브 드 통카	통카 콩 tonka bean
Vanille	바니	바닐라 vanila

프로마주

Fromage

디저트 전의 입가심!

1. 숙성시키지 않은 프레시 타입 생치즈

이 종류의 치즈는 거의 발효가 일어나지 않았기 때문에 거의 우유에 가까운 맛이다. 단, 수분이 줄어들어서 축축한 으깬 감자에 가까운 질감이다. 맛이 강하지 않기 때문에 누구나 부담 없이 쉽게 맛볼 수 있다.

|Feta(brebis) / Grece 페타

지중해식 샐러드에 빠지지 않고 등장하는 치즈로, 짭짜름하면서 고소한 맛이 특징이다.

페타

|Mascarpone / Italie 마스카르포네

티라미수를 포함하여 수많은 디저트의 바탕이 되는 치즈로, 필라델피아 크림치즈 수준의 부드러움을 자랑한다.

마스카르포네

2. 흰 곰팡이 타입 단기 발효 치즈

프랑스 치즈의 입문이라고 할 수 있는데 서서히 발효미가 나타나기 시작하는 것이 특징. 프랑스 전체 치즈 생산량의 1/3을 차지하며 섬세한 맛과 부드러운 속살로 인기가 있다.

▎Camembert de Normandie / Basse Normandie 카망베르

카망베르는 프랑스에서 가장 유명한 치즈라고 해도 과언이 아닐 듯한데, 프랑스인들에게 가장 친숙한 이 치즈의 비결은 가격이 저렴하다는 것이다. 여러 메이커에서 나온 카망베르와 오리지널은 맛에 차이가 있다. 프레지덩 President이나 각 수퍼마켓의 자체 상표같은 공산품은 이름만 단순히 카망베르로, 저온살균한 우유로 만든 것이다. 그래서 AOC 치즈가 아니다. 하지만, 오리지날은 전지 생유로 만들며 반드시 '카망베르 드 노르망디'라고 표기한다.

카망베르

▎Chaource, Champagne-Ardenne 샤우르스

샤우르스

겉은 원통형의 흰곰팡이 타입으로 평범해 보이나 살짝 새콤한 속살은 찰지고 쫀독한 식감이다. 샴페인 마니아들에게 많은 사랑을 받는 치즈로, 치즈라기보다는 굳힌 우유의 맛에 가깝다.

3. 워시 타입 중기 발효 치즈

일반적으로 가장 '두려워' 하는 치즈 군으로, 발효가 시작된 이후 치즈의 표면을 소금물, 맥주, 포도주, 브랜디 등 원하는 액체로 닦아주면 제2의 발효가 표면에서 일어나면서 특유의 강한 냄새가 난다. 대부분 표면이 끈끈하고 손가락에 묻으면 손가락을 자르고 싶을 만큼, 마치 화장실에서 휴지가 뚫린 것만큼 강한 냄새가 나지만, 입안에서는 크리미하면서 아주 부드럽고 달콤한 맛을 낸다. 어느 정도 짬이 생기면 시도해 보시길. 남편이 좋아하는 많은 치즈가 여기에 해당한다. 프랑스 치즈의 큰 자부심의 원천이라고 할 수 있는 치즈군.

|Epoisse, Bourgogne 에푸아스

나폴레옹이 가장 좋아하던 치즈로, 언제나 이 치즈와 함께 샹베르탱Chambertin의 레드 와인을 함께 했다고 한다. 황제의 치즈라 불리는 에푸아스는 마르크 드 부르고뉴Marc de Bourgogne라는 오드비eau-de-vie로 워시 가공한 것이라 크리미한 속살은 치즈 중 단연 최고라 하겠다. 먹기 좋은 온도가 되면 미끈하게 흘러내리는 속을 숟가락으로 떠서 먹는데, 부르고뉴란 곳이 왜 식도락가들에게는 중요한 곳인지 맛을 보면 알게 될 것이다.

에푸아스

|Maroilles ou Marolles, Nord Pas de Calais 마루알

마루알은 워시 타입 치즈 중에서 가장 냄새가 지독하지만, 반면에 속살은 냄새만큼 지독하지 않은 치즈로 맥주로 워시한 것이다.

마루알

| Livarot, Basse Normandie 리바로

리바로는 치즈 둘레에 감긴 다섯 개의 줄로 한 번에 알아볼 수 있는 쿰쿰한 치즈다. 속을 들여다보면 우리나라의 기주떡이 연상되는데, 맛은 제대로 썩힌 청국장과 유사하다. 약한 소금물로 워시한 치즈.

리바로

4. 압축시켜 수분을 뺀 세미하드 타입의 치즈

우유를 가열하여 얻게 되는 고체 부분인 응유와 액체 부분인 탈지유를 분리한 후, 면보에 넣고 짜서 응유만 틀에 담아서 발효시킨 치즈

| Gouda 구다

구다치즈는 프림 홀스타인 Prim'Holstein 종 소의 젖으로 만들어지는데, 알부민과 발효 박테리아를 넣어 숙성의 과정을 거친다. 작은 것은 15일 숙성에서 36개월 숙성의 치즈까지 다양한데, 오늘날엔 대량 생산을 통해 슈퍼에서 만날 수 있는 친숙한 치즈가 되어 농가에서 만든 것은 전체의 약 2%밖에 되지 않는다.

구다

| Morbier, Franche-Comté 모르비에

모르비에는 중앙의 숯가루 때문에 가장 한눈에 알아보기 쉬운 치즈로, 부드럽고 따듯한 맛이 혀를 감싸준다. 처음에는 가운데 줄이 눈에 거슬릴지 모르지만, 말랑하고 쫀득한 속살은 부담없이 먹기 쉬운 치즈다.

모르비에

| Ossau Iraty(brebis), Aquitaine 오소 이라티

베아른Béarn 지방의 치즈 오소와 바스크Basque 지방의 치즈 이라티를 함께 부르는 이름으로, 이 둘은 이름만 다르고 원자재나 생산방법, 저장방법이 완벽하게 동일하다. 양젖으로 만드는 세미 하드 타입 치즈로, 부드러운 우유 맛과 신선한 향이 누구나 어려움 없이 즐길 수 있다.

오쏘 이라티

5. 하드타입 치즈

치즈 제조 과정의 첫 단계에서 우유를 가열하게 되면 고체 부분인 응유와 액체 부분인 탈지유로 분리되는데, 이를 계속 저어서 응유를 잘게 분쇄하고 나서, 다시 52도로 30분가량 익혀준 후, 면보에 넣고 짜서 응유만 틀에 담아 발효시킨 치즈가 바로 하드 타입 치즈이다. 가장 '발효미'가 뛰어난 치즈 군으로, 식사에 곁들이기도 좋고, 술안주로 즐기기에도 그만이다. 이 치즈의 겉껍질은 매우 두껍기에 먹지 않는다.

| Emmental française, Rhône-Alpes 에멍탈

에멍탈

톰과 제리에 나오던 에멍탈은 스위스 것으로, 구멍이 뻥뻥 뚫려 있지만, 프랑스 것은 구멍이 없다. 고소하고 부드러운 맛으로 모든 이에게 쉽게 사랑받고 그래서 요리에서도 많이 사용되는 치즈.

6. 블루 치즈

많은 사람을 '공포에 떨게 하는' 치즈 군으로, 가장 염도가 높으면서 특유의 화학적 맛 때문에 가장 경험이 필요하다. 하지만, 갑자기 불닭같이 익스트림한 맛이 먹고 싶을 때가 있는 것처럼, 내 남편도 종종 정말로 한입 분량을 사오곤 한다. 소테른이나 포 와인 등과 즐겨보시길.

Fourme d'Ambert, Auvergne 푸름 당베르

푸름 당베르는 남편이 가장 즐기는 블루치즈로, 숙성 기간이 길다 보니 강한 푸른 맛이 난다. 하지만, 로크포르보다는 덜 짜다. 맛은 강한 편이지만, 그래도 블루 중에서 가장 순한 편에 속한다. 짭쪼름한 맛에 바게트와 곁들이면 얼마든지 먹을 수 있을 것 같은 이 치즈는 남편의 옛 셰프인 무슈 피에주가 500g의 소갈비 구이로 식사를 한 후에도 두꺼운 한 장을 다 먹을 정도로 좋아했던 치즈라 한다.

푸름 당베르

7. 염소 치즈

사람에 따라서는 블루치즈보다 더 '화학적'인 맛이 난다고 난색을 표하기도 하는, 익숙해지는 데 시간이 필요한 치즈. 그러나 상세르Sancerre나 푸이 퓌메Pouilly-Fumé 등의 드라이한 화이트 와인과 함께 즐기면 매우 맛난다! 여름날 점심, 맛있는 바게트와 이것만으로도 멋진 식사가 될 수 있다.

▍Banon a la feuille(brebis / chevre / vache), Provence-Alpes-Cote d' Azur 바농 알 라 푀이

바농 알 라 푀이는 알프스 산자락에 위치한 프로방스 내륙 지방의 오래된 염소 치즈 레시피로, 중세시대 때부터 먹기 시작한 역사가 있는 치즈다. 밤나무 잎사귀로 감싸기 때문에 견과류의 향이 진하고 마일드한 치즈이지만 부패를 방지하기 위해 잠시 알코올에 담그기 때문에 살짝 혀끝을 쏘는 맛을 느낄 수도 있다.

바농 알 라 푀이

▍Pouligny Saint-Pierre, Centre 풀리니 생 피에르

외형에서부터 에펠탑이라는 별명이 붙은 이 치즈는 손으로 눌렀을 때엔 단단하고 무척 드라이하지만, 혀에서는 녹아내리는 신기한 감촉을 느낄 수 있다. 새콤하면서도 고소한 뒷맛이 있다.

풀리니 생 피에르

▍Pélardons(des Cevennes), Languedoc-Rousillon 펠라드동

걸쭉한 염소치즈로, 거의 액체 상태인데 가장 부드럽지만 반면에 염소 젖의 맛이 강하다.

펠라드동

▍Sainte-Maure de Touraine, Centre 생트-모르 드 투르렌

생트-모르 드 투르렌 남편이 아끼는 염소치즈로, 먹다 보면 시나브로 한 줄을 다 먹어 버리게 되는 맛! (최상품이 한 줄에 9유로선)

생트-모르 드 투르렌

부록 3. 파리의 식자재상과 도구상

APPENDIX 3

파리의 식자재상과 도구상

1. 조리도구상

파리의 대표적인 조리도구상은 에티엔 마르셀 Etienne Marcel 역에서 쉽게 찾을 수 있다. 함께 모여 있기 때문에 한 번에 네 곳을 비교하며 둘러보기도 좋다.

파리 조리도구상

| 아 시몽 A. Simon : 아 시몽은 두 개의 가게로 분리되어 있는데, 마주 보고 섰을 때 오른쪽 가게는 홀의 모든 것, 왼쪽 가게는 주방의 모든 것을 다룬다. 홀 파트에서는 각종 접시와 커틀러리, 서비스와 관련된 제품 대부분을 둘러볼 수 있다. 각종 일회용품과 리넨류도 있으니 일반 주부들에게도 흥미로운 곳이다. 주방 파트에는 전문가용 조리도구에서

부터 주방용 칼, 도마 등을 모두 다룬다. 주인아저씨와 자연스럽게 대화를 하며 요리에 대한 열정을 어필해 보면 간혹 할인해 주기도 한다.

- 48, rue Montmartre, 75002 Paris
- +33 1 42 33 71 65

｜라 보비다 La Bovida : 조리복에서부터 도구, 기계, 용기, 향신료까지 두루 판매하는 곳이다.

- 36, rue Montmartre, 75001
- www.labovida.com
- +33 1 42 36 09 99
- service.commercial@labovida.com

｜모라 Mora : 모라는 파티시에들에게 특히 인기 있는 장소로, 각종 과자, 초콜릿용 틀과 작은 용기들을 많이 구비하고 있는 곳이다.

- 13, rue Montmartre 75001
- www.mora.fr
- +33 1 45 08 19 24
- moracontact@mora.fr

｜으 데일르랭 E.DEHILLERIN : 으 데일르랭은 구리로 된 조리도구를 좋은 가격에 구매할 수 있는 곳이다. 지하까지 창고형 매장으로 소투와 Sautoir 1 와 롱도 Rondeau 2 가 마구 쌓여 있어 요리인에게는 매우 흥미롭고 매력적인 장소가 될 것이다. 점심시간에는 문을 닫고, 일요일 휴무이므로 방문 시각을 확인해서 들르는 것이 좋다.

- 51, rue Jean-Jacques Rousseau, 75001
- www.e-dehillerin.fr
- +33 1 42 36 53 13
- info@e-dehillerin.fr

주 1) 일반적으로 둥글고 직각으로 10cm 정도 높이가 올라 오는 팬으로, 오븐과 직화 모두에 사용할 수 있도록 만들어 졌다. 쏘뚜와는 소스와 리덕션을 만들 수도 있지만 가장 기능이 빛날 때는 육류 등의 단백질 조리이다. 하지만 많은 테크닉을 요한다.

주 2) 롱도는 지름이 깊이보다 2배 정도 되는 넓고 낮은 조리용기로, 맥가이버 나이프 처럼 모든 용도로 사용할 수 있다.

2. 파리의 빵집과 과자가게 Pattisserie&Boulangerie

피에르 에르메 Pierre Hermé : 마카롱으로 유명한 피에르 에르메는 이제 그 사세를 확장하여 파리 전역에서 맛볼 수 있게 되었다. 마카롱으로는 단연 최고라고 생각한다. 관광지에서 쉽게 찾을 수 있는 몇 곳을 소개한다.

6구 : 72, rue Bonaparte 75006   +33 1 43 54 47 77
1구 : 4, rue Cambon 75001
2구 : 39, avenue de l'Opera 75002
8구 : 133, avenue des Champs Elysees 75008

고슬랭 Gosselin : 1989년에 창업한 이 빵가게는 오르세 미술관 근처에 위치하였을 뿐 아니라 엘리제 궁에 납품하던 곳으로 유명하다. 프랑스의 대통령과 국빈들에 제공되었던 빵이라 하면, 위생에서부터 맛, 디자인까지 프랑스를 대표하는 품질이라 보아도 과언이 아니다. 특히 바게트가 맛있다.

- 258, boulevard Saint Germain 75007
- 월-금 7:00~20:00, 토 : 7:30~19:30
- 01 45 51 53 11   +33 1 44 18 02 16
- boulangerie.gosselin@orange.fr

에릭 케제르 Eric Kayser : 한국에도 들어와 있어 이미 인지도가 높은 빵집. 파리 시내에만 17곳의 매장이 있고, 프랑스 전역을 비롯하여 미국, 일본, 러시아 등 전 세계에 뻗어 있다. 그만큼 대중이 원하는 것을 정확히 뽑아낼 줄 아는 회사라 하겠다. 시내 중심 몇 곳을 소개해 보겠다.

- 18, Rue du Bac 75007
- 85, Boulevard Malesherbes 75008
- 33, Rue Danielle Casanova 75001
- +33 1 42 61 27 63
- +33 1 45 22 70 30
- +33 1 42 97 59 29

| 스토레르 Stohrer : 바바 오 럼 Baba au Rhum의 창시자인 스토레르의 역사적인 가게다. 루이 15세의 약혼녀인 폴란드 출신 마리 공주 Marie Leszcaynska와 함께 베르사유로 오게 된 스토레 Stohrer가 1730년에 에티엔 마르셀의 몽토게이 길에 연 파티스리. 바바 오 럼은 브리오슈를 시럽과 럼에 적셔 샹크림을 올리는 대단히 남성적인 디저트로, 사용하는 럼의 종류에 따라 그 품격도 천차만별 달라진다.

- 51, rue Montorgueil 75002
- +33 1 42 33 38 20

3. 쇼콜라티에 Chocolatier

| 라 메종 뒤 쇼콜라 La Maison du Chocolat : 가장 프랑스다운, 그리고 가장 글로벌한 쇼콜라티에 중 한 곳. 샤를 드 골 공항 출국장에도 매장이 있기 때문에 귀국 시 선물로 사오기가 좋다. 시내의 매장에서는 커피와 함께 초콜릿을 맛볼 수 있기 때문에 잠시 쉬어 가기에도 좋을 듯.

- 8, Boulevard de la Madeleine, 75009
- +33 1 47 42 86 52

▎자크 제냉 La Chocolaterie - Jacques Genin : 독학으로 파티시에가 되어 라 메종 뒤 쇼콜라의 셰프를 지내고, 뫼리스의 파티스리 셰프를 지낸 자크 제냉의 아틀리에 숍. 오픈 직후부터 파리의 블로거들과 업계 사람들 사이에 크게 화제가 되었던 가게로, 마레의 패션거리에 위치하여 메트로 레퓌블리크 République 역이나 피이 필 뒤 칼베르 Filles du Calvaire에서 내리면 3분 거리다. 유명한 잡화점인 메르시 Merci 와 아동복점 봉통 Bonton 과 인접해 있어, 함께 둘러보는 스케줄을 짜도 좋겠다. 자크 제냉의 숍은 파리의 다른 곳과 달리 공간이 크고 넓어 시원시원하다. 호텔의 살롱 드 테와 같은 격식을 갖춘 서비스가 제공되는데, 특히 밀푀유 millefeuille 가 인기 메뉴다!

● 133, Rue de Turenne, 75003   ☎ +33 1 45 77 29 01

▎피에르 마르콜리니 Pierre Marcolini : 블랙 앤 화이트의 미니멀한 매장은 그 자체만으로 대단히 트렌디하며, 시크한 분위기를 자아낸다. 마치 보석상에 들어온 듯한 느낌으로, 초콜릿을 고르는 기분도 좋다. 벨기에 출신의 이 멋진 쇼콜라티에는 변화하는 고객

의 취향에 맞추어 6g의 사각형에 세계적인 트렌드를 담아내는 마술을 부린다. 산지가 다르고, 카카오 함량이 다른 다양한 사각형들이 가장 럭셔리하면서도 트렌디하게 포장되어 판매된다. 어려운 부탁이나 중요한 자리에 너무나 어울리는 선물이 될 것이다.

● 89, Rue de Seine, 75006   ☎ +33 1 44 07 39 07

4. 살롱 드 테 Salon de Thé

마리아주 프레르 Thé Mariage Frères : 17세기 식민지 시대의 차, 향신료, 식민지 특산물 등을 취급하던 상인 마리아주 가문의 장 프랑수와 마리아주 Jean-François Mariage가 1854년 파리에 들어와 형제들과 함께 그들의 노하우를 바탕으로 차와 관련된 문화와 조리법 등을 소개하기 시작한 것이 오늘날 마리아주 프레르의 시작이 되었다.
마르코폴로 블렌딩이 너무나 유명해져서 요즈음엔 도쿄나 서울의 백화점에서도 쉽게 발견할 수 있게 되었지만, 파리에 가게 된다면 살롱 드 테에서 프랑스식 차 문화를 꼭 경험해 보기 바란다. 차 문화는 영국의 것이고, 프랑스에선 커피를 마셔야 할 것 같은 선입견이 있지만, 살롱 드 테 마리아주 프레르에 들어서면, 200년 전으로 시간 여행을 하는 듯한 신비한 경험을 하게 된다. 종업원들도 모두 그 시대에서 튀어나온 듯한 화이트 리넨의 정장을 하고 있고, 수백 수천 가지의 차를 다양하게 맛볼 수 있는 즐거움도 이국적이다. 자리에 앉으면 메뉴와 함께 마리아주 프레르의 차와 관련된 사전 같은 책을 내주는데, 이 또한 이 메종의 자존심과 자부심을 그대로 보여 주는 것이다.
내게 감동을 주는 또 하나의 요소는 종이로 만든 빨대! 플라스틱의 견고하고 팝한 빨대를 보다 이 종이 빨대를 만나면, 수다 떠는 동안 축축하게 젖어드는 한심함에 웃음이 나기도 하지만, 이런 자연스러우면서도 과거에 대한 향수를 불러 일으키는 고집스러운 노력이 마냥 사랑스럽다.

마래
30 Rue du Bourg Tibourg, 75004   +33 1 42 72 28 11

❶ **라뒤레** Ladurée : 마리아주 형제가 이름에서처럼 남성적이고, 식민지시대의 향수를 불러일으키는 듯한 분위기의 살롱 드 테라면, 라뒤레는 대단히 감성적이며 장식적인 여성적 감수성이 넘치는 공간이다. 1862년 에르네스트 라뒤레 Ernest Ladurée가 파리 16구에 빵집을 열게 된 것이 라뒤레의 시초가 된다. 그 뒤로 파리의 카페와 파티스리를 하나로 묶어 새로운 파리 스타일 '살롱 드 테'를 열게 되었다. 라뒤레의 살롱 드 테는 파리의 가장 유명한 쇼핑가마다 자리 잡고 있으니 쇼핑을 계획하면서 들러보는 것도 좋겠다. 가격이 비싸긴 해도 좋은 재료를 사용해 고급스럽게 서비스되는 호텔식 샐러드나 프티 데죄네를 경험해 보면 정말 동화 속의 공주님이 된 느낌이다. 마카롱으로 유명한 피에르 에르메가 원래 라뒤레 출신이라니! 라뒤레의 마카롱 인기는 이미 세계적으로 공인된 것이다.

마들렌, 생토노레
◉ 16,18 rue Royale, 75008

리브고슈
◉ 21 rue Bonaparte, 75006

샹젤리제
◉ 75 avenue des Champs-Elysees, 75008

앙젤리나 La maison Angelina : 이번엔 쇼콜라쇼와 몽블랑이다. 튈르리 공원을 마주하고 있는 앙젤리나는 전 세계에서 몽블랑을 맛보러 온 손님들로 연일 붐빈다. 기다리지 않고 앉을 수 있는 날을 손에 꼽을 정도다. 매년 약 16만여 잔의 쇼콜라쇼가 팔릴 정도
로 진하고 크리미한 맛이 인기다. 사실, 한국에서는 유럽식보다는 미국식 핫초코가 대중적으로 알려져서 처음 유럽에서 쇼콜라쇼를 맛보면 너무 진한 농도에 많이 놀라게 된다. 그러나 짙은 농도와 기름지고 실키한 텍스처는 분명 첫 만남에서부터 헤어날 수 없는 초코파탈을 발휘함이 틀림없다.

마력에 가까운 쇼콜라쇼와의 만남, 앙젤리나에서 몽블랑과 함께라면 더욱 거부할 수 없는 유혹이 된다. 몽블랑은 밤크림을 산처럼 올린 케이크로, 앙젤리나에서는 매년 6만여 개의 몽블랑이 팔려나가고 있다. 앉을 자리가 없다면, 입구에 작은 부티크가 있으니 몽블랑만 사서 튈르리 공원에 앉아 맛보는 것도 방법이다. 앙젤리나는 1903년 오픈 당시의 인테리어적 요소를 아직 간직하고 있어 따뜻하면서도 우아한 시대상을 엿볼 수 있다. 베르사유 궁에도 1층과 프티 트리아농 두 곳에 살롱이 있으니 함께 들러 보는 것도 좋겠다.

튈르리 공원 본점
◎ 226 Rue de Rivoli, 75001 ☎ +33 1 42 60 82 00

루브르
◎ Musee du Louvre, Aile Richelieu, Cafe Richelieu 75001
☎ +33 1 49 27 93 31

뤽상부르그 공원
◎ 19, rue de Vaugirard, 75006 ☎ +33 1 46 34 31 19

베르사이유 궁전 프티 트리아농
◎ Parc du Château de Versailles, Petit Trianon, 78000 Versailles

5. 재래시장

파리의 모습을 예스럽고 활기차게 하는 요소 중 대단히 중요한 것이 바로 이 재래시장이다. 건물을 가진 시장도 있지만, 대부분 동네를 옮겨 다니며 생겼다 사라졌다 한다. 예를 들면 12구의 알리그르 시장은 월요일을 제외하고는 매일 열리는 상설시장이고 일요일은 오전만 한다. 그리고 오후에는 시장이 사라진다.

더 드라마틱한 시장들은 수요일 오후에 열렸다가 저녁때 없어지고, 일요일 오전에 서고, 오후엔 다시 사라진다. '사라진다' 라는 표현이 보지 못한 사람에겐 이상하게 들릴지 모르지만, 시장이 파하고 난 자리는 예상대로 쓰레기장과 같은 모습이 된다. 이때 등장하는 것이 파리 청소차와 청소인부들! 소방관처럼 나타나서 순식간에 시장을 '없애' 버리는 재주를 부린다. 그리고 시장이 들어섰던 자리는 마치 처음부터 공원이었던 것처럼, 혹은 아무것도 없었던 듯 능청스러운 모습으로 다음 장을 기다리는 것이다. 모르는 사람이라면, 이곳이 시장이 된다는 걸 상상하기도 어려울 정도로 변신해 버린다.

콘텐츠도 풍부하다. 장이 들어서는 곳의 지역적 특성과 전통에 따라 일반 시장과 골동품 장터, 벼룩시장, 미술품 장 등 다양한 모습의 시장이 존재한다. 생선가게가 좋은 시장, 치즈가 좋은 시장, 과일이 좋은 시장 등 시장마다 특색도 다양하다. 워낙 동네마다 시장이 잘 구축되어 있어서 모든 파리의 시장을 다 소개하는 것은 힘들고 관광지와 가깝거나 특색 있는 몇 곳만 소개하려 한다.

http://marches.equipements.paris.fr에서는 파리의 모든 재래시장의 위치, 장이 서는 시각, 가까운 메트로 역, 심지어 자전거 정류장까지 상세히 소개하고 있다. 특별히 재래시장에 관심이 많다면 이 사이트를 이용해 보자.

▌마르셰 생 토노레 Marché St Honoré : 오페라, 루브르, 뱅돔 광장에서 가깝고 주변이 모두 유명한 쇼핑가이니 쉽게 접근할 수 있다. 파리 시내에 어울리지 않는 초현대식 유리 건물을 중앙에 두고 시장이 둘러서는데, 역시 주택가라기보다는 관광지이기 때문에 생필품보다는 슈쿠르트나 건과일 등 관광객에 어필할 수 있는 품목이 눈에 띈다.

⬢ place du marche saint honore, 75001
◉ 수(12:30~20:30), 토(7:00~15:00)

▌시테 섬의 꽃과 새 시장 Marché aux fleurs et aux oiseaux Cité : 파리를 여행하게 되면 노트르담을 보건, 생 제르맹을 걷게 되건 꼭 이 시테 섬을 가로지르게 된다. 1900년대에 지어진 파빌리온 속에 위치한 꽃시장은 일요일을 포함하여 매일 열리는 시장이니 동식물에 관심이 있다면 둘러보기 좋겠다. 대부분의 유럽국가에서 사람들의 일상의 큰 부분을 차지하는 것이 집을 고치고 꾸미는 작업이다. 인건비가 비싸기도 하지만 원래 고치고 만들고 하는 것을 좋아하는 게 아닌가 하는 생각이 들 정도로 여기에 시간과 돈, 에너지를 쏟아 붓는 사람들이 많다. 스스로 제작할 수 있게 한 조립식 가구나 아예 직접 만들도록 도구를 파는 가게들도 시내 곳곳에서 볼 수 있다. 가드닝은 바로 이런 집 꾸미기의 화룡점정이 아닐까!

⬢ Place Louis Lepine et Quai de la Corse 75004
◉ 매일 8:00~19:30(새 시장은 일요일만 오픈)

▌마르셰 바스티유 Marché Bastille : 바스티유는 가구, 건축 관련 회사와 공방이 많이 위치한 곳이고 의외로 넓은 주택가로 이어져 있어 시장도 볼거리가 많다. 과일, 야채, 유제품,

생선 등 식자재에서부터 의류나 가구 소품, 전자제품, 그림, 골동품까지 종류도 다양하다. 일요일에는 광대나 마술사들의 등장도 쉽게 목격할 수 있다. 여행 기간 중 일요일이 껴 있다면, 바스티유 시장을 오전에 보고 간단히 요기를 한 후, 걸어서 마레 지역으로 넘어가는 경로를 추천한다. 마레는 정오 즈음부터 가게들이 문을 열기 시작하니 바스티유에서 마레로 넘어가서 피카소뮤지엄이나 빅토르 위고의 집 La maison de Victor Hugo, 유럽사진미술관 La Maison Européenne de la Photographie 등 수많은 유적과 뮤지엄 순례를 하는 것도 일요일을 멋지게 보내는 방법이다.

- Boulevard Richard Lenoir 75011
- 목(7:00~14:30), 일(7:00~15:00)

6. 그 외 파리 최고의 식자재상

| 프로마주리 캬트르옴므 Fromagerie Quatrehomme : 치즈도 아무 곳에서나 사는 것이 아니다. 파리에서 새댁 신고식을 치렀던 나는 과일이나 햄, 치즈 구매에서 수많은 실패를 겪어야 했다. 쉬는 날이면 친구들을 집으로 초대해 밥을 해 먹곤 했었는데, 주로 남편이 장을 보고 음식을 했다. 시간이 지나면서 초대받는 이들도 내가 하는 음식보다는 요리사의 음식에 더 기대를 했고!

그런데 이 장 보는 일이 보통 일이 아니었다. 처음에는 아무 재료나 사서 재주 좋은 요리사가 마술을 부려 '맛있는' 음식으로 둔갑하는 것이려니 멋대로 짐작하였으나 그런 일은 세상에 없다는 것을 깨닫게 된다. 요리사의 첫 임무가 바로 '좋은 식자재의 선별'이었던

것이다. 과일도 단골 가게에서 비싼 것을 사는 것이 실패하지 않는 방법이다.

프로마주도 마찬가지이다. 일반적으로 쉽게 먹을 수 있는 대중적인 프로마주는 모노프리나 시장의 치즈 코너에서 쉽게 구할 수 있다. 그러나 지금부터 소개하는 파리의 식자재상들은 그야말로 최고 중의 최고로 가격 면에서나 내용 면에서나 대중적으로 막 사먹을 수 있는 물건을 취급하는 곳이 아니다. 파리의 삼대 프로마주리라하면 캬트르옴므, 마리 안 캉탱 Marie- Anne Cantin, 그리고 염소치즈로는 최고로 치는 박텔레미 Barthélémy ; 51, rue de Grenelle를 꼽는다. 그리고 이 세 곳이 모두 7구에 위치하고 있다는 점은 꽤 의미심장하다. 그중에서도 봉마르셰 백화점에서 쉽게 찾아갈 수 있는 카트르옴므를 소개한다. 식자재 프로마주 편을 참고하여 몇 가지 테이스팅 해 볼 수 있다면 멋진 경험이 될 것이다. 참, 바게트를 함께 사는 것을 잊지 마시고!

- 62, Rue de Sevres, 75007　　+33 1 47 34 33 45
- 화수목 (8:45~13:00, 16:00~19:45), 금토 (8:45~19:45)

| 파리 최고의 정육점 위고 데누아이에르 La Boucherie Hugo Desnoyer : 이곳을 소개하는 것이 어떤 의미가 있는지 고민스러웠다. 말했듯이 최고의 정육점이기 때문에 가격도 최고 最高다. 우리도 살면서 위고에서 고기를 산 것은 손에 꼽을 정도다. 하지만, 위고의 납품처 리스트를 보면 누구나 고개를 끄덕일 수밖에 없다. 플라자아테네 호텔의 알랭 뒤카스 Plaza Athénée***, Alain Ducasse부터 조엘 로뷔숑의 아틀리에, 브리스톨 Le Bristol*** Eric Frechon, 아피시우스 Apicius** Jean-Pierre Vigato, 성드렁스 Senderens** Jérôme Banctel등 기라성 같은 프렌치 셰프들이 사랑하여 마지않는 부셔리이다.

14구 정육점 Boutique Boulard

- 45, rue Boulard 75014
- +33 1 45 40 76 67
- 화–금 (7:00~13:00, 16:00~20:00), 토 (7:00~17:00)

16구 정육식당 Boutique Docteur Blanche : 16구에 새로 문을 연 이 가게에서는 주인장 테이블이란 메뉴 Menu table d'hôte를 50유로에 맛볼 수 있다.

- 28, rue du Docteur blanche 75016
- +33 1 46 47 83 00
- 일/월 휴무

APPENDIX 4

부록 4. 파리에서 10유로 미만으로 점심 먹기

파리에서 10유로 미만으로 점심 먹기!

우리 책에서는 주로 객단가 30유로대의 비스트로와 가스트로-비스트로를 소개하였지만, 여행을 하다 보면 저렴한 가격에 간단히 점심을 때울 때도 필요한 법. 그래서 간단한 식사를 할 수 있는 파리의 밥집들을 보너스로 소개한다.

1. 샌드위치

일반적으로 빵집(불랑제리)에서는 간단히 점심을 먹을 수 있도록 바게트에 햄/치즈 혹은 연어 등등을 넣은 여러 가지 샌드위치를 파는 곳이 많다. 음료와 세트로 구매할 수도 있고, 단품으로도 살 수 있고, 가게에서 간단하게 먹을 수 있는 바나 테이블이 마련되어 있는 곳도 많이 있다. 요즘은 다이어트와 건강식이 대세인지라 각종 유기농 수프와 샐러드를 먹을 수 있는 샐러드 바 형식의 샌드위치 집도 많다.

- *샌드위치 3.5~6유로, 샌드위치 세트 4~9유로*

대부분의 역사 驛舍에서 볼 수 있는 본 주르네/수아레 빵집부터 시작해서 각종 샌드위치 먹을 수 있는 빵집들!

데일리 모노 Daily MONOP는 우리나라의 세븐일레븐같은 편의점형 슈퍼인데, 간단히 요기할 거리를 판다. 각종 레토르트/인스턴트/(반)조리 식품을 팔기 때문에 계산 후 전자레인지를 이용하여 바로 먹을 수 있다. 자판기 커피가 0.80유로 정도로 결코 싸다고는 할 수 없으나 관광지 카페에 비해서는 현저히 저렴한 가격이고 편리하다.

대표적인 샌드위치 가게

| 본 주르네 Bonne Journée/본 수아레 : 거의 모든 파리의 역사에서 발견할 수 있는 본 주르네. 페스츄리와 음료, 샌드위치를 판매한다. 오후 4시가 되면 본 수아레로 매장 이름이 바뀌면서 퇴근용 바게트, 즉 저녁 식사를 위해 새로 구운 바게트를 판매한다.

| 브리오슈 도레 Brioche Dorée : 역 주변이나 번화가에서 많이 발견할 수 있다. 아침에는 크루아상과 커피 등 간단한 아침식사를 할 수 있는 메뉴가 구성되어 있고, 점심에는 샌드위치와 샐러드 바가 제공된다. 오후, 저녁 시간에도 음료와 샌드위치, 디저트류를 먹을 수 있는 편리하고 맛있는 샌드위치 가게다.

| 폴 Paul : 한때 한국에도 매장이 있어 우리에게 더욱 친숙해진 폴. 빵과 샌드위치, 샐러드, 각종 디저트와 음료를 먹을 수 있다. 가게에 따라 테이블이 준비된 곳 Restaurant/Salon de Thé도 있고 판매만 하는 빵집도 있다.

| 에릭 케제르 ERIC KAYSER : 바게트로 유명한 에릭 케제르. 한국에도 런칭하여 인기가 높다. 직접 구운 바게트로 만든 각종 샌드위치와 디저트류를 다양하게 맛볼 수 있다.

2. 그렉 sandwich GREC

전 세계의 노동자 음식을 대표하는 인기 메뉴 케밥, 프랑스에서는 그렉이라고 한다. 풀어 얘기하면 그리스식 샌드위치란 얘긴데, 그리스와 무슨 관련이 있는지 궁금해지기도 한다.

파리의 케밥은 인도의 난 같은 흰 빵 속에 고기 익힌 것을 넣고 야채와 마요네즈, 스파이스 등으로 양념하여 감자튀김과 함께 내는 스타일이 많은데, 주로 캔 음료와 세트로 많이 팔리고 있다. 뭐니뭐니해도 케밥에서는 겹겹이 고기를 쌓아 돌리며 빙빙 굽는 도네르 doener가 특징인데, 어디 들어가서 먹으면 좋을까 고민 중이라면, 이 도네르의 상태를 보고 선택하는 것이 가장 현명할 것 같다. 잘려나간 흔적이 많고 도네르 주변이 청결한 곳이 다른 채소나 감자튀김도 맛있고 신선하다.

- 케밥 세트 3.5~6유로, 쿠스쿠스 5~7유로, 햄버거 세트 4~6유로

그렉으로 유명한 가게를 소개하기보다는 유명한 거리를 소개함이 맞을 듯하다.

| 카르티에 라탱 Quatier Latin

| 생 미셸 St-Michel

3. 중국식 뷔페 Traiteur Chinois

가게에 따라 가격과 맛이 천차만별이긴 하지만, 트레퇴르 시누아 Traiteur Chinois 는 많은 파리지엥들이 즐겨 찾는 중국 반찬집이다. 일반적으로 냉장 쇼케이스 안의 음식을 선택하면 밥이나 국수류와 함께 전자레인지에 돌려 음료를 추가하여 점심 세트 메뉴로 판매하고

있다. 테이크 아웃도 많이 하고 식당 내에서 먹기도 한다.

채소 종류 볶음과 각종 고기류(소고기, 돼지고기, 닭고기), 그리고 우리에게는 탕수육처럼 보이는 각종 튀김 소스 버무림, 해물 요리가 있고, 흰 쌀밥이나 광동식 볶음밥, 볶은 국수들이 마련되어 있다. 선택한 요리들은 그램 수로 계산할 수도 있고 세트 메뉴일 경우에는 정해진 용량만큼 가짓수만 골라서 그릇에 담아 준다. 탄산음료나 뜨거운 차가 세트 메뉴로 묶여 있는 경우가 많다.

- 점심세트메뉴 4.5~8유로

4. 우동, 라멘 가게들

오페라OPERA 근처에 많이 밀집해 있는 일본식 라멘집도 저렴하게 빨리 먹을 수 있는 식사로 각광받고 있다. 라멘 가게들은 쇼유라멘/미소라멘/차슈라멘/김치라멘 등등 이외에도 돈가스나 돈부리류, 볶음밥 등을 판다. 양이 푸짐하고 한 끼 식사로 기분 좋은 포만감을 즐길 수 있는 곳이라 하겠다. 반 그릇 짜리 카레라이스나 볶음밥과 세트로 주문할 수 있는 곳도 많다.

- 라멘 7~12유로, 라멘 세트 9~15유로, 돈부리류 8~11유로

대표적인 파리의 우동 가게

쿠니토라야KUNITORAYA : 놀랍게도 파리에서 일본인들이 만드는 수타면을 맛볼 수 있다. 종업원 대부분이 일본인이고, 서빙하는 알바생을 제외하고는 멤버가 잘 바뀌지도 않는다. 바로 이런 점이 일관된 맛을 보여주는 저력이 아닐까. 한겨울에 방문했다면, 속 시원하도록 뜨끈뜨끈한 국물 맛을 제대로 느낄 수 있는 곳이다. 단, 현금 결제해야 하니 인

원수가 많을 때는 현금 확인을 하고 갈 것, 그리고 피크 타임에는 줄을 서서 기다려야 할 수도 있다.

- 1, rue Villedo 75001
- 5, rue Villedo 75001
- +33 1 47 03 33 65
- +33 1 47 03 07 74

대표적인 파리의 라멘집

| 히구마 HIGUMA

- 32 bis, Rue Sainte Anne, 75001
- 163 Rue Saint-Honoré, 75001
- 27 Boulevard des Italiens, 75002
- +33 8 26 10 08 49

| 삿포로 라멘 SAPPORO RAMEN

- 37, Rue Sainte-Anne 75001
- 276, Rue Saint-Honore 75001

5. 스시/야키도리 おすし / やきとり

처음 파리에 도착하여 신기했던 것은 수많은 일식 레스토랑 restaurant Japonaise에서 공통적으로 스시와 야키도리를 판다는 점이었다. 알고 보니 이들 일식집 대부분은 중국인이 경영하는 곳이고, 판매되는 스시나 야키도리의 재료도 대부분 대형 공장에서 납품받는 경우가 많아 맛도 비슷비슷하다.

그리고 스시에 사용되는 생선의 종류는 연어와 아카미(참치 붉은 뱃살) 두 종류가 대부분이고 간혹 새우나 오징어가 있기도 하다 하지만, 가격을 10유로대로 맞추고 있고 곳곳에 이런 가게들이 많이 있기 때문에 관광지에서 간장 냄새가 좀 그리울 때에 편하게 이용할 수도 있겠다. 또 프랑스에서 너무나 스시를 먹고 싶은 경우가 아니면 수백 유로대의 값을 치르면서까지 도쿄의 쓰키지築地수산 시장에서 공수하여 일본 장인이 손질한 스시를 찾을 필요는 없을 것이다.

스시/야키도리 식당은 스시와 캘리포니안 롤 등이 야키도리와 함께 서비스 되는 조금은 색다른 일식당이지만, 파리에서는 무척 흔하게 발견할 수 있는 가게들이다.

- 점심 세트 7~16유로 (테이크 아웃도 가능하다.)

6. 파리의 한식당

모든 파리의 한식당에서 10유로 이내 식사가 가능한 것은 아니지만, 몇몇 가게는 알고 있으면 도움될 만하다. 최근에는 한류와 함께 한식도 크게 유행하여 파리에만 한식당이 약 100여 곳으로 늘어날 정도가 되었다. 이러한 바람을 타고, 중국인이 경영하는 한식당도 많이 늘어가는 추세다. 한국인이 하는 한식과는 접근이 많이 다르지만, 간혹 더 나은 프레젠테이션을 보여 주기도 한다.

|다래 식당 : 15구의 원조 학생식당! 처음 파리에 갔을 때, 바로 이 식당 근처에 집을 구하게 되었다. 김밥 한 줄, 떡볶이, 우동 등 분식에서부터 호떡 디저트까지 유학생들이 부담 없이 식사할 수 있게 하려고 문을 연 식당이다. 여름엔 냉면, 겨울엔 떡국 등 계절에 어울리는 식사를 편하게 할 수 있고, 보통 3~5유로 정도 추가 요금을 내야 하는 생수도

다래에서는 서비스로 나오는 품목이다. 김치찌개나 제육볶음 등 본격적인 식사 메뉴도 충실하고 무엇보다도 저렴한 가격의 런치메뉴가 매력적이니 에펠탑이나 샹 드 마르스에서 산책한 후라면 들러 볼 만하다.

◐ 4 bis rue violet 75015　　　☎ +33 1 45 77 36 77

에이스 구르메 벤토 Ace Gourmet Bento : 식료품점으로 유명한 에이스마트가 운영하는 도시락집. 운영 방식은 중국식 트레퇴르와 비슷하다. 원하는 세트메뉴를 골라 반찬을 선택하는 방식이다. 비빔밥이나 떡복이 등 분식류를 바로 먹을 수도 있다. 인테리어가 팝하고 깨끗하여 프랑스인에게도 인기가 좋다.

◐ 18 Rue Thérèse, 75001　　　☎ +33 1 47 03 94 38

케이마트 카페테리아 K-mart Kafeteria : 역시 식료품 가게로 유명한 케이마트가 운영하는 카페테리아. 한식보다는 지라시스시, 스시 등 일본식 도시락 메뉴가 주를 이룬다. 꽤 홀이 넓은 편이라 간단히 식사하기에 편한 장소다.

◐ 8 Rue Sainte-Anne, 75001　　　☎ +33 1 58 62 49 09

7. 피자리아 PIZZARIA / Panini

학생들과 관광객이 많이 찾는 또 하나의 장소로 단연 피자가게를 들 수 있겠다. 우아한 인테리어의 본격적 이탈리안 요리를 먹을 수 있는 '레스토랑'이 아니라, 대학가나 관광지에서 흔하게 볼 수 있는 피자/파니니/크레프 가게들이다. 일반적으로, 단순하고 작은 사이즈의 피자나 파니니를 음료와 함께 세트로 맛볼 수 있다.

- 피자 한 조각 점심 세트(음료 포함) 4유로~7유로, 파니니 세트메뉴 4~9유로

8. 크레프리 Crêperie

프랑스의 대표적인 주전부리로 크레프를 떠올리는 이도 많은 것 같다. 부르타뉴 지역의 질 좋은 버터로 만든 크레프와 사과로 만든 과실주 시드르를 맛볼 수 있는 전통적인 크레프 가게가 원형이겠지만, 최근에는 저예산 창업 종목으로도 각광받고 있다.

크레프리가 즐비한 대표적인 파리의 크레프 街라고 하면, 학생들의 왕래가 잦은 몽파르나스 Rue du Montparnasse 가를 들 수 있다. 메트로 4호선 역인 에드가 키네 Edgar Quinet에서 북쪽으로 난 길인데, 출출할 때에 친구들끼리 삼삼오오 모여 여러 가게를 돌며 크레프 맛보기를 해도 좋을 것 같다. 햄이나 치즈, 고기가 든 짭조름한 요깃거리 크레프부터 디저트 크레프까지 종류도 다양하다. 그래서 일반적으로 시드르를 곁들여 짭조름한 맛의 크레프를 먼저 맛보고, 디저트로 과일이나 쵸콜릿 등이 든 달콤한 크레프를 먹는다. 세트로 판매하는 곳도 많다.

이외에도 몽마르트르 Montmartre의 노르방길 rue Norvins, 5구의 카르티에 라탱 Quartier Latin, 팡테옹 뒷길인 데카르트 길 rue Descartes 등이 대표적인 크레프 거리다.

몽마르트르의 크레프리 중에는 피아노 연주가 흥겹게 흘러나오는 곳도 많은데, 요청하면 즉석 노래방도 가능하다. 다만, 손님들 앞에서 노래해야 하니 조금은 용기도 필요하다. 구겨진 악보를 들고 보면서 피아노 옆에서 부르는 노래도 꽤 재미있다. 특히 손님 없는 추운 겨울날, 피아노 연주에 노래하는 모습을 보고 있으면, 가라오케 박스의 기계음에 익숙했던 정서가 조금은 정화되는 느낌도 든다.

21세기의 초스피드 세계를 살아가는 현대 속에 이토록 구닥다리 아날로그 세상이 남아

있다는 점이 놀랍고 신기하지만, 이렇게 남아 있어줘서 고맙기도 하다. 쓰러져 내릴 듯한 피아노가 오늘도 크레프 버터 냄새를 삼키며 영혼을 쓸어주는 음률을 쏟아 내고 있다. 이처럼 감동적인 장면도 잘 없을 것이다. 크레프 값 4유로만 내면, 이 쓰러져가는 크레프 집에서 20세기 초 세상을 떠들썩하게 한 예술가들의 유령들과 조우하게 될지도 모르겠다.

1. 파리의 많은 빵집에서 저녁 식사용 빵을 다시 굽는 풍조가 유행하고 있다. 그러나 이러한 모습이 그리 오래된 전통은 아니다. 갓 구운 빵에 대한 열망이 높아지고 그에 대해 부응을 하고자 많은 빵집이 인력과 비용을 추가하여 새롭게 만들어 가는 하나의 문화로, 덕분에 저녁에도 갓 구운 바게트로 식사하는 것이 보편화 되었다.

2. 일반적으로 가장 저렴한 크레프의 가격은 2~2.5유로 정도지만, 몽마르트르나 카르티에 라탱 등 관광지의 크레프 값은 다른 곳보다 비싼 편이다. 몽마르트에서는 가장 저렴한 설탕/레몬 크레프가 4유로 선.

프랑스 요리사의 계보

이 책에서 식당들을 소개하고 있긴 하지만 그 보다 중요한 건 사람이야기다. 프랑스 요리가 세계적인 문화유산으로 자리잡을 수 있었던 이유는 그 중심에 바로 사람이 있었기 때문일 것이다. 역사와 계보가 존재하고 또 그것이 존중 받는 가운데 멋진 식당과 요리사들, 그리고 손님들이 음식 이야기를 한다.

2014년, 레스토랑 메르씨엘의 접시 위에서 나는 종종 2003년의 셰프 피에주와 2008년의 셰프 브리파를 만난다. 사람이 만들어 내는 창작물 속에는 그 사람의 역사가 들어 있다. 그 사람의 사람 됨됨이, 그의 자라 온 환경, 그가 만나 온 이들, 감동과 이야기들, 눈물과 시련이 모두 녹아 있다.

각 식당의 소개에서 셰프의 이력을 설명하고 있는데, 이 방식은 전통적인 프랑스식 이력서 작성법으로, 각 셰프가 일했던 당시의 총주방장의 이름과, 그 당시 그 식당이 가졌던 위상을 보여 준다. 그래서 2014년 현재에는 이미 역사 속으로 사라진 식당도 있고, 미쉐린 별 숫자가 달라진 곳도 있다. 세월이 흐르고 여러 가지 변화를 겪었다 하더라도 영광스런 그 시절 가졌던 긴장감과 풍요로운 유산은 여전히 사람들의 몸속에 녹아 흐르고 있다.

우측의 표는 프랑스 요리사史의 위대한 셰프들을 표기한 도표이며, 윤화영의 계보도 표시해 넣었다.

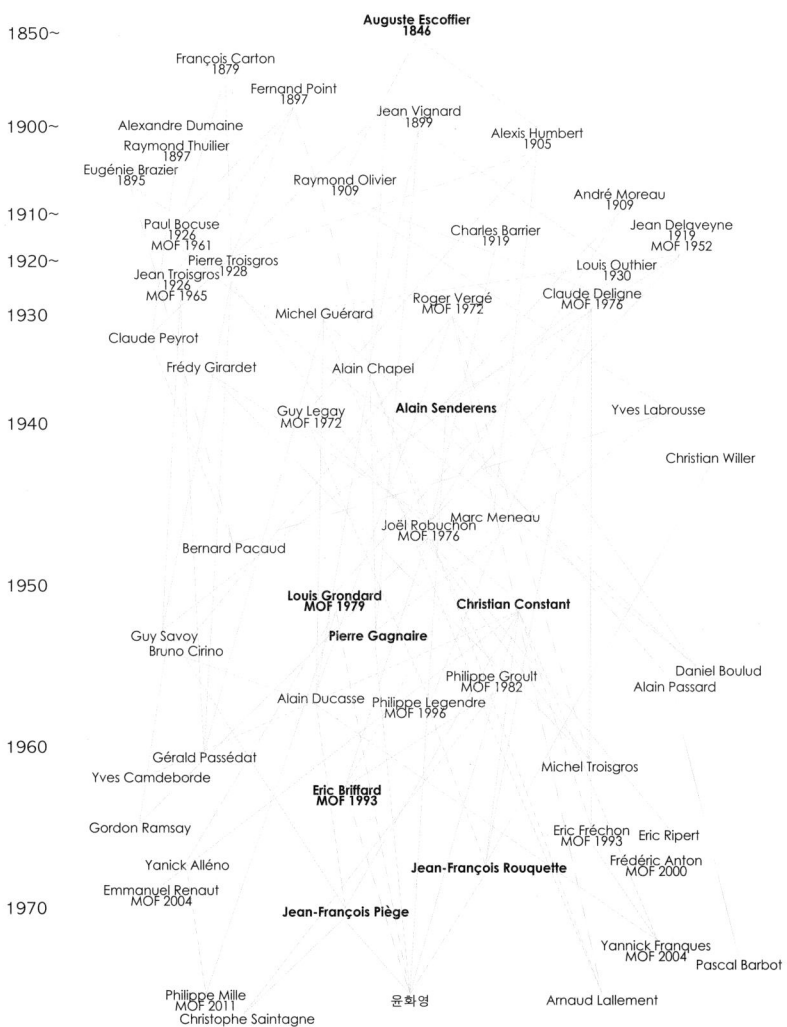

글 박현진

대학에서 미술을 전공하고 대학원에서 병원 행정을 공부하였다.
요리사인 남편 윤화영과 프랑스 파리를 중심으로 다양한 미식 경험을 쌓으며
'진토닉'이란 이름으로 레스토랑들을 소개했다.
현재 대한민국 부산, 달맞이에서
프렌치 레스토랑 MERCIEL을 운영하고 있다.

인터뷰 윤화영

프랑스 국립 고등 조리학교에서 외식업을 전공하고
오늘날 프랑스 요리를 대표하는 여러 셰프들과 일하였다.
現 MERCIEL Busan의 오너 셰프로,
프랑스 문화와 와인, 음식에 대한 사랑과 정열을 쏟아붓고 있다.

파리에는 요리사가 있다

2014년 11월 14일 초판 1쇄 인쇄
2014년 11월 20일 초판 1쇄 발행

지은이: 박현진 | 인터뷰: 윤화영 | 사진: 장민경, 윤화영 | 표지 디자인: 비브레인 |
표지 및 본문 일러스트: 메르씨엘 비스 | 발행처: BR미디어(주)

등록번호: 제2011-000074호 | 등록일: 2011년 3월 8일

BR미디어 주식회사 135-914 서울 강남구 역삼동 668-1 청파빌딩 2층

문의전화: 02 512 2146 | 팩스: 02 565 9652 | e-mail: webmaster@blueR.co.kr
website: http://www.blueR.co.kr

정가 16,000원

ISBN   978-89-93508-26-0 14980

ⓒ 박현진 2014

* 이 책 저작권자와 출판사의 서면 동의 없이는 이 책의 내용을 전체적으로나 부분적으로나 또한 어떤 수단·방법으로나 아무도 복제·전재하거나 전자 장치에 저장할 수 없습니다.
* 잘못된 책은 바꾸어 드립니다.